Reiten mit Gefühl

Audrey Townley

Reiten mit Gefühl

Mehr Harmonie zwischen Pferd und Reiter

Franckh-Kosmos

Aus dem Englischen übertragen von
Marie-Luise von der Sode.

Titel der Originalausgabe:
›Natural Riding‹
erschienen 1990 bei The Crowood Press,
Swindon, England

Umschlaggestaltung von Kaselow Disign,
München, unter Verwendung eines Fotos
von Gerri Delfan.

Mit 85 SW-Fotos und 53 Zeichnungen
im Text.

Die Deutsche Bibliothek – CIP-Einheits-
aufnahme

Townley, Audrey:
Reiten mit Gefühl : mehr Harmonie
zwischen Pferd und Reiter / Audrey Town-
ley. [Aus dem Engl. übertr. von Marie-Luise
von der Sode]. – Stuttgart : Franckh-Kos-
mos, 1992
Einheitssacht.: Natural riding ‹dt.›
ISBN 3-440-06355-0

Franckh-Kosmos Verlags-GmbH & Co.,
Stuttgart/1992
Für die deutschsprachige Ausgabe:

ISBN 3-440-06355-0/LH 14/Fi
Printed in Germany/Imprimé en Allemagne
Satz: Alphabeta Gerds GmbH, Hamburg
Druck: Paderborner Druck Centrum,
Paderborn

Reiten mit Gefühl

Vorwort

Audrey Townley ist eine sehr begabte Lehrerin in der Hohen Schule der Reitkunst. Doch selbst Experten können mit Problemen konfrontiert werden, die schwierig zu lösen sind.

Audrey merkte, daß immer wieder Verständigungsschwierigkeiten zwischen Reiter und Pferd ein Ausschöpfen des ganzen Potentials aller Möglichkeiten der beiden verhindern. Der Reitschüler gibt sich Mühe und ist doch frustriert. Ohne sein Wissen und Wollen steht er seinem eigenen Vorankommen im Wege. Diese Probleme veranlaßten Audrey, nach Mitteln und Wegen zur Entwicklung einer Lehrmethode zu suchen, die Geduld, Ruhe und Gelassenheit mit Reitkenntnissen verbindet, um die Sensibilität zu erreichen, die die Basis guten Reitens ist.

Auf ihrer Suche fand Audrey schließlich als Lernhilfe Tim Gallweys Ideen in seinem Buch »*INNER GAME*« – »*Das mentale Spiel*«. Es handelt sich dabei um eine neue Auffassung vom Lernen als einem Prozeß, in dem der Geist Beziehungen herstellt – in diesem Fall nicht zu leblosen Objekten, sondern zwischen Reiter und Pferd. Der Reiter lernt nachzudenken. Er/Sie sucht in sich selbst nach Problemlösungen und beginnt, auf die Äußerungen des Pferdes zu hören, und es wird deutlich, wieviel das Pferd mitteilt, wenn man es nur läßt. Mit seinen hochentwickelten Sinnesorganen war es immer der bessere Zuhörer. Wenn man nun diesem neuen Lernkonzept folgt, ist das Ergebnis eine harmonische Verbindung zwischen Pferd und Reiter.

Ich habe das Manuskript für dieses Buch mit Freude gelesen. Es enthält so viele Informationen und darüber hinaus so viel allgemeine Bildung für den Reitlehrer oder Reiter, der sich darauf einläßt, einen neuen Weg zu gehen, der den Geist von Ängsten und Verspannungen befreit und Beobachtungsvermögen und Intuition entwickelt. Dem Reiter wird klar, daß Pferd und Reiter eine gemeinsame Sprache lernen und beide davon profitieren können. So kann er nicht nur effizienter arbeiten, sondern eine echte Partnerschaft zwischen einem erfolgreichen Reiter und seinem glücklichen Pferd verwirklichen.

Margaret Wyper
President, British Horse Society, Grampian Region
President, Pony Clubs Area 1 Branches
Riding Establishments Act Representative
Guy Cubitt Award
BHS Award of Merit

Danksagungen

Ich fühle mich tief verbunden mit dem Team von Experten und besonderen Freunden, mit dessen Hilfe dieses Buch Wirklichkeit wurde und nicht einfach ein Wunschtraum blieb. Ganz besonders möchte ich meinem Verleger John Button für seine unermüdliche, wertvolle Hilfe danken und auch Terence Leigh, die mit Sachkenntnis und Genauigkeit die Photographien erstellt hat. Ich danke Vivien Chapman, die die klaren und lebendigen Illustrationen gezeichnet hat, und Janet Sparrow für die graphischen Darstellungen. Vielen herzlichen Dank auch an Elsie Paterson, die in unzähligen Stunden geduldig die von mir geschriebenen Seiten entziffert und den Text in Manuskriptform gebracht hat.

Doch eigentlich haben meine Reitschüler und deren Pferde das Thema dieses Buches aufgebracht und mir die notwendigen Anregungen gegeben, das Buch zu schreiben. Dafür möchte ich ihnen meinen Dank aussprechen. Ich möchte dem Grove Riding Centre in Aberdeen danken sowie der Deep Water Reitschule in Dumfries, da mir dort so großzügig Reiter und Pferde für die Photographien zur Verfügung gestellt wurden.

Außerdem möchte ich Margaret Wyper danken, die das Vorwort schrieb.

Und zum Schluß danke ich all den Mitarbeitern des Crowood Verlags, da sie das Buch herausgegeben haben. Ich glaube, daß dieses Buch unser aller Hochachtung vor dem Pferd vermittelt, welches uns seit undenklichen Zeiten so treu dient.

Einführung

»*Reiten mit Gefühl*« basiert auf einer in den letzten fünfzehn Jahren von Timothy Gallwey entwickelten Trainingsmethode, genannt »*Das mentale Spiel*«. Tim ist ein amerikanischer Tennislehrer. Ihm fiel auf, daß seine Schüler immer schlechter spielten, je verbissener sie übten. Viele Lehrer stimmen heutzutage mit Tim Gallwey dahingehend überein, daß 85 Prozent aller Lernprobleme durch Verspannung verursacht werden, die in direktem Zusammenhang steht mit der Tendenz, sich selbst negativ zu beurteilen. Verspannung und ein negatives Selbstbild stören nicht nur bei der Sportart unserer Wahl, sondern behindern auch die Entfaltung unseres ganzen Potentials und die Entwicklung von Lebensqualität.

Bei Tim Gallweys Lehrmethode wird die Aufmerksamkeit des Schülers auf immer nur einen speziellen Bereich zur Zeit gerichtet – auf den Ball, den Schläger, auf einen Körperteil oder einen Abschnitt des Tennisplatzes. Tim gab keine genauen Anweisungen, sondern veranlaßte seine Schüler zu spüren, was mit ihnen geschah. Wenn der übereifrige Kopf seine Aufmerksamkeit auf nur eine Sache zur Zeit richtet, vergrößert sich das Bewußtsein über den wirklichen Vorgang. Dann kann der Körper sich entspannen und natürlich verhalten. Der Erfolg dieser Methode ist so groß, daß sie jetzt beim Skilaufen angewandt wird, beim Golf, beim geschäftlichen Management und bei der Musik. Das »mentale Spiel« kann in jeder Situation eingesetzt werden, in der Streß den Erfolg negativ beeinflußt. Viele Top-Athleten wenden es jetzt an und stellen fest, daß sich mit wachsendem Bewußtsein auch Freude, Vertrauen und Erfolg einstellen.

Das Buch »*Reiten mit Gefühl*« möchte erreichen, daß der Reiter sich in einer Lernsituation frei bewegt und fühlt und ständige Befehle wie »Tue dieses!« und »Tue jenes nicht!« keinen störenden Einfluß auf ihn haben. Wenn Entspannung und Selbstvertrauen durch eine neue, bewußte Einstellung erfahren werden können, nehmen Zeit und Raum andere Dimensionen und Möglichkeiten ein, innerhalb derer das Pferd sich zum wirklichen Partner und zum Lehrer in diesem Spiel entfaltet.

Wenn ich auf mein Arbeitsleben als Reitlehrerin zurückschaue, fällt mir auf, daß meine Lehrmethoden sich wiederholt gewandelt haben. Als ich mit siebzehn Jahren gerade mit der Ausbildung fertig war, hatte ich einen ungeheuren Enthusiasmus. In jenen Tagen war es für Frauen immer noch unüblich, einen Pferdeberuf zu ergreifen, und die Abteilung der Jagdreiter blickte skeptisch.

Während meiner Kindheit bestanden meine Reitstunden mehr aus dem Prinzip Versuch und Irrtum als aus irgend etwas anderem. Ich kann mich noch erinnern, wie ich mit meinem Pferd am Führzügel hinterhergezogen wurde und dabei fortwährend an das Pferd des Reitlehrers stieß.

Nach dem Krieg überarbeitete die ›British Horse Society‹ das Prüfungsverfahren. Und es war in dieser Zeit nach dem Krieg, als ich das große Glück hatte, Schülerin beim alten Captain Edy Goldman zu werden, dem ich sehr viel verdanke.

Zu der Zeit waren meine Unterrichtsmethoden deutlich autoritär. Später bekam ich mehr Interesse an dem Thema Erziehung/Ausbildung im allgemeinen. Durch die Anregungen von Lehrern und Körpertherapeuten aus dem Freundeskreis änderte ich meine Methode radikal. Ich fühlte, wie dadurch eine erheblich verbesserte Lernsituation entstand. Von da an wuchs mein Interesse daran, Lernfortschritte für meine Schüler leichter möglich zu machen, als ihnen einfach nur zu sagen, was zu tun sei.

Es mutet wirklich fremd an, daß die größte Veränderung noch später in meinem Leben erfolgen sollte. Ich hatte schon viele Jahre Unterricht erteilt, als mir Tim Gallweys Trainingsplan »*Das mentale Spiel*« in die Hände fiel, eine Technik, die schon sehr erfolgreich beim Tennis, Golf, Skilaufen, geschäftlichen Management und öffentlichen Vorträgen eingesetzt wurde. Ich nahm an einem Tenniskurs teil, der von Sir John Whitmore und Alan Fine ausgerichtet und nach Prinzipien des »mentalen Spieles« in Darlington durchgeführt wurde und mich sehr schnell überzeugte. Seitdem habe ich an noch drei weiteren Kursen bei Alan Fine teilgenommen, darunter auch an einem Golf- und einem Skikurs. Meine Erfahrungen, die ich als totale Anfängerin in diesen beiden Sportarten gemacht habe, überzeugten mich mehr denn je vom Wert des »mentalen Spieles« in Theorie und Praxis.

Es sind diese Prinzipien, die ich auf die Reitlehre anwende, und die Ergebnisse sind begeisternd. Sie beeinflussen nicht nur das Reiten, sondern sind auch im Leben allgemein anwendbar. Diese Verbindung zwischen Reitlehre und Lebenseinstellung war die radikalste Veränderung für mich, denn das Aufnehmen von Informationen wird dadurch nicht mehr von außen angetragen, sondern ist ein innerer Vorgang. Den Schülern wird dabei geholfen, aus ihren eigenen inneren Quellen heraus zu entdecken, was sie tun müssen, und es nicht nur durch den Lehrer von außen gesagt zu bekommen. Sie nehmen nicht länger nur passiv auf, sondern fangen an, ihr eigenes Wissen zu suchen. Sie entdecken mit der Hilfe ihres Lehrers nicht nur das Wissen in ihrem Kopf, sondern fangen auch an, dem, was ihr Körper ihnen sagt, Glauben zu schenken. Dieses tiefe innere Wissen ist viel überzeugender und viel effektiver als das mechanische Lernen, das im Unterricht heutzutage so verbreitet ist.

1. Was bringt uns weiter beim Lernen, und was behindert uns?

Mich würde interessieren, was wohl Ihre frühesten Erinnerungen an das Lernen sind. Vielleicht können Sie sich ja gar nicht daran erinnern. Es ist jedoch die Kindheit, in der wir mehr Wissen aufnehmen als jemals später. Zudem geschieht das für gewöhnlich mit enormer natürlicher Spontaneität und Freude. In dieser Zeit fließen Eindrücke und Informationen durch alle unsere Sinne in uns hinein.

Ein Kind kann völlig in Anspruch genommen sein durch die Beschäftigung mit einer Blume, einem Löffel oder einer Handvoll Matsch, um das Objekt dann nach einer kurzen Zeit genauester Betrachtung wieder beiseite zu legen. Ohne jede Anleitung lernen Kinder bald zu gehen und eröffnen sich damit eine ganz neue Welt, die erforscht werden will. Aber was geschieht mit dieser uneingeschränkten Offenheit und intensiven

Neugier? Nur zu bald verkümmern diese wundervollen Fähigkeiten durch Ge- und Verbote im Familienleben, in der Schule, im Glauben, im Beruf und in der Gesellschaft. Wir lernen, uns anzupassen und unseren persönlichen Ausdruck zu begrenzen. Die bewußte Aufmerksamkeit wird geringer, wir fangen an, intellektuell zu lernen, und achten nicht mehr so auf unsere Körper. Wir stoßen auf Kritik, entwickeln Schamgefühle, Schuld und Angst und bekommen so negative Rückmeldungen. Es ist nur zu leicht, sich als schlecht oder dumm einzustufen, wenn es einem nur oft genug gesagt wird. Jetzt beginnt eine Kettenreaktion, in der unser Körper auf unsere Gedanken reagiert und sich dadurch in seinem Selbstgebrauch bestimmen läßt.

Wenn wir diese Ideen auf die Reitkunst übertragen, so begegnen wir dort einer anderen lebenden Spezies, die unsere Sprache nicht spricht und doch in uns lesen kann wie in einem Buch. Unsere Gedanken kommen durch den Körper des Pferdes zu uns zurück. Obwohl wir vielleicht nicht darauf geachtet haben, ist das Pferd zum Widerhall oder Radar unserer Gefühle geworden. »Das arme Pferd«, denken Sie nun vielleicht, aber bedenken Sie, welche Wunder vollbracht werden können durch eine positive Haltung, durch Bewußtsein und Intuition – wenn die Verbindung zwischen Reiter und Pferd besteht.

Die Gewohnheiten vieler Jahre zu ändern ist nicht so schwer und entmutigend, wie es auf den ersten Blick erscheint. Sie müssen sich jedoch die Verhaltensweisen genau ansehen, die die Fähigkeiten blockieren, die ein von einer Sache begeistertes Kind so bereitwillig demonstriert. Wir können diese Begeisterung und diese Fähigkeiten noch einmal neu entdecken, wenn wir nur bereit sind, uns selbst klar und ehrlich einzuschätzen. Wie ein Kind müssen wir Vertrauen und Bewußtsein wieder aufbauen, die wir verlernt haben.

Wir können uns alle an Situationen aus der Schulzeit erinnern, in denen man uns sagte, wir seien dumm, oder in denen wir Angst hatten, zuzugeben, daß wir etwas nicht verstanden hatten. Diese und ähnliche Gefühle werden häufig geäußert, wenn ich erwachsene Reitschüler nach ihren Erfahrungen frage. Negative Kommentare, die von anderen geäußert wurden, addieren wir zu denen, die wir uns selbst vorhalten; und sie stehen uns im Weg, da wir ihnen in der Vergangenheit Glauben geschenkt haben. Destruktive Kritik hat noch nie jemandem zu einer besseren Vorstellung verholfen, weder auf dem Pferd noch irgendwo anders. Sich Angstgefühle im allgemeinen als auch Angstgefühle auf dem Pferd anzusehen, verhilft uns dazu, Hemmungen fallenzulassen, durch die verschleiert wird, wer wir wirklich sind und wo unsere Kapazitäten ruhen.

Je mehr Selbstvertrauen Sie haben, desto leichter können Sie Ziele anstreben, die Sie sich selbst gesetzt haben, und negative Verhaltensweisen reduzieren, die ihre Fähigkeiten verringern und das Pferd stören.

Negative Aspekte aufdecken

Es ist besser, vor dem Losreiten zu untersuchen, wie wir aufgelegt sind, als das Risiko einzugehen, das Pferd mit unserem angespannten Körper zu belasten. Eine grundlegende Bewußtseins-Übung besteht darin, unsere Blockierungen aufzudecken und zu erarbeiten, was dagegen zu tun ist. Diese Fähigkeit wird sich von Lektion zu Lektion weiterentwickeln und den inneren Zwang »Ich muß es noch stärker versuchen« und

Abb. 1: Negative Einflüsse, die uns beim Lernen behindern.

»Ich muß daran denken, alles genauso auszuführen, wie der Lehrer es mir gesagt hat!« ersetzen. Beide Vorsätze stehen Ihnen nur im Weg. Zum Beispiel kann der Gedanke »Ich war immer schlecht in der Schule« Ihr ganzes Leben beeinflussen. Versuchen Sie nur einmal zu zählen, wie viele negative Gedanken Ihnen im Laufe einer Stunde oder eines Tages durch den Kopf schießen. Die einführende Übung zur Entspannung, die Ängste analysieren und Gewohnheitsmuster erkennen hilft, ist ein weiterer Schritt hin zu einer positiven Grundhaltung.

Es lohnt sich zu versuchen, fast selbstverständlich in einem entspannten Körper zu leben, denn nur dann können Sie die Freude am natürlichen Lernen wiedergewinnen, die Sie als Kind hatten.

Die nachfolgende Aufzählung wurde von Studenten zusammengetragen. Sie zeigt Einstellungen auf, die Lernvorgänge behindern. Viele von ihnen kommen häufig vor, und diese sind mit dem Buchstaben ›F‹ gekennzeichnet. Schauen Sie sich die Liste genau an, schreiben Sie dann die Punkte auf, mit denen Sie sich besonders identifizieren, und fügen Sie alle anderen hinzu, die Ihnen noch einfallen. Sie können bis zu zehn Punkte für ein Gefühl vergeben. Die Note zeigt die Intensität des Gefühles an. Neben der Nummer steht die körperliche Lokalisierung der Angst. Versuchen Sie herauszufinden, wo Ihre Ängste angesiedelt sind.
Es gibt noch viele andere Ängste, aber die oben genannten genügen erst einmal, um Sie auf Ihren eigenen Weg zu bringen.

F	Klaus	– Angst, etwas nicht zu schaffen	8 – Atmung
	Anette	– Angst herunterzufallen	7 – Bauch
F	Christa	– Angst, ein schlechtes Bild abzugeben	6 – Fäuste
	Peter	– Angst vor dem, was andere denken	7 – Kopf/nicht hinsehen
F	Gudrun	– Angst, die Kontrolle zu verlieren	8 – Atmung
	Ulrich	– Angst, nicht zu hören	8 – Nacken
F	Jana	– Angst, ausgeschimpft zu werden	9 – Schultern
	Martin	– Angst vor dem Unbekannten	8 – Schultern
	Ute	– Angst, nicht zu verstehen	6 – Stirn

Positive Aspekte entdecken

Negative Aspekte von uns selbst scheinen uns immer viel leichter in den Sinn zu kommen als positive. Machen Sie also folgende Übung: Zählen Sie auf, was für Sie Merkmale eines guten Reiters sind, zum Beispiel Koordination, eine gute Figur, Selbstvertrauen und so weiter. Machen Sie die Liste so lang wie möglich. Stellen Sie dann die Punkte heraus, von denen Sie glauben, daß sie auf Sie zutreffen, und geben Sie sich wieder Noten von 1 bis 10. Vergleichen Sie dann diese Aufzählung Ihrer positiven Seiten mit der über die negativen Seiten. Welche Liste ist länger? Diese Übung ist hilfreicher, wenn sie gemeinsam mit anderen Menschen durchgeführt wird, aber sie ist auch sehr aufschlußreich, wenn Sie sie allein machen.

Sicherlich finden Sie viel schneller die negativen Aspekte Ihrer Person heraus als die positiven. Es kommt oft vor, daß jemand auf zehn negative Aspekte nur einen positiven findet. Es ist also höchste Zeit, die Einstellung zu ändern und das eigene Potential realistischer einzuschätzen.

Die Balance ist extrem wichtig für den Reiter, und hier wird das ganz deutlich. Die Balance beginnt im Kopf. Eine ausbalancierte Einstellung verhilft Ihnen zu einem ausbalancierten Körper und zu der Fähigkeit, sich auf das Wesentliche zu besinnen und dadurch erfolgreich zu sein. In einem Interview sagte kürzlich ein junger Bergsteiger: »Den Berg erklimmt man mit seinem Geist.« Wie das Bergsteigen beginnt auch gutes Reiten im Kopf.

Die positive Anleitung

Traditioneller Reitunterricht konzentriert sich für gewöhnlich auf die Arbeit mit Pferd und Reiter und läßt wenig Raum für spannungsabbauende Übungen. Wenn man jedoch weiß, daß Spannungen existieren, kann der Lehrer der negativen Einstellung entgegenwirken, die jeder Schüler unbewußt einbringt. Er/Sie kann ein sicheres und beruhigendes Klima herstellen, zu dem positive persönliche Beziehungen und ein guter Informationsfluß über den Lehrplan beitragen. Fast alle Schüler werden unsicher, wenn sie nicht im voraus wissen, was in der bevorstehenden Unterrichtseinheit von ihnen verlangt wird.

Die Beziehungen zueinander sind ein wesentlicher Teil einer Lehrstunde. Das fängt beim Reitlehrer an, dessen Auftreten unbewußt von der Gruppe aufgenommen wird. Trainer lernen daher eine Menge, wenn sie die Körpersprache ihrer Gruppe beobachten.

Das sich in einer Gruppe entwickelnde Beziehungsgeflecht ist viel komplexer, als es auf den ersten Blick erscheint. Der Lehrer kann in einem positiven Sinne Einfluß nehmen, wenn er die Zusammenhänge sieht. Das Beziehungsgeflecht betrifft jeden in der Klasse oder Gruppe, und das Netz, das gewebt wird, sieht aus wie in Bild 2.

Die Verbindungen, die sich unter der Oberfläche anbahnen, gehen in zwei Richtungen und beinhalten positive oder negative Rückmeldungen.

Eine Beziehung hat:

1. der Reitlehrer zu der Gruppe,
2. der Reitlehrer zu jedem einzelnen Reiter,
3. der Reitlehrer zu jedem Pferd,
4. der Reiter zu jedem anderen einzelnen Reiter,
5. jedes Pferd zu jedem anderen Pferd,
6. der jeweilige Reiter zu seinem oder ihrem Pferd,
7. jeder Reiter zu jedem anderen Pferd.

Ein negativer Einfluß kann die positive Atmosphäre in einer Abteilung stören, wie zum Beispiel das Herausnehmen oder Hereinbringen von Reitschülern bei einer schon bestehenden Gruppe. Die meisten Reitschüler haben schon irgendwann einmal erlebt, wie ein schlechtgelaunter Reiter, ein ungezogenes Pferd oder ein aggressiver Trainer den Unterricht beeinflußt. Wenn der Reitlehrer auf folgende Punkte achtet, wird jede Unterrichtseinheit leichter aufgenommen.

- Geben Sie nur klare und deutliche Anweisungen.

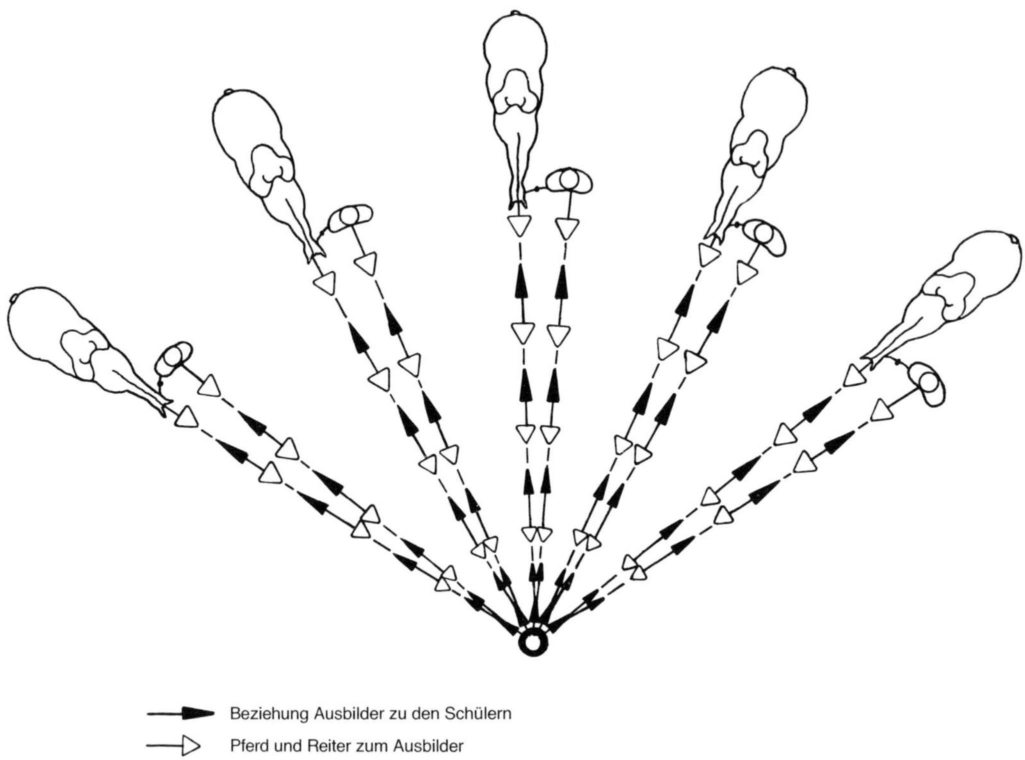

Abb. 2: Pferd und Reiter haben gleichartige Beziehungen zum Ausbilder.

- Gehen Sie sicher, daß alle Anweisungen von allen Teilnehmern gehört werden können.
- Sie sollten eine realistische Einschätzung davon haben, wieviel erreicht werden kann und für wie lange.
- Lassen Sie jede Übung angemessen oft durchführen.
- Versuchen Sie nicht, zuviel in eine Unterrichtsstunde hereinzubringen.
- Beobachten Sie genau, ob Ihre Reitschüler müde sind und/oder Sie verstanden haben.
- Bemerken Sie, wenn die Konzentration nachläßt – beim Erwachsenen etwa alle zwanzig Minuten, bei Kindern etwa alle zehn Minuten – grob geschätzt.
- Denken Sie daran, daß bis zu zwei Drittel vom Inhalt einer Unterrichtsstunde vergessen werden können.
- Bedenken Sie, daß Störungen die Aufmerksamkeit des Schülers bis zu 75 Prozent herabsetzen können.
- Denken Sie daran, daß jeder Mensch ein dominantes Sinnesorgan hat, das ihm das Lernen leichter macht; er/sie kann eher visuell begabt sein, intellektuell oder kinästhetisch/körperlich. Müßte man aber eine allgemeine Rangfolge der Sinnesorgane aufstellen, könnte sie so aussehen: Was ich höre, vergesse ich; was ich sehe, glaube ich; was ich tue, kenne ich.
- Und denken Sie zu guter Letzt daran: Es gibt keinen Unterricht, bei dem Sie nicht selber auch etwas lernen.

Es gibt eine Geschichte, die sehr gut ausdrückt, wie die Schüler sich während einer Reitstunde fühlen können.

Karin, ein Teenager, war zu groß für ihr Pony geworden und daher auf ein Großpferd umgestiegen. Und nun hatte sie einige Schwierigkeiten mit ihrem neuen Pferd. Ihr Pferd war nicht sehr gut ausgebildet und leicht erregbar. Dadurch ergaben sich häufig Mißverständnisse und Widersetzlichkeiten. In diesen Situationen kam Karins langjähriges Problem ans Tageslicht: Sie saß nicht tief genug im Sattel und hatte unruhige Hände. So beunruhigte sie fortwährend ihr Pferd. Die Lehrerin veranlaßte Karin, diese Probleme zu erkennen und zu benennen. Dann sollte sie, ohne sich zu verurteilen, ihre Aufmerksamkeit besonders auf diese Vorgänge richten. Nun konnte sie die Situation einschätzen, ein Problem herausgreifen und daran arbeiten, bis eine Änderung eintrat.

Sie suchte sich aus, auf die Zügelführung zu achten, und führte einige Übungen aus, die ihr gegeben wurden. Nach nicht allzulanger Zeit kam sie zurück und sagte, es ginge jetzt besser, aber ihr wäre noch etwas aufgefallen. Sie bekam eine weitere Konzentrationsübung, um das nächstgrößte Problem genau anzusehen. Diese Schwierigkeiten lösten sich dann auch auf, das ganze Bild wurde klarer, und das Pferd fing an, sich zu beruhigen.

»Was ist dir aufgefallen?« wurde sie gefragt, und sie antwortete bereitwillig:

»Ich saß zu weit hinten im Sattel, und meine Zügel waren zu lang. Ich hatte Angst, die Zügel weiter aufzunehmen. Das Pferd mag den kürzeren Zügel jedoch nun lieber und ich auch.«

»Prima«, sagte der Trainer, »aber nimm einmal an, ich hätte dir das gesagt.«

»Ich hätte Ihnen nicht geglaubt«, antwortete sie prompt.

Sie sagte die Wahrheit, denn bis dahin hatte ihr niemand helfen können. Ein innerer Widerstand steht oft dem Wunsch nach Veränderung im Wege, selbst wenn wir es aus uns selbst heraus wollen. Karin fand ihren Weg zur Veränderung, machte bemerkenswerte Fortschritte und bekam dadurch im Endeffekt mehr Vertrauen. Bei Karin war ein Lernen über Worte unangemessen. Worte alleine bringen selten einen Lernprozeß in Gang. Wer kann denn schon genau beschreiben, was er fühlt, und erst recht, was ein anderer fühlen sollte oder könnte? Diese Schülerin lernte offensichtlich lieber über ihre kinästhetischen Sinne, über ihre erfühlenden Muskeln. Sie konnte ziemlich genau in sich hineinspüren. Die Spannung, die zwischen dieser Schülerin und ihrem Pferd herrschte, machte die Probleme deutlich. Wenn ein verspanntes Pferd zu einem besonneneren Besitzer wechselt, entwickelt sich häufig eine ganz neue Ruhe, und auf einmal klappt alles besser. Das Pferd entwickelt auf einmal Kraft und Selbstvertrauen, die bisher nicht sichtbar waren. Und wenn das bei den Pferden so ist, warum dann nicht auch bei den Menschen?

Es wird nicht immer bedacht, wie angespannt wir sein können vor einem Ereignis, bei dem wir geprüft werden oder uns sonstwie bedroht vorkommen. So fühlt man sich auch oft bei Unterrichtsstunden, die unbekannte Elemente beinhalten. Hier ein Beispiel: Ein Trainer wartete auf die Ankunft einer Gruppe von Reitern, die zu seinem Kurs kommen sollte. Schließlich waren alle da, bis auf einen Teilnehmer. Bald verstummten die Gespräche, da alle warteten, daß etwas geschah. In dieses Schweigen platzte der Schüler schließlich hinein, zerknirscht und schuldbewußt.

Jeder Teilnehmer konnte nun seinen Gefühlen nachspüren, denn dem Trainer gelang es, der Gruppe Ruhe zu vermitteln und das Gefühl, Zeit zu haben, um Luft zu holen, bevor die Reitstunde beginnen sollte. Es entwickelte sich ein allgemeines Gespräch über frühere Erfahrungen der Reitschüler. Da der Neuankömmling so abgespannt war, fragte der Reitlehrer die anderen, welche Schwierigkeiten sie gehabt hatten, pünktlich zum Kursbeginn da zu sein. Und so erzählte jeder kurz, wie es ihm ergangen war.

Wie das Gehirn benutzt werden kann

Wir haben schon angesprochen, wie der Geist auf den Körper einwirkt und wie eine Änderung in der Einstellung die Ausführung verändert und sie weniger mühevoll machen kann. Jetzt schauen wir uns genauer an, wie das Gehirn funktioniert. Das ist ein weites Gebiet, auf dem die Wissenschaft noch immer forscht. Aus vielen Studien geht jedoch hervor, welche Rolle die beiden Gehirnhälften spielen. Man glaubt, daß die linke Gehirnhälfte die rechte Körperseite steuert und die rechte Gehirnhälfte die linke Körperseite. Es gibt auch immer mehr Aussagen darüber, daß die zwei Hälften wahrscheinlich unterschiedliche Aufgaben wahrnehmen.

In seinen Büchern über »*Das mentale Spiel*« nennt Tim Gallwey die zwei verschiedenen geistigen Aktivitäten, die wir in unseren Köpfen spüren, Selbst I. und Selbst II., ohne sie den beiden Gehirnhälften zuzuordnen. Die nachstehende Aufzählung gibt jedoch an, welche Rollen man den beiden Gehirnhälften zuspricht. Sie ist Ronald Shones Buch »*Die kreative Visualisation*« entnommen.

Die linke Gehirnhälfte ist eingeschaltet beim logischen Denken, bei der Suche nach Gründen, beim Lesen, Schreiben, bei der Sprache und beim Analysieren. Der rechten Gehirnhälfte spricht man zu, die Dinge als Ganzes zu sehen, sie zu erkennen, Rhythmus zu erlauben, Kreativität, Träume, Gefühle, Intuition, Bewegung und Vorstellungskraft. Ein gutes Beispiel für eine Aktivität der linken Gehirnhälfte ist, sich irgendwo niederzulassen, während die rechte Gehirnhälfte noch Ideen und Bilder über das ideale Zuhause erstellt. Wissenschaftliche Neigungen werden eher von der linken Gehirnhälfte gesteuert und künstlerische Aktivitäten von der rechten. Die linke Gehirnhälfte kann von Zeit zu Zeit ziemlich verbal und selbstkritisch sein. Haben Sie solche Dialoge schon einmal gehört? »Ich muß Anna und Johann besuchen, aber ich habe keine Zeit, und ich will auch eigentlich gar nicht hingehen. Ich fühle mich jedoch schuldig, wenn ich mir die Mühe nicht mache.« Und manchmal haben Sie dann einen Geistesblitz, wissen plötzlich von innen heraus, was Sie tun müssen, und wundern sich, wo das herkommt. Jetzt wissen Sie es.

Entspannung wirkt auf die rechte Gehirnhälfte ein und löst von dort aus die neuromuskuläre Verkrampfung auf. Die linke Gehirnhälfte assistiert dabei, indem sie Gefühle in Worten ausdrückt und dadurch angenehme Vorstellungen kreiert. Oft scheint eine Gehirnhälfte dominanter als die andere zu sein. Wenn sie jedoch ausbalanciert agieren, haben Sie am meisten von beiden.

In unserer Kultur ist alle Erziehung auf die linke Gehirnhälfte orientiert. Dadurch hat die andere Hälfte oft keine Chance. Es kann sein, daß unser ungenutztes Potential dann zum Tragen kommt, wenn wir diesem versteckten Teil wieder zu seinem richtigen Platz verhelfen. Und um vom Reiten zu sprechen: Mit einer ausbalancierten geistigen Haltung wird es seltener vorkommen, daß das Pferd einer Gehirnwäsche menschlicher Intellektualisierung unterzogen wird.

Die Komplexität des Gehirns führt zu immer wieder neuen Erkenntnissen. Die Debatte darüber, was nun wirklich im Gehirn vor sich geht, wird fortgesetzt, und das ganze Spektrum seiner Funktionen ist immer noch ein Mysterium. Die Unterscheidung in rechte und linke Gehirnhälfte, die ich vorher gemacht habe, ist natürlich nur die sehr vereinfachte Erklärung einer Theorie. Betty Edwards hat ein interessantes Buch geschrieben: »*Zeichnen mit der rechten Gehirnhälfte*«. Darin sind sehr interessante Übungen, um sich zu erfahren. Ob Sie nun vorher schon gezeichnet haben oder nicht – es zeigt Ihnen, wie Entspannung und das Wissen um die Funktionen der rechten und linken Gehirnhälfte Sie dazu befähigen können. Es weist auf die Parallelen zu anderen Aktivitäten hin und läßt ahnen, warum gute Reiter häufig künstlerische Fähigkeiten haben.

Es ist diese intuitive Seite in uns, die wir erkennen und der wir vertrauen müssen. Daraus bekommen wir die Hilfen, uns in das Pferd einzufühlen und eine bessere Verständigung zu entwickeln.

Die Antworten eines Reitschülers auf folgende Fragen können erhellend darlegen, wie der Reiter etwas über sich selbst herausfindet, über die Beziehung zu seinem Pferd oder sogar zu seinen Kindern. Die Reitschüler können sich mit der Beantwortung dieser Fragen Fortschritte und Erfahrungen deutlich machen.

F. Sind Sie schon in anderen Sportarten unterrichtet worden?
A. Ja, in Fußball und Segeln.
F. Warum wollten Sie ursprünglich reiten lernen?
A. Um eine lebenslange Angst vor Pferden zu überwinden.
F. Welchen Unterschied haben Sie bei dieser Trainingsmethode gespürt?
A. Es ist ein sensibleres und entspannteres Lernen, durch Führung und Ermutigung und nicht durch direkte Kommandos und die Wiederholung falsch ausgeführter Übungen.
F. Wie haben Sie am Anfang das Pferd empfunden?
A. Ich war mir immer noch sehr unsicher, ob ich eigentlich reiten lernen wollte und konnte. Und ich war sehr nervös im Umgang mit dem Pferd. Glücklicherweise hatte ich großes Vertrauen zu meinem Trainer.
F. Wie waren Ihre Gefühle am Ende des Kurses in bezug auf das Pferd, den Tainer oder das Reiten überhaupt?
A. Ich war sehr zufrieden. Ich habe ein Maß von Kooperation mit dem Pferd erreicht, das ich vorher nicht anzustreben wagte. Ich fühlte mich völlig sicher mit meinem Pferd. Der Reitlehrer hatte eine beispielhafte Geduld und unterrichtete über Beispiele und Ermutigung. Er griff nur ein, wenn ich im Begriff war, das Pferd zu verwirren oder ihm schlechte Angewohnheiten beizubringen, oder wenn ich etwas sehr Unpraktisches oder Unmögliches von ihm wollte. Reiten ist für mich ein so erfreuliches Vergnügen geworden, daß ich weiterlernen und noch besser werden möchte.
F. Gab es besondere Schwierigkeiten?
A.Ich hatte keine Schwierigkeiten mit dem Pferd, da es sanft war und im allgemeinen sehr kooperativ. Als meine Nervosität nachließ, war ich so beschäftigt, daß die Schwierigkeiten mit mir selber nachließen. Und mit dem Reitlehrer gab es ganz sicher gar keine Schwierigkeiten. Die Methoden des »Mentalen Spieles« schienen nur anfangs etwas fremdartig. Doch ich finde, daß mir die tägliche Frage nach dem, was ich erreichen möchte, geholfen hat, mich zu konzentrieren und zu lernen.

F. Waren Sie irgendwann übermüdet?
A. Nur am Anfang ein bißchen, in der inneren Oberschenkelmuskulatur.
F. Welche Erfahrung hat Ihnen am meisten gebracht?
A. Daß ich gelernt habe, mit dem Pferd eine Partnerschaft einzugehen.
F. Hat Ihnen diese Erfahrung auch bei anderen Gelegenheiten genützt?
A. Ja, bei der Erziehung meiner Hunde und sogar im Umgang mit meinen Kindern. Ich sage nicht mehr: »Tut das nicht!«, sondern: »Wenn du das so versuchen würdest . . .« Es ist schwer in Worte zu fassen.
F. Hat sich das tägliche frühe Aufstehen im Kursus gelohnt?
A. Es hat sich sicher gelohnt, jeden Tag früher aufzustehen und den Tag entspannt und offen zu beginnen.
F. Würden Sie mit dem sonst üblichen Unterrichtsstil mehr gelernt haben?
A. Wenn man bedenkt, daß ich Angst vor Pferden hatte, als ich anfing, hätte ich wohl mit dem allgemein üblichen Unterricht gar nichts gelernt. Wenn jemand dich anweist: »Tue dies und tue das!«, verspannt man sich und versucht genau das zu tun, was einem gesagt wird. Wäre ich so verspannt gewesen, hätte ich mich in das Pferd nicht einfühlen und nicht darauf reagieren können. Ich wäre entmutigt und sauer gewesen, hätte nichts mehr aufnehmen können und keine Freude mehr am Reiten gehabt.

Ziele

Indem er sich Ziele setzt, kann der Reiter sich selbst zu Fortschritten motivieren. Sie müssen aber klar umrissen sein. Vage bzw. unrealistische Zielsetzungen führen nur zu einer Enttäuschung. Daher lohnt es sich, darüber nachzudenken, was man wirklich erreichen will. Das kleine Wort »wollen« birgt schon eine Aufforderung in sich selber. Wenn Sie etwas wirklich erreichen wollen, werden Sie es auch schaffen. Wenn Sie sich etwas nur »wünschen«, hat das einen eher sehnsüchtigen Klang und ist nicht so effektiv.

Wenn man Schüler fragt, warum sie reiten und was daran ihnen Freude macht, entsteht meistens eine Pause. Sie müssen darüber erst nachdenken und antworten nicht so spontan, wie Sie vielleicht denken. Stellen Sie sich mal selber diese Frage, oder Ihren Freunden oder einem Kind. Wir kennen oft die Gründe gar nicht, die uns zu etwas motivieren.

Ein Ziel sollte im Bereich der Möglichkeiten liegen und realistisch sowie genau definiert sein. Bei diesem Definierungsprozeß assistiert ein immer korrigierender Mechanismus, der ein negatives Feedback ausschüttet. Wenn Sie zum Beispiel mit Ihrem Körpergewicht hinter der Bewegung des Pferdes sind, werden Sie sich unbequem fühlen und daran etwas ändern wollen. So wird also eine Selbstkorrektur veranlaßt. Fragen Sie sich, was stört oder nicht klappt, wenn Ihr Pferd sich widersetzt. Die Antwort wird Ihnen möglicherweise bei der Beantwortung folgender Frage über den Weg laufen: »Versuchen Sie gerade irgend etwas ganz besonders stark zu verwirklichen?« Wenn Sie diese Frage mit Ja beantworten müssen, haben Sie den Grund für die Schwierigkeiten gefunden. Die Probleme sind das Ergebnis von selbst aufgebauten Widerständen, wenn Sie das Geschehen kontrollieren wollen, statt den Dingen ihren normalen Lauf zu lassen. Das ist also ein Beispiel, bei dem das negative Feedback vom Pferd gegeben wird und Ihnen zeigt, daß Sie auf dem falschen Weg sind.

Die Versuchung, selber zu gestalten, kommt in allen Trainingsstufen immer wieder. Der Reiter macht Fortschritte, und von Pferd und Reiter wird immer größere Sachkenntnis erwartet. Damit wächst gleichzeitig die Notwendigkeit, Anzeichen beginnender Störungen zu erkennen und sie dankbar anzunehmen. Wenn Sie besser in sich selbst Bescheid wissen, können Sie leichter erkennen, wobei und warum Sie vom Weg abgekommen sind.

Es ist jedoch von größter Bedeutung, Ihre Teilziele in Reichweite abzustecken. Nichts ist entmutigender als ein unrealistischer Ausblick. Damit programmieren Sie nur Mißerfolg, und so geht es Ihnen auch, wenn Sie immer nur das Endziel anstreben.

Versuchen Sie sich Aufgaben zu geben, denen Sie Kurz-, Mittel- oder Langzeitziele zuordnen. So entstehen Schritt für Schritt die Stufen zum Erfolg. Ein Langzeitziel könnte zum Beispiel sein, Ihr Dressurpferd bis zum M-Niveau auszubilden oder mit Ihrem Springpferd in schweren Springprüfungen zu starten. Eine mittlere Zielsetzung wäre also die Teilnahme an Dressur- bzw. Springwettbewerben der Kategorie E oder A. Genauso verhält es sich mit den Tageszielen bzw. denen innerhalb einer Übungsstunde. Das sind dann Ihre Kurzzeitziele.

Die wichtigsten Punkte, um Ziele erfolgreich zu setzen, sind: sie zu visualisieren, also sie vor Augen zu haben, ihren zeitlichen Bedarf richtig einzuschätzen und sie realistisch zu halten. Denn wenn Sie sie einmal festgesetzt haben, sollten Sie Ihre volle Aufmerksamkeit der Verwirklichung widmen.

Ein Beispiel für ein Kurzzeitziel innerhalb einer Reitstunde könnte sein, sanfte und fließende Galoppübergänge zu reiten. Sie sollten sich entscheiden, wieviel Fortschritt in der zur Verfügung stehenden Zeit ihnen genügen würde und wieviel gelungene Übergänge Sie von sich und dem Pferd erwarten. Stellen Sie sich folgende Fragen:

1. Was ist mein Ziel?
2. Wieviel möchte ich darin investieren?
3. Wieviel Zeit steht zur Verfügung?
4. Wieviel Fortschritt möchte ich machen?
5. Wie viele verbesserte Übergänge soll das Pferd zeigen?
6. Ist das Ziel realistisch?

Antworten:

1. Sanfte und fließende Galoppübergänge
2. 90 Prozent
3. 45 Minuten
4. 40 Prozent
5. 5 von 10
6. Ja

Mit jeder Antwort haben Sie sich unbewußt mehr und mehr auf die Übung eingestellt. Vergessen Sie jetzt Ihr Ziel, und konzentrieren Sie sich aufs Reiten. Überprüfen Sie nur gelegentlich, ob Sie Ihrem Ziel näher kommen. Wenn Sie auf diese Weise vorgehen, wird Ihr Ziel in erreichbare Nähe rücken, worum es auch immer geht.

Wenn Sie sich Ihr Ziel im Detail ausmalen und vor Augen führen, vergrößern Sie die Chance, es zu erreichen. Das können Sie in einer Erholungsphase bei der Reitstunde tun, während Ihr Pferd am hingegebenen Zügel geht, oder in irgendeinem anderen freien Moment, der Ihnen zur Verfügung steht. Visualisationen wirken am tiefsten, wenn Sie sie kurz nach dem Aufwachen oder kurz vor dem Einschlafen zulassen. Damit sie auch wirklich eine Trainingshilfe sind, sollten Sie sich in allen Einzelheiten ausmalen, wie Sie und Ihr Pferd in einer schönen Reithalle eine mühelose und glänzende Vorstellung geben. Einzelheiten der Umgebung oder das Wetter lassen Ihre Visualisation noch realer erscheinen. Es kann sein, daß ein Ergebnis solcher mentalen Übungen erst nach etwa drei Wochen bemerkbar ist, doch meistens zeigt sich schon innerhalb einer Woche, wieviel besser Sie dadurch reiten.

Richten Sie Ihr Augenmerk nicht ständig angestrengt auf das Ziel, das Sie sich gesetzt haben. Sie können es sogar vergessen, während Sie daran arbeiten. Ziele rücken ganz von alleine näher, wenn Sie Ihre Aufmerksamkeit auf die Gegenwart richten. Vertrauen Sie auf den berichtigenden Sinn im Unterbewußtsein, und erfreuen Sie sich mehr am Reiten.

Um dieses Kapitel über das Lernen abzurunden, benenne ich noch einmal drei Wege, Wissen aufzunehmen. Bei der ersten Art lernt man durch einen Lehrer, der deutlich autoritär ist. Er verteilt Informationen und beläßt den Schüler in der Rolle, sie aufzunehmen. Beim zweiten Weg lernen wir durch die Entdeckung eines bestimmten Selbstbewußtseins, welches die Sinne nutzbar macht und durch Anleitung des Trainers erschlossen wird. Der Trainer wird zum Katalysator, durch den der Schüler Zugang zu seinem inneren Wissen findet. An diesem Prozeß nimmt der Schüler selbst aktiv teil. Den dritten Weg des Lernens nenne ich Latentes Lernen. Es findet in Ruhepausen statt, und zwar vorzugsweise nach einer gut verlaufenen Übung. Auch Pferde können so lernen und andere Tiere ebenfalls. Latentes Lernen kann man daran erkennen, daß Fortschritte gemacht werden, ohne daß inzwischen geübt wurde. Die Fortschritte scheinen aus dem Nichts zu kommen und tauchen häufig erst nach einiger Zeit auf. Latentes Lernen kann angeregt werden durch die Einbeziehung von Entspannungs- und Visualisationsübungen in die Reitstunde.

Im Schlaf weiterlernen – diese Idee scheint nicht realisierbar. Es ist jedoch möglich, wenn Sie regelmäßig üben und alle verfügbare Zeit nutzen. Bei diesem Lernprozeß braucht man sich nicht sehr anzustrengen, aber man sollte täglich fünf bis zehn Minuten morgens oder abends darauf verwenden.

Hier ist eine Übung, die Sie durchführen können, wann immer Sie Zeit haben. Sie sollten regelmäßig etwas üben, mindestens einmal täglich, sonst kommt die Wirkung nicht zum Tragen. Wenn Sie die Übung zweimal täglich durchführen können, steigern Sie den Effekt.

Legen Sie sich auf den Rücken, oder setzen Sie sich auf einen Stuhl oder sogar auf Ihr Pferd, jedoch in bequemer Haltung. Legen Sie eine Hand auf Ihr Zwerchfell und versuchen Sie es herauszudrücken, während Sie atmen. Wenn Sie sich an das neue Gefühl beim Ausatmen gewöhnt haben, können Sie auf den Rhythmus in Ihrer Atmung achten. Lassen Sie den Atem frei und natürlich fließen, während Sie, am Anfang fünf- bis sechsmal, ein- und ausatmen. Die meisten Menschen atmen unökonomisch und enthalten so Ihrem Körper und Gehirn Sauerstoff vor. Doch ein verzögerter Austausch von Kohlendioxid vermindert Ausdauer/Widerstandsfähigkeit und Wohlgefühl. Wenn Sie Ihre Aufmerksamkeit tiefer in den unteren Körper hineinrichten, haben die Lungen die Möglichkeit, sich leichter aufzufüllen.

Vermeiden Sie es, die Atmung zu forcieren. Lassen Sie den Atemfluß einfach geschehen, und achten Sie darauf, wie er sich anfühlt, und zwar immer wieder, wenn Sie Zeit haben. Bald schon wird Ihnen das Atmen leichter fallen. Bleiben Sie ruhig, während Sie ausatmen. Das Wort Ruhe allein kann mit der Zeit eine körperliche Reaktion hervorrufen. Wenn Sie dann dringend Entspannung brauchen, stellt sie sich spontan ein. Die Wirksamkeit hängt davon ab, wie regelmäßig Sie diese kleine Übung machen.

2. Der Reiter

Widerstände abbauen

Das erste Kapitel hat versucht zu beschreiben, wie wir uns ohne unser Wollen beim Lernen Steine in den Weg legen und wie wir, wenn wir zu hart versuchen, etwas zu erreichen, eine verkrampfte, widerstrebende Muskulatur bekommen. Sätze wie »Ich muß das noch besser können« oder »Ich muß mich zum Galoppieren bringen« zeigen diesen Konflikt an und auch damit einhergehende Anspannung, bevor wir überhaupt im Sattel sitzen. Die damit verbundene Körpersprache für Steifheit und Verbissenheit sind Zähneknirschen und geballte Fäuste.

Die Schüler kommen manchmal völlig überdreht zur Reitstunde. Sie stehen unter dem äußeren Druck, pünktlich zu sein, und vor ihren inneren Ängsten, die sich auf das Reiten beziehen. In so einem angespannten Zustand sollte man vielleicht nicht mit dem Reiten beginnen. Die körperlichen Einschränkungen sind zu groß. Der Schwerpunkt verlagert sich, die Schultern sind gebeugt, und die Atmung verflacht sich. Durch all diese Komponenten ist die Haltung nicht ausbalanciert. Dieses Kapitel handelt von der Kunst »nichts zu tun«. Nichts tun heißt als erstes, alle Anweisungen zu vergessen, nach denen Schüler dieses oder jenes tun sollten. Statt dessen hilft der Reitlehrer ihnen, ihre Gedanken zu sammeln und ihre Aufmerksamkeit nur auf wichtige körperliche Veränderungen zu richten. Das wird durch Übungen erreicht, die die Konzentration fördern. Führen die Schüler diese Übungen durch, wächst ihr Bewußtsein, und Entspannung kann sich einstellen. Dann und nur dann ist der Körper offen dafür, seine natürliche Balance wiederzufinden, ohne daß Widerstände dem entgegenwirken.

Versuchen Sie diese nächste Übung als Visualisationshilfe anzusehen, durch die Sie »loslassen« können. Sie werden dabei auf einem Stuhl sitzen oder sogar auf dem Pferd. Stellen Sie sich vor, Sie wären ein rotierendes Teilchen. Es dreht sich nach und nach langsamer, bis es zu einem Dreieck wird, das mit der Spitze nach unten zeigt. Wenn Sie sich das vorstellen können, fügen Sie noch ein weiteres Dreieck hinzu und stellen es – Spitze auf Spitze – unter das andere, so daß die beiden wie eine Sanduhr aussehen. Lassen Sie nun die in Ihrem Kopf kreisenden Gedanken und Ängste in das untere Dreieck hineinrieseln, das jetzt wie eine Pyramide steht. Während Ihre Gedanken auf den Grund der Pyramide fallen, werden sie zu Sand, der von der Sonne gewärmt wird. Gehen Sie in diese Pyramide hinein und setzen Sie sich mit Ruhe in die Wärme, Stille und Sicherheit. Besinnen Sie sich auf die Wärme in Ihrem unteren Bauch, und sagen Sie langsam, zwei- oder dreimal: »Ich bin ruhig und entspannt.« Versuchen Sie in Ihrem Körper zu spüren, wie Ihre Glieder sich entspannen, achten Sie auf Ihre Atmung. Wenn Sie sich dann tiefer in sich ruhend erleben, können Sie anfangen zu reiten. Wenn Sie diese Übung zweimal am Tag durchführen, können Sie schon nach einer Woche Ergebnisse spüren. Um eine noch tiefergehende Ruhe zu erreichen, sollten Sie mindestens einen Monat weitermachen.

Bald brauchen Sie sich in Krisenzeiten nur noch die Pyramide vorzustellen oder das Wort »Ruhe«, um ruhig zu werden. Sie können sich natürlich auch eigene, nur für Sie geltende beruhigende Szenen ausdenken. Je häufiger Sie das tun, desto selbstverständlicher wird es Ihnen vorkommen. Denken Sie daran, sich die Bilder in allen Einzelheiten auszumalen, dann wirken sie tiefer. Am wirkungsvollsten ist die Zeit kurz vor dem Einschlafen oder am Morgen direkt nach dem Aufstehen. Das kann Ihren ganzen Tag verändern und nicht nur Ihr Reiten.

Es ist wirklich von Wert, sich mit diesen Übungen bzw. einfach mit der Besinnung auf die Atmung auf das Reiten einzustellen. Ihre Gedanken zentrieren sich, und Sie entwikkeln Körperbewußtsein. Das Verständnis dafür, wie die Angst Sie körperlich angreift, ist der erste Schritt zur Entspannung und damit der Grundbaustein zum Erreichen von Balance. Reiten ohne widerstrebende Gefühle kann sich nur entwickeln, wenn das Wissen über unsere inneren Empfindungen gleichwertig mit den Informationen von außen angenommen wird. Die wichtigsten Informationen haben wir schon in uns. Somit können Sie sich über dieses Konzept Ihr wahres Potential erschließen.

Wir befinden uns in einer schnellebigen Zeit. Die meisten Menschen sind immerzu in Zeitnot, und in ihrer Hast, Termine einzuhalten, sind sie versucht, immer nur nach vorne zu sehen. Diese Einstellung beeinflußt jedoch die Weite unseres Bewußtseins. Heutzutage sagt man »Zeit ist Geld« und »Zeit ist knapp«. Und doch haben schon viele Menschen eine Ahnung, wie wichtig es wäre, jetzt und heute die Gegenwart zu sehen. Wir verschwenden unsere Zeit, wobei wir bewußte, wahre Erfahrungen unseres Lebens verlieren. Und für welchen Gewinn? Bewußtsein beginnt jetzt und hier, nicht gestern und nicht morgen. Fassen Sie ein Ziel ins Auge, und wenden Sie sich dann mit all Ihrer Aufmerksamkeit gegenwärtigen Vorgängen zu. Indem Sie die Ängste vor den Ergebnissen reduzieren, werden Sie sich dem Ziel leichter und unter Erfahrung von viel mehr Freude nähern.

Gebrauchen Sie Ihre Sinne

Bevor Sie anfangen zu reiten, sollten Sie vor allem versuchen, den Kopf freizubekommen und zur Ruhe zu kommen. Sie können sich die Imagination vom rotierenden Körper zu Hilfe nehmen. Sie können aber auch störende Gedanken oder Ängste in einen eingebildeten Mülleimer werfen oder ein Freudenfeuer daraus machen. Oder Sie können ein paar Minuten lang auf Ihren Atem hören und sich in seinen Rhythmus einfühlen. Es gibt noch viel mehr Wege, zur Ruhe zu kommen. Ihnen wird beim Lesen dieses Buches immer mehr einfallen, und Sie werden selber immer kreativer werden.

Machen Sie es sich zur Gewohnheit, darauf zu achten, ob Sie angespannt sind, aus

Abb. 3: Die Verkrampfung des Reiters überträgt sich auch auf das Pferd, wie man hier sehr gut sehen kann.

Abb. 4: Ein verspannter Reiter auf einem verspannten Pferd.

Abb. 5: Reiter und Pferd sind entspannt und gelöst.

welchem Grund auch immer. Schätzen Sie dann diese Anspannung prozentual ein. Ihr »innerer Computer« braucht Fakten. Wenn Sie dann nach ein paar Minuten etwas lockerer sind, nachdem Sie Entspannungsübungen durchgeführt haben, können Sie die Schwere der Verspannung noch einmal neu einschätzen. Achten Sie insbesondere darauf, ob die körperlichen Symptome sich verändert haben. Wir alle spannen die verschiedensten Körperstellen an, wenn wir unter Druck stehen: Wir halten unseren Atem an, ziehen die Schultern hoch, halten unseren Unterkiefer fest oder ziehen den Bauch ein. Wenn Sie ruhig atmen und dabei an die Pyramide denken, können Sie Ihren Schwerpunkt besser fühlen. Wenn Sie auf Ihrem Pferd sitzen, können Sie sich wieder die Pyramide vor Augen halten. Fühlen Sie, wie sicher und zentriert Sie im Sattel sitzen. Wenn Sie in besserer Übereinstimmung mit sich sind, hat das Pferd es mit Ihnen leichter. Es kann buchstäblich fühlen, was Sie denken, und reagiert auf Ihre Ängste mit Widerstand.

Sie können ein tiefgehendes Vertrauensverhältnis aufbauen, wenn Sie die in diesem Buch beschriebenen Techniken anwenden. Wir wollen noch einmal aufzählen, was wir bisher gelernt haben.

- Entwickeln Sie Ihre ›Sinnlichkeit‹, indem Sie so viele Ihrer Sinne wie möglich gebrauchen: das Hören, Sehen, Berühren, das Tun – und sogar das Riechen.
- Ihre Entdeckungsreise kann viel weiter gehen, wenn Sie die Angst davor reduzieren, etwas richtig oder falsch zu tun.
- Stellen Sie sich darauf ein, Ihre Erfahrungen genau zu durchleuchten. Dadurch werden die Informationen viel klarer, und Ihr Körper und Geist können reagieren. Ihr Bewußtsein entwickelt sich.
- Lernen Sie, auf Ihr Pferd zu hören und seine Körpersprache zu verstehen.
- Bleiben Sie in der Gegenwart.
- Konzentrieren Sie sich nur auf eine Sache zur Zeit.
- Und versuchen Sie vor allen Dingen nicht zu sehr, alles richtig zu machen, und fühlen Sie sich nicht gleich als Versager, wenn Sie keinen Erfolg haben.

Kommunikation und Körpersprache

Wenn Sie sich Ihrer Körpersprache bewußt sind, kann sich eine bessere Verständigung zwischen Ihnen und Ihrem Pferd entwickeln. Wir verwirren die Pferde oft durch unbeabsichtigte Widersprüche in der Hilfengebung, wenn also einem bewußt gegebenen Signal aus dem Unterbewußtsein widersprochen wird. Wenn beides übereinstimmt, kann das Pferd Sie viel besser verstehen. Solch eine widersprüchliche Botschaft liegt zum Beispiel vor, wenn jemand ja sagt und dabei den Kopf schüttelt, ohne es zu merken. Das kommt öfter vor, als Sie denken. Dann geht es Ihnen wie dem Pferd, wenn Sie sich selber fragen müssen, was denn nun die richtige Antwort ist. Denken Sie daran, Ihre Körpersprache lügt nicht, und Ihr Pferd weiß das.

Das Pferd steckt in einem noch größeren Dilemma, wenn Ihre reiterlichen Hilfen das eine aussagen und Ihre Körpersprache aussagt, daß Sie in Wirklichkeit etwas anderes wollen. Es ist nicht leicht zu merken, was wir unbewußt über unseren Körper ausdrücken. Unsere lange gehegten Gewohnheiten überlagern unser Einfühlungsvermögen. Doch es ist diese Sensibilität, die unsere eigentlichen Möglichkeiten erschließen kann. Das Ergebnis ist eine viel reichere Kommunikation, nicht nur mit dem Pferd, sondern auch mit anderen Menschen.

Und so können Sie Ihr Bewußtsein erweitern, bevor Sie anfangen zu reiten.

1. Zählen Sie Ihre Gedanken und Ängste auf, ohne sich schuldig zu fühlen. Gestehen Sie sich laut oder leise ein, wie Sie sich fühlen.
2. Trennen Sie sich von diesen Gedanken und Ängsten, indem Sie symbolisch Ihre Reitgerte zu Boden werfen (nur wenn es Ihr Pferd nicht erschreckt). Oder stellen Sie sich vor, wie Sie diese Gedanken in einen schwarzen Kasten tun und darin beerdigen. Verbrennen Sie sie in einem Freudenfeuer, oder binden Sie sie an einen Ballon und sehen Sie zu, wie er wegfliegt.
3. Achten Sie auf den Grad körperlicher Verspannung vor Anwendung der Imaginationen und danach. Schätzen Sie die Anspannung prozentual ein, damit Sie ein Gefühl dafür bekommen. Vielleicht lag sie am Anfang bei 80 Prozent und ist dann auf 60 Prozent heruntergegangen.
4. Schätzen Sie auch den Grad Ihrer Angst ein.
5. Atmen Sie ein paar Minuten lang in Ruhe ein und aus.
6. Stellen Sie sich vor, wie aus dem rotierenden Körper eine Pyramide wird, in der Sie ruhig sitzen.
7. Wiederholen Sie nun Ihre Einschätzungen in Prozent. Geistige und körperliche Anspannung sind wahrscheinlich weniger geworden.

Diese Routineübungen können Ihnen helfen, physische Veränderungen erfahren zu lernen. Sie können sich jetzt viel besser in Ihre Denkmuster und körperlichen Reaktionen einfühlen. Vorstellungskraft und Atmung geben ein Feedback, das auch feine Unterschiede beleuchtet. Wenn Sie auf Ihren Körper hören, werden Sie es leichter haben, auf Ihr Pferd zu hören. Sich Ihren wirklichen Gefühlen anzunähern, gibt Ihnen eine zuverlässige Richtlinie, und Ihr Unterbewußtsein bekommt genaue Fakten gemeldet. Somit können Sie in dem komplexen System unseres Körpers etwas Einfluß nehmen. Sie reiten besser, wenn Sie die Widerstände reduzieren, welche so häufig beim Reiten und Trainieren von Pferden entstehen.

Der Detektiv

Die Aufgabe, die Sie für sich als Reiter entwickeln, ist ähnlich der eines Detektivs. Wie ein Detektiv können Sie fortwährend die Situation beim Reiten auf Hinweise in Ihrem Kopf und Körper und dem Ihres Pferdes untersuchen. Für gewöhnlich ist die Ursache für die auftretenden Symptome woanders zu suchen, und wenn ein Problem sich nicht auflöst, sind Sie noch nicht auf die Wurzel des Übels gestoßen. Wenn die erste Spur von Hinweisen nicht ausreicht, sollten Sie Ihre Aufmerksamkeit aus einem anderen Blickwinkel heraus auf sich richten, um die wahren Gründe erkennen zu können, die ein Symptom hervorbringen. Im traditionellen Reitunterricht wird häufig durch konstante Kritik an einer schwierigen Stelle verhindert, daß wir den entscheidenden Punkt erkennen, der zwar die Ursache für Probleme ist, aber in der momentanen Situation weit vom tatsächlichen Ereignis entfernt ist. Immer wiederkehrende Ermahnungen und andauernde Bemühungen sind der Beweis für eine ungelöste Schwierigkeit. An dieser Stelle kann ein detektivischer Reiter zu sich selbst finden – mit Hilfe des Ausbilders, eines Freundes oder durch eigene Erkenntnis. Im

Abb. 6: Der Reiter sitzt zusammengesunken mit hängenden Schultern auf dem Pferd.

Abb. 7: So reagiert er, wenn ihm empfohlen wird, sich aufzurichten.

Abb. 8: Hier seine Reaktion auf die Aufforderung, sich »größer zu denken«.

folgenden ist beispielhaft beschrieben, wie eine Schülerin ihr Problem aufspürte:

Monika hatte schon immer Probleme mit ihren Schultern. Sie hatte daran nie etwas ändern können, so oft man es ihr auch sagte und so sehr sie es auch versuchte. Dadurch war sie sehr entmutigt. Der Ausbilder veranlaßte sie, sich bequem hinzusetzen und nicht nur korrekt. Dann ließ er sie im Schritt umherreiten, bis sie irgendeine Besonderheit bemerkte. Als sie zurückkam, klang ihre Stimme überrascht: »Es ist der Hüftbereich, der mir Probleme macht!« Monikas Ausbilder schlug vor, eine Bewußtseinsübung mit Augenmerk auf die Hüftgelenke durchzuführen, mit der die Schülerin sich dann eine Weile befaßte. Währenddessen veränderte sich nach und nach die Haltung der Schultern, bis Monika auffallend besser als vorher auf dem Pferd saß. Die Zuschauer dieser Reitstunde sagten, Monika habe noch nie so gut geritten.

Nach der Reitstunde sprach Monika darüber, was passiert war. Sie sagte, ihre Hüften fühlten sich jetzt viel geschmeidiger an und sie habe ihre Schultern ganz vergessen. Sie fühlte sich jetzt in ihrer Haltung besser im Gleichgewicht.

Monikas Erfahrung ist ein Beispiel für detektivisches Vorgehen. Dabei werden Anhaltspunkte und Fehlerquellen aufgespürt, die hinter dem sich hartnäckig zeigenden Problem stehen. Als Monika entdeckte, daß die eigentliche Schwierigkeit weiter unten in ihrem Körper zu suchen war, balancierten sich ihre Schultern in natürlicher Weise aus und entspannten sich. Wenn der Reiter sich ein Problem ganzheitlich anschaut, findet er die Ursache für die Schwierigkeiten viel eher. Wenn er dann seine Aufmerksamkeit darauf richtet, lösen sich neben dem Hauptproblem gleichzeitig auch andere Schwierigkeiten auf, und das gesamte Auftreten verbessert sich. Der Ausbilder kann dann Ihre Resonanz sein, indem er Ihnen hilft, die wichtigen Fragen zu beantworten, die Sie sich selber stellen. Und es wird Sie überraschen, welches Feedback Ihnen durch Ihre eigenen Antworten entsteht.

Wenn Schüler mit neuen Ideen vertraut gemacht werden, sollten sie zu einer kurzen Einführung erst absitzen dürfen. Das ist vor allen Reitstunden nützlich, da so die bei neuen Situationen schnell aufkommende Besorgnis abgebaut wird. Jede Änderung im Aufbau einer Reitstunde stellt eine neue Situation dar, und so vermittelt eine Erklärung des Ausbildungsplanes vor dem Reiten selbst ein sicheres Gefühl. Die Aufmerksamkeit der Reiter ist ungeteilt, wenn sie noch nicht auf dem Pferd sitzen. Viele Reitschüler gestehen ein, daß sie Vorbehalte haben, wenn sie nicht wissen, was passieren wird. Das ist nur zu verständlich, und die Erleichterung nach einer vorbereitenden Erklärung spürt nicht nur der Reiter, sondern auch das Pferd. Im folgenden wird eine Möglichkeit für den Aufbau einer Reitstunde dargestellt.

1. Fragen und Antworten helfen allen, ihre Gedanken zu sammeln und ihre Gefühle aufzuspüren.
2. Durch die Zusicherung, daß in der Unterrichtsstunde keine Bewertung vorgenommen wird, entsteht Vertrauen, aus dem heraus der Schüler einen eigenen Zugang zu den Übungen finden kann. Entspannung und eine natürliche Einstellung sind die Folge.

Wir können darauf vertrauen, daß unser Körper sich richtig zu verhalten weiß, wenn wir uns nicht im Wege stehen. Der Mangel an Selbstvertrauen ist die Ursache ungewollter Spannungen. Schwierigkeiten treten auf, wenn die Reiter zu sehr versuchen, ‚besser' zu werden. Mit der Frage »Was versuchen Sie auszuführen?« kann man ihnen helfen, eine Pause einzulegen und zu erkennen, was vor sich geht. Das ist eine Hilfe auf allen Ausbildungsstufen, insbesondere jedoch wenn die Anforderungen komplexer und der Standard höher werden.

In der idealen Lernsituation steht jedem Reitanfänger ein ausgebildetes Pferd zur Verfügung. So können sich Kontrolle und Balance beim noch ungeübten Reiter relativ ungestört entwickeln. Aus demselben Grund braucht ein Pferd, das angeritten wird, einen erfahrenen Reiter, der es ausbildet. Doch kommt es häufig vor, daß Pferd und Reiter sich zusammenraufen müssen, etwa wie der Blinde, der des Einäugigen König ist. Beiden fehlt die nötige Ausbildungsgrundlage, die ihnen ermöglicht, wechselseitig das Gleichgewicht zu finden und zu einer einigermaßen funktionierenden Zusammenarbeit zu kommen.

Diese mißliche Lage ist weit verbreitet, und es ist überraschend, wieviel Fortschritt möglich ist, wenn durch Verspannung entstandene Widerstände verringert werden können. Schritt für Schritt können die Reiter ein Bewußtsein ihrer selbst und ihrer Pferde aufbauen, die Aufmerksamkeit auf das Wesentliche richten und merken, wie sie immer besser werden, wenn sie anfangen, sich sehr viel Mühe zu geben. Die Schüler fangen an, mehr in sich hineinzudenken und in sich und ihre Pferde vertrauensvoll hineinzuspüren. Gleichzeitig genießen sie die Ruhe, die unerwartet um sie ist. Nicht in Eile zu sein, ist eine neue Erfahrung für die meisten Reiter, und die positive Reaktion ihres Pferdes ist das Lob.

Abb. 9: Anfreunden mit dem Pferd.

Die erste Begegnung mit dem Pferd

Im Leben gibt es einige Rituale, die ausgetauscht werden, wenn wir uns begegnen. Unsere Erkennungssignale richten sich nach dem Grad unserer Vertrautheit. Bei der Begegnung mit einem anderen Menschen registrieren wir im Unterbewußtsein einige Reaktionen, die vor sich gehen. Das gleiche geschieht bei der Begegnung mit unserem Pferd.

Gelegentlich sind wir von einer Begegnung so oberflächlich beeindruckt, daß unsere Reaktion als abweisend aufgefaßt werden kann. Andere Begegnungen sind so überschwenglich, daß sie unseren persönlichen Freiraum beeinträchtigen. Wie begegnen wir also dem Pferd, das wir gleich reiten wollen? Hat es ein Recht auf eine gründliche Begrüßung, bevor wir in den Sattel steigen?

Im ersten Kapitel lag die Betonung auf der Beziehung, die sich zwischen den Menschen entwickelt, zwischen den Tieren untereinander und zwischen Tieren und Menschen. Wir haben festgestellt, daß eine positive Haltung aufbauend wirkt. Welches Pferd Sie auch immer reiten, es hat ein paar Begrüßungsminuten verdient, bevor Sie gemeinsam eine Reitstunde absolvieren.

Dann sollten Sie als nächsten Schritt darauf achten, in welchem Zustand das Sattel- und Zaumzeug ist und ob es paßt. Wenn Sie sich damit nicht auskennen, sollten Sie es so schnell wie möglich lernen. Ihre Sicherheit kann von diesen Kenntnissen abhängen. Eine oberflächliche Einführung genügt nicht, und in den Richtlinien stehen meist nur die wichtigsten Aspekte. Dieses Wissen kommt durch den Umgang und die Erfahrung und nicht aus den Büchern. Durch nichts kann man die selbständige Handhabung und das Zuschauen beim Anpassen des Sattelzeugs auf verschiedene Pferde ersetzen. Nähere Angaben darüber stehen in Kapitel 4 auf Seite 70.

Schließen Sie in Ihre Inspektion die Gesamterscheinung und das Verhalten des Pferdes ein, das Sie gleich reiten wollen, auch wenn es Ihr eigenes ist. Bei Ihrem Pferd können Sie kleine Unstimmigkeiten gleich bemerken. Bei einem gemieteten oder geliehenen Pferd kann Ihr erster Eindruck vielleicht seine Persönlichkeit und seinen Allgemeinzustand erfassen.

Die Vorbereitung zum Aufsitzen, inklusive dem Überprüfen der Gurte und Steigbügelriemen, mag Ihnen etwas langatmig vorkommen, aber ihr kommt eine große psychologische und praktische Bedeutung zu. Nehmen Sie sich vor dem Aufsitzen noch einmal die Zeit und betrachten Sie das Pferd, das Sie reiten werden, noch einmal genau. Geben Sie dem Pferd die Zeit, dasselbe zu tun. Eine Beziehung baut sich in beiden Richtungen auf, und an diesem Punkt fängt sie an.

Die Betonung des Bewußtseins in diesem Kapitel kommt dem Pferd genauso zugute wie Ihnen, denn es kann für sich selber nicht sprechen. Obwohl in vielen Büchern das Aufsitzen sehr klar aus der Sicht des Reiters beschrieben wird, wird der Empfindsamkeit des Pferdes nicht so viel Raum gegeben.

Das Aufsitzen

Das Pferd muß das Gewicht des Reiters auf seinem Rücken annehmen. Deshalb ist die Art, wie wir aufsitzen, genauso wichtig wie das Anpassen des Sattels, auf dem Sie reiten wollen. Sie können sich gar nicht vorstellen, wie viele Pferde durch unkoordiniertes Aufsitzen Schaden genommen haben. Und wenn in der Erinnerung des Pferdes gewohnheitsmäßig Unbequemlichkeit und Schmerzen mit dem Aufsitzen verbunden werden, wird es immer versuchen, dem auszuweichen. Daraus können Verletzungen entstehen, die sogar manchmal chronisch werden.

Das Aufsitzen sollte also immer mit größter Umsicht erfolgen, denn viele Pferde leiden schon jahrelang darunter, ohne daß es jemand merkt. Achten Sie am Anfang darauf, wie Ihr Pferd reagiert, wenn Sie in den Sattel einsitzen. So können Sie gleich feststellen, ob Sie wirklich vorsichtig sind. Wenn Ihr Pferd Angst hat, drückt es den Rücken weg oder hat Schwierigkeiten stillzustehen. Wenn das Pferd in Abwehrhaltung mit durchgedrücktem Rücken und nach hinten ausgestellten Beinen dasteht, hat es Schmerzen. Das zeigt sich auch beim Anreiten, welches nur unter Schwierigkeiten erfolgt. Wenn der Ausbilder auf diese Symptome hinweist, bekommt er für gewöhnlich folgende Antworten: »Das habe ich noch nie bemerkt«; »Der wird nie stillhalten«; »Es ist ungehorsam«; »Der Rücken ist noch nicht warm«.

Wenn man den Rücken solch eines Pferdes untersucht, findet man oft überempfindliche Stellen. Wenn dieses Symptom auftritt, sollten Sie es gründlich untersuchen oder sogar den Tierarzt um Rat fragen. Das Pferd nimmt auch Schaden, wenn der Reiter beim Aufsitzen den Sattel über die Wirbelsäule des Pferdes zieht und dann einsitzt, bevor der Sattel wieder an seinen Platz zurückgerutscht ist. Auch dadurch verletzen wir die Wirbelsäule des Pferdes manchmal so stark, daß sie sich erst nach einer langen Ruheperiode wieder erholt.

Wenn Sie sich diese Schwierigkeiten und die körperlichen Mühen einiger Reiter beim Aufsitzen vor Augen halten, wird klar, wieviel Sorgfalt und Übung darauf verwendet werden sollten. Es gibt Reiter, die vor dem Aufsitzen einen Anflug von Panik bekommen. Deshalb versuchen sie es zu schnell auszuführen, bevor das Pferd sich bewegt. Wir müssen überlegen, wie diese Fehleinschätzung und die Angst des Pferdes vor dem gewaltigen Ansturm in gegenseitiges Vertrauen verwandelt werden können. Die Fertigkeit, einhändig aufzusitzen, ist natürlich das Ziel, aber selbst ausgebildete Pferde gehorchen häufig nicht und stehen daher nicht still. Wenn das Pferd nicht ruhig bleibt, ist es wichtig sicherzugehen, daß der Rücken nicht wundgeritten ist, und die Gründe herauszufinden, warum es hin- und hertritt. Vielleicht ist es zu wenig ausgebildet, oder es hat Angst, von seinen Freunden getrennt zu werden. Es hat gar keinen Sinn, sich selber die Schuld zu geben, wenn das Pferd die Situation so schwierig macht und Hilfe von außen erforderlich ist.

Wenn das Pferd Ausbildungsmängel hat, braucht man einige Zeit, um ihm grundlegenden Gehorsam beizubringen. Die einzige Alternative liegt darin, jemanden zu bitten, Ihnen das Pferd festzuhalten. Wenn das Pferd zu groß ist, sollten Sie von einer Erhöhung aus aufsitzen oder jemanden bitten, Sie heraufzuheben.

Von einem Podest aus aufsitzen können Sie viel häufiger, als Sie vielleicht denken. Irgendwie scheint vielen diese Methode aufzusitzen einem Zugeben von Versagen gleich zu sein. Sie ist indessen außergewöhnlich praktisch. So wird nicht nur der Rücken des Pferdes und der Sattelbaum geschont, sondern auch die Hose des Reiters. Die Methode hat zudem den Vorteil, daß dem Pferd der Gehorsam abverlangt wird, an dem Podest stillzuhalten, während Sie aufsitzen. Das wird es viel eher tun, da es jetzt keine Unruhe und Unbequemlichkeit mehr mit dem Aufsitzen verbindet. Zu wissen, daß Ihr Pferd willens ist, an irgendeinem verfügbaren Gegenstand ruhig zu stehen, damit Sie auf seinen Rücken kommen, ist besonders auf Fuchsjagden sehr nützlich.

Reiter, die wegen mangelnder Beweglichkeit und Koordination Schwierigkeiten haben, vom Boden aus aufzusitzen, können, besonders im letzten Stadium des Aufsitzens, von einer Erhöhung aus eine vorher nicht gekannte Haltung einnehmen. Die Möglichkeit, im Gleichgewicht bequem in den Steigbügel zu kommen, gibt ihnen die Selbsthaltung (Kontrolle), die sie vorher nicht hatten. Ein Gefühl der Selbstverständlichkeit in dieser letzen Phase des Aufsitzens bringt Vertrauen und Körpererfahrung, die auf lange Sicht ein Aufsitzen vom Boden aus in den Bereich des Möglichen rücken.

Wenn Sie überprüft haben, ob Sattel und Trense gut angepaßt sind, können Sie so sanft wie möglich nachgurten, ohne dabei das Pferd zu irritieren. Viele Pferde haben dabei Vorbehalte, da sie in der Vergangenheit zu grob angefaßt wurden. Sie drücken ihren Ärger aus, indem sie beißen oder treten und dabei den Bauch aufblähen, damit der Gurt sich nicht so eng anfühlt. Sie atmen also ein und halten die Luft dann an. Das können sie mit bemerkenswerter Effektivität. Wenn sie wieder ausatmen, hängt der Gurt gefährlich durch. Viele Pferde lernen das schon früh in ihrer Ausbildung. Wie würde Ihnen denn jedesmal eine so rauhe Behandlung gefallen, wenn etwas um Ihre Taille herum befestigt würde? Denken Sie mal darüber nach, wie ein Pferd sich fühlt, das im Winter entweder mit einem stramm gegurteten Sattel geritten wird oder im Stall unter einer Decke mit einem engen Deckengurt steht. Jeder, der schon einmal überprüft hat, wie eng der Deckengurt anliegt, wenn das Pferd sich hinlegt, kann sich vorstellen, wie unbequem das sein muß. Wenn die Dekke dann auch noch auf den Widerrist drückt, kann dieser empfindliche Bereich ernsthaft Schaden nehmen. Die Decken können auch noch an anderen Stellen stören, zum Beispiel an den Schultern oder um die Hinterbeine herum, wo die Neuseelanddecken befestigt sind.

Wenn Sie angegurtet haben, können Sie als nächsten Schritt die Steigbügel herunterlassen. Wenn Sie sie grob am Leder herunterziehen, wird das Leder beschädigt, und das scharfe Geräusch kann junge Pferde erschrecken. Es ist auch mühsamer, gegen den Widerstand zu ziehen. Wenn Sie das Ende des Bügelriemens mit Ihrer freien Hand anheben, können Sie den Steigbügel in Ruhe, mühelos und zügig herunterlassen.

Einige Reiter scheinen immer so in Eile zu sein, daß sie sich nicht die Zeit nehmen, die Bügellänge zu überprüfen, die sie wahrscheinlich brauchen werden. Als Ergebnis müssen sie dann große Veränderungen vom Sattel aus vornehmen. So machen sie sich selbst und dem Pferd das Leben schwerer.

Es kann vorkommen, daß der linke Steigbügel zum Aufsitzen länger geschnallt werden muß. Wenn Sie jedoch genau wissen, um wie viele Löcher Sie ihn heruntergelassen haben, können Sie ihn nach dem Aufsitzen schnell wieder ausgleichen. In jedem Fall sollten Sie vor dem Aufsitzen überprüfen, ob bei einem gerade stehenden Pferd die Steigbügel gleich lang aussehen und der Sattel in der Mitte liegt.

Wenn Sie aufgesessen sind und noch die letzten Kleinigkeiten ordnen, sollten Sie Ihre Bewegungen auf ein Minimum reduzieren, um den Sattel nicht zu verrücken und damit die Wirbelsäule des Pferdes zu verletzen.

Den äußeren Steigbügel können Sie versuchen aufzunehmen, ohne daß Sie dazu Ihre Hand benutzen oder hinsehen müssen. Im Normalfall werden ab dann die Füße nicht mehr herausgenommen. Um das zu verwirklichen, brauchen Sie bewegliche Fußgelenke und ein bißchen Übung, falls Sie im Bewegungsablauf unbeabsichtigt die Bügel verlieren. Niemand wird im Jagdfeld auf Sie warten, und Sie werden auch nicht mitten im Parcours dafür anhalten wollen, um die Steigbügel wiederaufzunehmen.

Folgende Checkliste sollten Sie vor und während des Aufsitzens beachten:

1. Sehen Sie sich Sattelzeug und Pferd genau an, und nutzen Sie diese Zeit, um sich mit dem Pferd anzufreunden.
2. Gurten Sie vorsichtig nach, bevor Sie sich den Steigbügelriemen zuwenden.
3. Lassen Sie die Steigbügel herunter. Die Bügellänge können Sie überprüfen, indem Sie die Fingerspitzen auf den oberen Rand legen und dann den Steigbügel auf die Höhe Ihrer Armbeuge einstellen. Wie genau das ist, hängt von der Länge Ihres Armes ab.
4. Nehmen Sie die Zügel mit einem gleichmäßigen Kontakt auf, und bringen Sie dadurch das Pferd in Ihre Kontrolle. Wenn es sich trotzdem bewegt, verkürzen Sie den äußeren Zügel, damit es in Ihre Richtung kommt und sich nicht von Ihnen wegbewegt und Sie auf einem Bein hinterherhüpfen müssen. Legen Sie dann die linke Hand mit den Zügeln vor dem Widerrist auf. Die Zügel lang zu lassen, bringt Ihrem Pferd bei, auszuweichen, wenn es sich unbequem fühlt. Halten Sie Ihre Gerte in der linken Hand und an der inneren Schulter, damit Sie Ihrem Assi-

Abb. 10: So mißt man die richtige Länge des Bügelriemens ab.

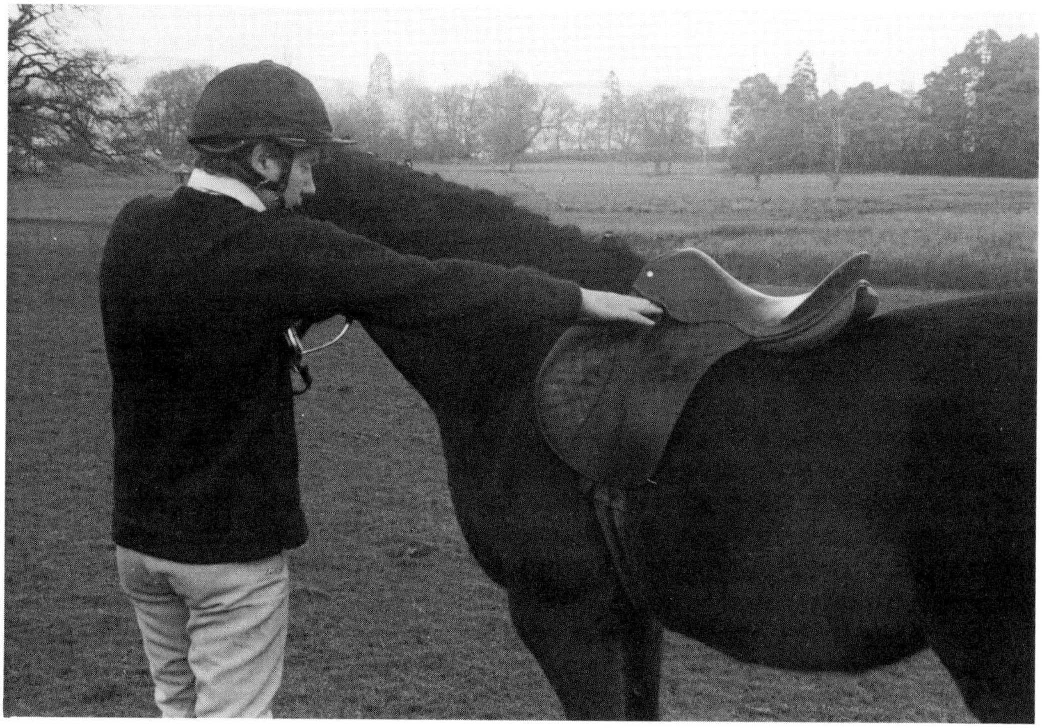

stenten auf der anderen Seite nicht die Augen auspieksen. Zudem liegt sie so gleich richtig zum Anreiten.

5. Stellen Sie sich mit Ihrer linken Schulter neben die linke Schulter des Pferdes mit Blick auf die Hinterhand.
6. Fassen Sie den Steigbügel an der Außenseite an, drehen Sie ihn zu sich hin, und stellen Sie Ihren linken Fuß ganz hinein. Versuchen Sie, das Pferd nicht mit Ihren Zehen zu drücken. Hüpfen Sie dann herum, so daß Sie den Sattel anschauen, während Ihr linkes Knie dagegenstößt.
7. Legen Sie Ihre rechte Hand auf die Sitzfläche des Sattels oder, noch besser, auf den Vorderzwiesel. Benutzen Sie jedoch nicht den hinteren Rand des Sattels.
8. Ihr linkes Knie drückt jetzt gegen den Sattel, während Sie sich mit Ihrem rechten Bein abfedern können. Sie können daran denken, daß Ihr linkes Knie immer gerader wird, während Ihr Körper vom Boden abhebt. Dieser Gedanke verleiht Ihnen einen besonderen Schwung und macht das Aufsitzen dadurch leichter.
9. Versuchen Sie Ihren Körper beim Aufsitzen so auszubalancieren, daß Sie in der aufrechten Haltung pausieren können, bevor Sie Ihr rechtes Bein hinüberbringen und in den Sattel einsitzen. Dadurch haben Sie unter Kontrolle, wie Ihr Körpergewicht auf den Pferderücken kommt.
10. Nehmen Sie den äußeren Steigbügel auf, ohne Ihre Hände einzusetzen oder hinzusehen, und überprüfen Sie danach den Gurt zu Ihrer eigenen Sicherheit.

Abb. 11 bis 16: Das richtige Aufsitzen

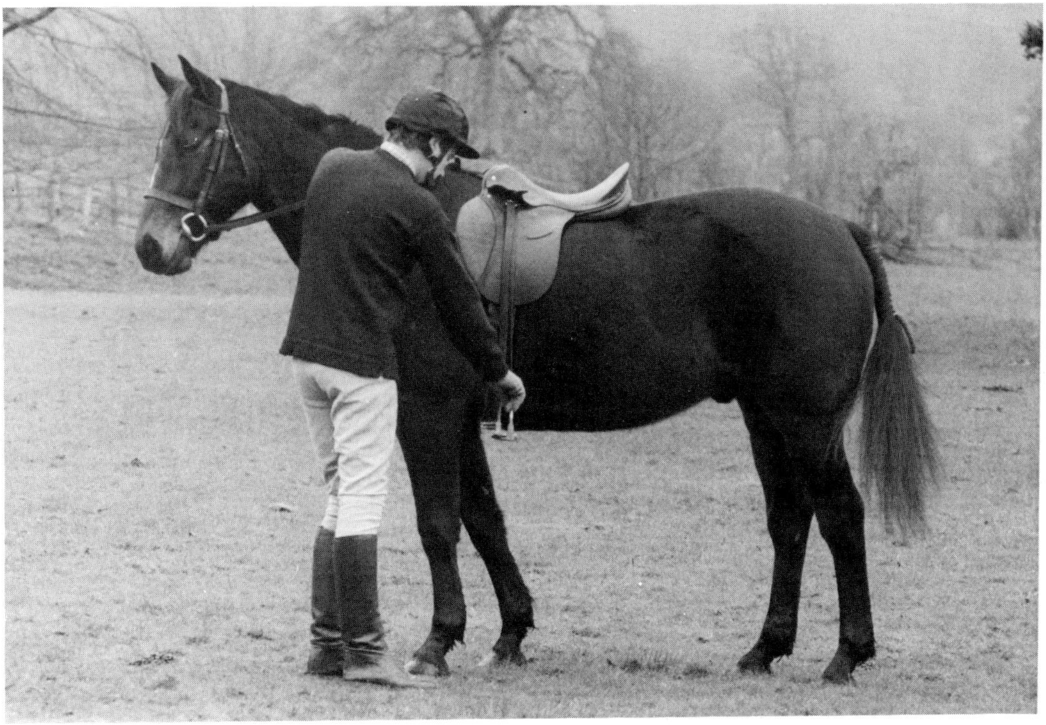

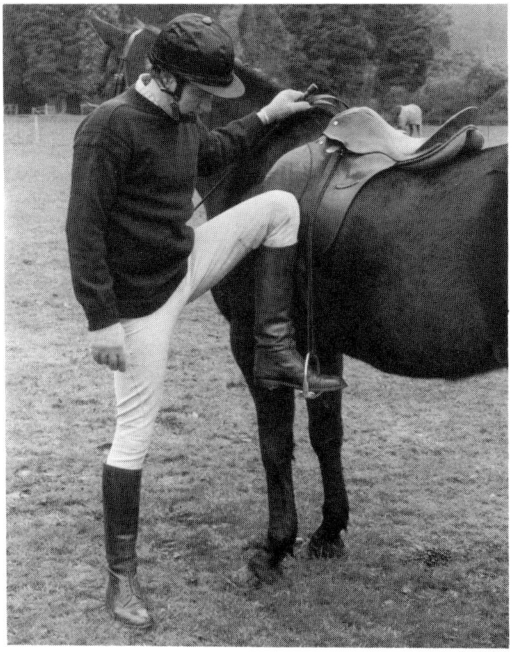

Abb. 12

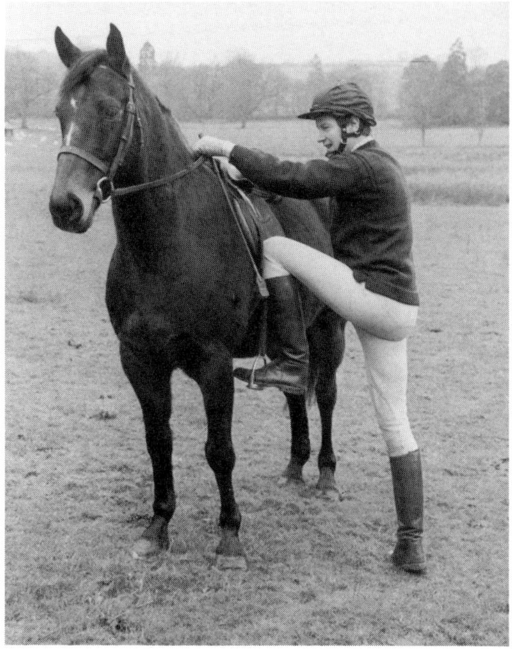

Abb. 13

Abb. 14

Abb. 15

Abb. 16

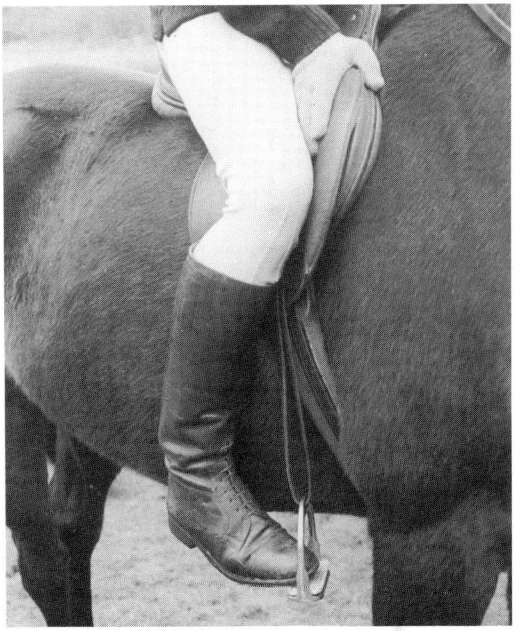

Abb. 17: Korrektes Aufnehmen der Steigbügel.

11. Ordnen Sie die letzten Dinge, ohne Ihren Körper seitlich zu verlagern und so den Sattel zum Rutschen zu bringen und das Pferd zu stören. Wenn Ihre Füße einmal im Steigbügel sind, sollten Sie sie nicht mehr herausnehmen müssen. Ein einfacher Vorgang würde dadurch kompliziert und unsicher, insbesondere wenn Sie nur einen Fuß herausnehmen. Sie könnten dann auch viel schlechter spüren, ob die Steigbügel gleich lang sind. Sie sollten üben, Ihre Steigbügel auch in der Bewegung aufnehmen zu können, und zwar in jeder Gangart. Nicht immer können Sie anhalten und in Ruhe zu Ende ›basteln‹.

Diese Anleitungen zum Aufsitzen mögen Ihnen übertrieben erscheinen. Wenn Sie sie anwenden, werden Sie sie jedoch sicher und praktisch finden, und Ihr Pferd wird vor schmerzhaften Erfahrungen geschützt.

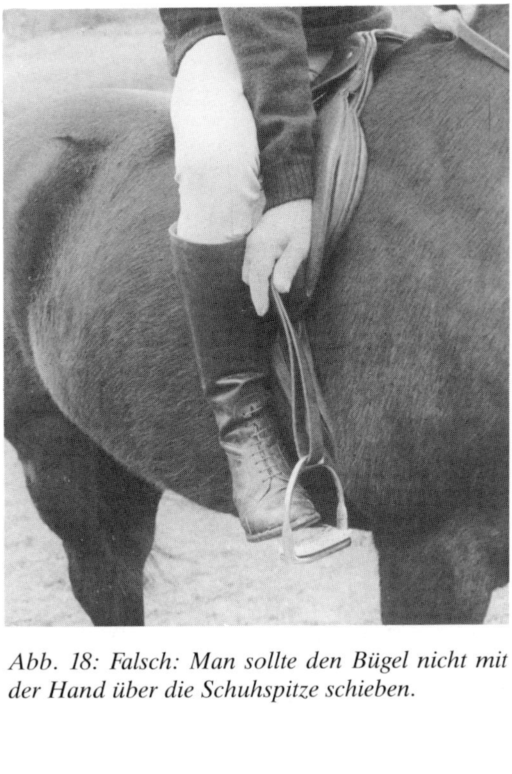

Abb. 18: Falsch: Man sollte den Bügel nicht mit der Hand über die Schuhspitze schieben.

Abb. 19: Falsches Nachgurten: Der Fuß ist nicht im Steigbügel.

Abb. 20: Richtiges Nachgurten: Fuß im Steigbügel.

Sie verlieren nicht Ihr Gesicht, wenn Sie Ihre Grenzen erkennen. Wir sind nicht alle so durchtrainiert, wie es für das Aufsitzen erforderlich ist. Das Wesentliche ist, mit einem Minimum an Aufwand für Sie und das Pferd in den Sattel zu kommen.

Im Sattel

Wenn Sie nun im Sattel sind, sollten Sie sich eher bequem darauf einrichten als sogenannt ›korrekt‹. Nehmen Sie sich die Zeit herauszufinden, was ›bequem‹ wirklich für Sie bedeutet. Wenden Sie dann folgende Entspannungsübung an, die Ihnen hilft, ins Gleichgewicht zu kommen. Überprüfen Sie in folgender Reihenfolge Ihre Körperteile auf Verspannungen: Ihren Hals, Ihren Kiefer, die Schultern, Arme, Ellenbogen, Handgelenke, Hände und Finger. Schauen Sie sich Ihre

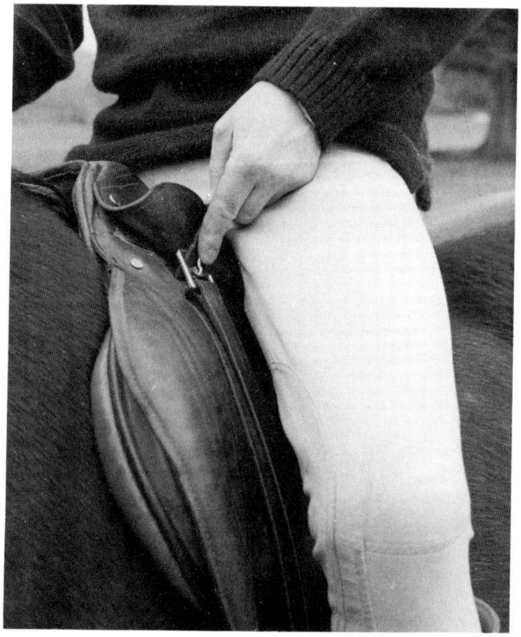

Abb. 21: Anpassen der Steigbügellänge. Der Zeigefinger hält den Dorn der Bügelriemenschnalle fest.

Abb. 22: So bitte nicht absteigen!

Abb. 23: So wird das Absitzen richtig gemacht.

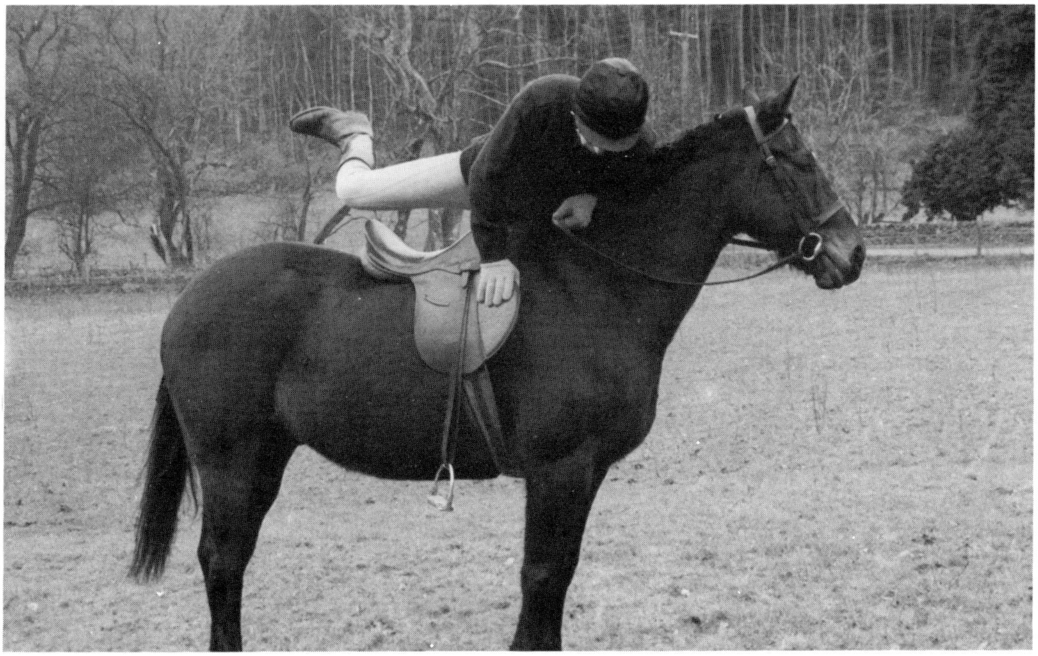

Atmung an, Ihren Bauch, die Gesäßmuskulatur, die Oberschenkel, Knie, Fußgelenke und Zehen. Nehmen Sie sich ein bis zwei Minuten Zeit, nacheinander auf diese Körperteile zu achten. Bewegen Sie sich ganz leicht, um sich Ihrer bewußt zu werden. Zentrieren Sie sich nach und nach in Ihre Pyramide hinein, die Sie schon vorher visualisiert haben. Passen Sie sich die Form der Pyramide an, während Sie ruhig und entspannt im Sattel sitzen. Ihr Kopf sitzt hoch auf der Spitze, und Ihr Körper auf den Grundmauern fühlt sich ruhig und sicher. Mit offenen oder geschlossenen Augen können Sie dann zwei- bis dreimal wiederholen: »Ich bin ruhig und entspannt.« Achten Sie auf Ihre Verbindung mit dem Pferd über das Gesäß, die Beine, die Hände und den Kopf und darauf, welche für Sie am deutlichsten ist. Gibt es noch etwas, das Ihnen Ihren Körper bewußter macht? Was fühlen Sie über Ihr Pferd, während Sie ruhig sitzen und auf den Beginn der Reitstunde warten?

Der Punkt, der am deutlichsten Ihre Aufmerksamkeit erregt, wird für Sie am wichtigsten sein. Sie können ihn in jeder Gangart immer wieder überprüfen, nachdem Sie Bewußtseinsübungen zur Verbesserung Ihrer Balance durchgeführt haben.

Gleichgewicht als Grundstein einer erfolgreichen Ausführung kann erreicht werden über Bewußtsein und Entspannung. Die Bemühungen um den ›korrekten‹ Sitz kürzen Sie dadurch ab. Der eine Weg hilft Ihnen,

Abb. 24: Jetzt sind Pferd und Reiter bereit zum Losreiten.

unnötige Spannungen abzubauen, und der andere verhindert, sie zu produzieren. Diese zwei Möglichkeiten können Sie nun untersuchen und daraus Ihre eigenen Schlüsse ziehen.

Natürliche Aufrichtung geschieht, ohne daß der Körper in ein bestimmtes Muster gezwungen werden muß oder versucht, starren Befehlen zu gehorchen. Seien Sie Ihr eigener Detektiv und geben Sie damit Ihrer Intuition die Chance, Ihre wirklichen Fähigkeiten zu erschließen. Im nächsten Kapitel finden Sie dazu den Schlüssel.

3. Spielerische Übungen

Da die Überschrift dieses Kapitels wahrscheinlich etwas Verwunderung auslöst, folgt hier gleich die Erklärung. Spielerische Übungen nennen wir die Techniken und Lernhilfen einer Reitstunde, in der Einfühlungsvermögen gelehrt wird. Die Übungen zielen darauf ab, daß die Schüler so viele Sinnesorgane wie möglich einsetzen. Einige von ihnen verlangen visuelle Aufmerksamkeit und andere das körperliche Spüren, welches wir im Reiten »das Gefühl« nennen. Oft wird beides zur gleichen Zeit angesprochen. Und durch Hörspiele wird das Bewußtsein des Reiters im allgemeinen geschult. Vom Sattel aus ist es nicht immer möglich, alles im Blick zu haben, und daher erhalten wir mit spielerischen Übungen eine nützliche Rückmeldung. Der Wert der Übung hat sich darin gezeigt, daß die Reiter ihre Probleme besser erkennen und, ohne darauf fixiert zu sein, Lösungen finden können.

Fragen stellen

Fragen und Antworten spielen eine ebenso bedeutende Rolle bei dieser Reitlehre wie Bewußtseinsspiele und Entspannungsübungen. Mit diesen Techniken wird der Zustand, in dem wir uns wie ein »rotierender Körper« fühlen, gemildert, indem sich die Aufmerksamkeit auf die Antworten, die wir erhalten, richtet.

Eine Pause zu machen, um die Gedanken zu sammeln, genügt oft schon, um etwas geistige und körperliche Verspannung loszuwerden. Ihnen wird klar, daß in Ihrem Kopf oft zwei Stimmen aktiv sind. Tim Gallwey nennt das »den Dialog«, den Sie führen, wenn Sie unentschieden sind oder wenn Sie etwas gut machen wollen und es schiefgeht. SELBST I, Ihr wissendes, analytisches Denken, kann zuweilen hart und kritisch sein und drängt dabei SELBST II zurück. SELBST II hat Zugang zum Unterbewußtsein und drückt sich körperlich aus. Wir beachten es meistens nicht so sehr und ignorieren seinen wertvollen Beitrag.

Durch die Fragen, die wir stellen, können wir die störenden Einflüsse vom SELBST I zügeln, indem wir die Aufmerksamkeit auf die Antworten richten. Und während Sie noch reflektieren, bekommt das SELBST II die Gelegenheit, Sie genau darüber zu informieren, wie es Ihnen tief innen ergeht und was Sie wirklich tun wollen. Die Reiter sind oft darüber erstaunt, wie klar die Antworten vor ihnen liegen, wenn das SELBST I aufgehört hat, sich Sorgen zu machen über seine Unkenntnis oder darüber, vor den anderen albern auszusehen oder etwas Falsches zu antworten. Der Körper fängt an, sich zu entspannen, sobald SELBST I auf Kontrolle verzichtet und eher Fakten sammelt, anstatt sich Phantasien hinzugeben. Dann erfahren die Reiter ihre persönlichen inneren Botschaften, und durch diese Entdeckung wird Lernen neu definiert.

Strikte verbale Anweisungen sind nicht immer konstruktiv. Worte können fehlinterpretiert werden, und niemand kann seine individuellen Erfahrungen adäquat beschreiben. Den Schülern jeden Schritt vorzuschreiben, beinhaltet oft, sie zu kritisieren oder zu beurteilen. Durch Fragestellungen wird dagegen ein Informationsaustausch angeregt, der häufig den Ursprung chronischer Probleme und Mißverständnisse erhellt.

Anfangs zögern einige Schüler, die Techniken der Fragestellung anzuwenden. Sie haben den Beigeschmack von schulischer Autorität, wo richtige oder falsche Antworten den Tag verschönern oder verdunkeln können. Wenn diese Anfangsschwierigkeiten jedoch überwunden sind, besprechen die Reiter sehr frei, wie sie sich fühlen und was sie üben wollen. Als Ergebnis erreichen wir mühelos Fortschritte.

Das Gleichgewicht finden

Von Balance zu reden, bedeutet im wesentlichen, nicht die physischen Komponenten von den geistigen und den emotionalen zu trennen. Wenn alle Sinne voll eingesetzt werden, berühren wir alle drei Ebenen.

Die bedeutsamste Erfahrung von Balance kann ein Reiter machen, wenn er ohne Sattel auf einem sicheren und bequemen Pferd sitzt. Ungehindert durch den Sattel kommt der Reiterkörper in ein natürliches Gleichgewicht, während er gleichzeitig überall Wärme spürt.

Reiter und Pferd profitieren von diesem gegenseitigen Kontakt. Beide empfinden den Körper des anderen auf angenehme Weise neu. Wichtig ist, daß aus dieser Erfahrung nicht ein zweifelhaftes Vergnügen wird,

Abb. 25: Beim Sitz ohne Sattel hat der Reiter direkten Kontakt zum Pferd.

Abb. 26: Diese Haltung muß er auch beim Sitz im Sattel einnehmen.

bei dem man um sein Leben fürchtet. Angst und Unsicherheit nehmen der Übung ihren Sinn. Es genügt völlig, ruhig auf dem stillstehenden Pferd zu sitzen und die Beziehung zwischen dem Rücken und dem Brustkorb Ihres Pferdes und Ihrem Körper zu spüren. Manchmal können Sie dann auch Schritt reiten oder einen sehr verlangsamten Trab, aber das Pferd sollte immer unter Kontrolle und gehorsam sein. Es hängt so viel davon ab, wie verläßlich und bequem Ihr Pferd ist. Und es sollte einen Halsriemen tragen. Diese Erfahrung kann so tief sein, daß sie die Haltung des Reiters noch beeinflußt, wenn der Sattel schon längst wieder eingeführt ist.

Die Einführung in das Gleichgewichtsgefühl, darin den Grundsitz zu finden, ist in einer Lernsituation nicht immer möglich. Wenn Sie es möglich machen können, sollten Sie den Sattel schrittweise wieder einführen. Lassen Sie erst ohne Steigbügel reiten und dann erst mit Steigbügeln, aber ohne dadurch den natürlichen Aufbau des Oberkörpers und der Beine zu stören. Es ist nicht immer sicher, ohne Steigbügel zu reiten, aber es schult, auch nur im Schritt oder beim Halten, das Gefühl für Balance. Wir stören oft das Gleichgewicht durch die Ausstattung, die wir für eine bessere Stabilität brauchen. Während wir Nähe zum Pferd erfahren, hängen unsere Beine aus einem tiefen, geschlossenen Sitz herab. Mit Sattel und Steigbügel haben wir die Tendenz, uns dagegenzustemmen, wenn der Bewegungsablauf des Pferdes schwungvoller wird. Diese Situation zeigt sich, wenn wir den Fuß nicht im Steigbügel behalten oder nicht tief im Sattel sitzen bleiben können.

Eine Schülerin hatte den Unterschied, ihr Turnierpony ohne Sattel zu reiten, als so markant erlebt, daß sie gar keine Lust hatte, ihn wieder zu nehmen, und daher zu den weiteren Reitstunden auf dem blanken Pferd erschien.

Abb. 27: Beim Aufnehmen der Steigbügel muß er sein Gleichgewicht neu finden.

Wenn alle Sättel sowohl den Reitern als auch den Pferden passen würden, wären viele Probleme auf einmal gelöst. Diese Welt ist jedoch nicht ideal, und wir müssen auch praktisch denken. Wenn die Frage auftaucht, ob etwas gut paßt, sollte das Pferd Vorrang haben. Es ist ein Muß, daß der Sattel dem Pferd gut paßt und im Gleichgewicht auf seinem Rücken liegt, ohne auf die Wirbelsäule zu drücken, während der Reiter draufsitzt. Ein gut passender Sattel setzt den Reiter in die Mitte. Es ist also sinnvoll, darauf zu achten, wenn Sie ein fremdes Pferd reiten.

Und zum Schluß müssen wir uns auch die Frage stellen, ob das Pferd selber im Gleichgewicht ist, denn es hat häufig Probleme mit sich, wenn es das Gewicht des Reiters aufnehmen soll. Viele Pferde können erst durch einen gezielten, kontinuierlichen Trainingsplan ihr natürliches Gleichgewicht unter dem Sattel finden.

Folgende Übungen können Ihnen helfen, Ihr Balancegefühl zu entwickeln und Ihnen verdeutlichen, inwiefern das mit Ihnen und Ihrem Pferd etwas zu tun hat. Es gibt nur das eine Veto: Kein Pferd sollte einen Sattel tragen müssen, der in irgendeiner Weise auf die Wirbelsäule drückt, sobald der Reiter aufgesessen ist. Durch dieses zusätzliche Gewicht wird die Polsterung eines alten oder schlechtsitzenden Sattels so zusammengedrückt, daß Druckstellen entstehen. Als erste Hilfe und Übergang gedacht, können Sie den Sattel durch entsprechende Polsterung mit verschiedenen Satteldecken hinten etwas höher bringen.

Im Gleichgewicht über Ihrer eigenen Basis und über der sich in Bewegung befindenden Basis des Pferdes zu sein, ist wirklich aufregend. Das Gefühl, getragen zu werden, und das neue Raumgefühl haben auf jeden von uns eine andere Wirkung.

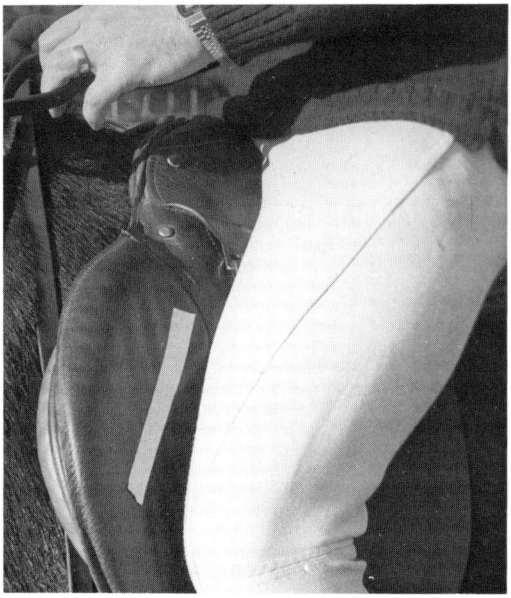

Abb. 28: Ein Klebeband markiert den Winkel des Oberschenkels.

Abb. 29: Wenn der Reiter die Knie hochzieht, ist das Band nicht mehr zu sehen.

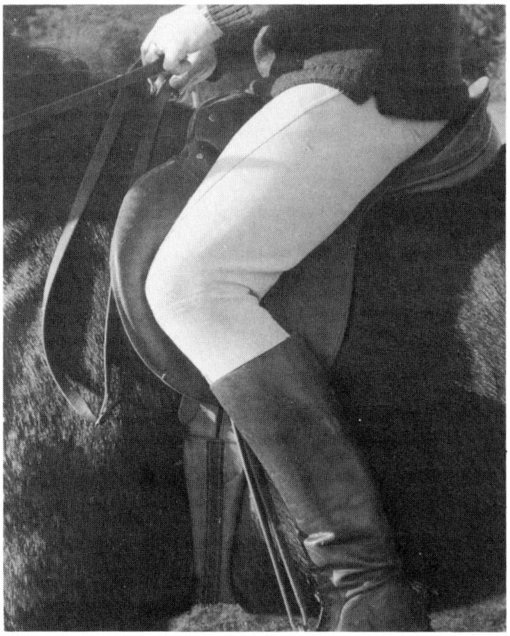

Ins Gleichgewicht zu kommen, ohne hart dafür arbeiten zu müssen, bedeutet, loslassen zu können, d.h. Ängste und daraus resultierende physische Verspannungen abzulegen, die sich so leicht aus einem Unsicherheitsgefühl heraus aufbauen. Wenn Sie diese Wechselbeziehungen kennen, bekommen Bewußtseinsspiele ihren Sinn, indem sie Ihnen helfen, Ihre Gedanken zu lenken und unnötige körperliche Anspannungen abzubauen.

Wenn Sie einen angenehmen Weg finden, Ihr Körpergewicht gleichmäßig zu verteilen, kommen Sie in Ihr Gleichgewicht. Wenn der Körper aus dem Gleichgewicht ist, könnten wir seine Beschwerden erkennen, wenn wir nur zuhören würden.

Die Erfahrungen einer Schülerin machen deutlich, wie Symptome zu hilfreichen Hinweisen für den Prozeß des Ausbalancierens werden können. Maria hatte im Unterricht schon seit langem Angstgefühle. Sie wurde dazu ermutigt, diese Angst auszudrücken und die Gründe aufzuspüren, die zu dieser Angst führten. Wir haben das Prozente-Spiel eingesetzt, um ihre Beobachtungen einordnen zu können.

»Bezogen auf 100 Prozent, wie verspannt fühlst du dich?« wurde sie gefragt, worauf sie antwortete: »Ungefähr 95 Prozent!«

»Wie fühlt sich das an?« wurde sie dann gefragt. Sie fühlte sich dadurch krank. Ihr Körper reagierte mit einem »krank vor Angst«-Gefühl. Diese seelische Verfassung störte deutlich ihr Gleichgewicht. Ihre Gesäßmuskulatur war angespannt und brachte sie aus dem Sattel. Dadurch fühlte sie sich weniger stabil und bekam natürlich noch mehr Angst.

Maria wollte ihre Bewußtseinsübungen im Schritt machen. Das ging soweit, daß sie vier Reitstunden ausschließlich damit verbrachte, nacheinander aufkommende Gefühle zuzulassen. Als erstes bemerkte sie Schmerzen in ihrem unteren Rücken. Der nächste Angelpunkt war ihre rechte Hüfte, dann ihr Oberschenkel, ihr Knie, das linke Fußgelenk und zum Schluß ein Zeh.

Bei jedem Körperteil bewertete sie die Schmerzen mit der Skala von 1 bis 10. Ihre Aufmerksamkeit war nur darauf gerichtet und vertiefte sich bei jedem erfolgreichen Versuch. In der ganzen Zeit entspannte sie sich immer mehr, ohne es zu merken. Im Laufe der fünften Reitstunde wurde sie aktiver und trabte eine lange Zeit mit großer Freude und zunehmend sicherem Gefühl. Danach konnte sie anfangen, auf das Pferd zu achten, welches sie von da an mit lebhaftem Interesse ritt, was ihr zweites Selbst offenlegte, das bis dahin hinter Angst versteckt gewesen war. Nachdem sie nun ›loslassen‹ und tiefer im Sattel einsitzen konnte, indem sie ihren Körper wahrnahm und auf ihn hörte, entwickelte sie sich zu einer aufmerksamen und effektiven Reiterin.

Um es kurz zu fassen:

- Gleichgewicht ist mehr, als man mit dem bloßen Auge wahrnehmen kann.
- Ihr Gleichgewichtsgefühl können Sie entwickeln, wenn Sie seinen Einfluß auf den seelischen und emotionalen Bereich beachten.
- Es ist wichtig, den Pferderücken ohne Sattel zu spüren, wenn es auch nur im Halten ist oder während ein paar Schritten, während das Pferd vom Helfer geführt wird.
- Wenn ein ruhiges Pferd für Sitzübungen an der Longe zur Verfügung steht, könnten Sie dadurch die Biegung des Pferdes auf der Zirkellinie spüren lernen.
- Wenn Sie ohne Sattel reiten, sollten Sie immer einen Halsriemen benutzen.
- Wichtig ist es, den Unterschied zu bemerken, der entsteht, wenn wir im Sattel sitzen, ohne dabei die Erinnerung an das

Sitzen auf dem blanken Pferderücken aufzugeben.
- Prüfen Sie immer nach, ob der tiefste Punkt in der Sitzfläche des Sattels auch in der Mitte ist und ob Sie genügend Platz haben, um sich bequem hinzusetzen.
- Lernen Sie verstehen, welches besondere Zubehör Ihr Pferd benötigt.
- Lernen Sie erkennen, daß alle diese Dinge das Ganze berühren – nämlich Sie und Ihr Pferd in Ihrer Zusammenarbeit.

Eine Hilfe für die Hände

Gleichgewicht wird durch Verspannung gestört. Das wird oft beschrieben als völlig »verrenkt und verknotet« zu sein. Das geschieht buchstäblich, indem sich die Muskeln zusammenziehen und dann nicht immer wieder ganz entspannen. Die folgenden Bewußtseinsübungen helfen Ihnen, dieses Gefühl abzubauen.

Entspannung ist von besonderer Bedeutung für die Reiterhand. Viele Reiter haben damit Schwierigkeiten, da eine weiche Reiterhand vom Gleichgewicht abhängt, d. h. man muß mit genügend Stabilität im Sattel sitzen können, ohne sich dabei am Zügel festzuhalten. Wie gut ausbalanciert der Reiter im Sattel aber auch ist, ist da immer noch das Pferd am anderen Ende der Zügel. Jede unerwartete Bewegung kann das Gleichgewicht des Pferdes über das Pferdemaul stören.

Es ist manchmal schwierig, die richtige

Abb. 30: Die Stellung von Ellbogen und Hüfte zueinander beeinflußt die Winkelung des Unterarms.

Abb. 31: Vergleichen Sie hierzu diese Abbildung mit der Abbildung 30.

Abb. 32: Unterarme und Zügel sollten eine gerade Linie vom Ellbogen bis zum Pferdemaul bilden.

Abb. 33: Falsche Armhaltung, die Linie Ellbogen – Pferdemaul ist gebrochen.

Stelle zu finden, an der die Hände getragen werden müssen. Wir müssen die Unterschiede in den einzelnen Proportionen beachten. Die Proportionen im Oberkörper des Reiters haben einen Einfluß auf sein Gleichgewicht. Wenn die Ellbogen weit über der Hüfte sind, kann die Reiterhand viel höher getragen werden als bei jemandem, dessen Ellbogen bis unter die Taille hängen. Es ist offensichtlich, daß sich der Reiter, der seine Hände in der Nähe vom Widerrist halten kann, sicherer fühlt. Das Öffnen und Schließen können wir sehen, wenn die Reiterhand mit dem Nicken des Pferdekopfes im Schritt mitgeht.

Von der Seite gesehen sollen der Ellbogen und die Reiterhand bis hin zum Gebiß im Pferdemaul eine gerade Linie bilden. Probleme entstehen, wenn diese Verbindung unterbrochen wird.

Ballspiel I

Das folgende Bewußtseinsspiel hilft den Reitern zu spüren, ob ihre Hände sich locker und natürlich anfühlen. Sie brauchen für das Spiel einen weichen Schaumstoffball etwa in der Größe eines Golfballes. Sie können ihn in einer Zoohandlung kaufen oder aus einem Schwamm zuschneiden. Reiten Sie mit dem Ball in einer Hand und wechseln Sie ihn dann in die andere. Achten Sie darauf, welche Hand Sie vorziehen und ob es die innere oder die äußere Hand ist, während Sie linksherum reiten. Wiederholen Sie die Übung, während Sie auf der rechten Hand reiten, um zu sehen, ob dann ein Unterschied besteht. Stellen Sie sich folgende Fragen:

1. Spüren Sie eine Veränderung am linken

Abb. 34: Dieser Reiter verspannt sich, wenn er den Ball in der rechten Hand hat.

Abb. 35: Er ist locker, wenn er den Ball an die linke Hand übergibt. Beachten Sie die Reaktion des Pferdes.

Zügel, wenn Sie den Ball von der einen Hand in die andere gleiten lassen?

2. Haben Sie ihn lieber in Ihrer äußeren oder inneren Hand?

3. Was für einen Unterschied bemerken Sie zwischen Ihrer rechten und Ihrer linken Hand?

4. Gibt es einen Unterschied, wenn Sie das Spiel am anderen Zügel durchführen?

5. Was geschieht, während Sie den Ball aus einer Hand in die andere übergeben?

Sie haben vielleicht nicht genug Zeit, um den eigentlichen Übergabevorgang zu bemerken. Wenn Sie jedoch erst einmal zu einigen Schlußfolgerungen betreffs Ihrer rechten und linken Hand gekommen sind, sollten Sie Ihre Aufmerksamkeit auf die Übergabe selber richten. Wie geht sie vor sich, wohin bewegen sich Ihre Hände und, wenn es geht, was macht das Pferd?

Ihre Antworten auf die ersten beiden Fragen erhellen, wie Sie Ihre Hände in für Sie natürlicher Weise gebrauchen und welche Höhe und welcher Abstand vom Körper für Sie richtig sind. Die dritte Frage bleibt vielleicht noch unbeantwortet, wenn Ihre volle Aufmerksamkeit bei Ihren Händen ist. Sie kann Ihnen bei der abschließenden Einschätzung helfen, in welcher Beziehung die Ballübergabe zu möglichen Veränderungen bei Ihrem Pferd steht und wie Sie beide aufeinander reagieren. Das Pferd reagiert häufig auf den ersten Ballwechsel, indem es Kopf und Hals entspannt und fallen läßt, wodurch sich seine Balance und Ihr Komfort in bemerkenswerter Weise verbessern.

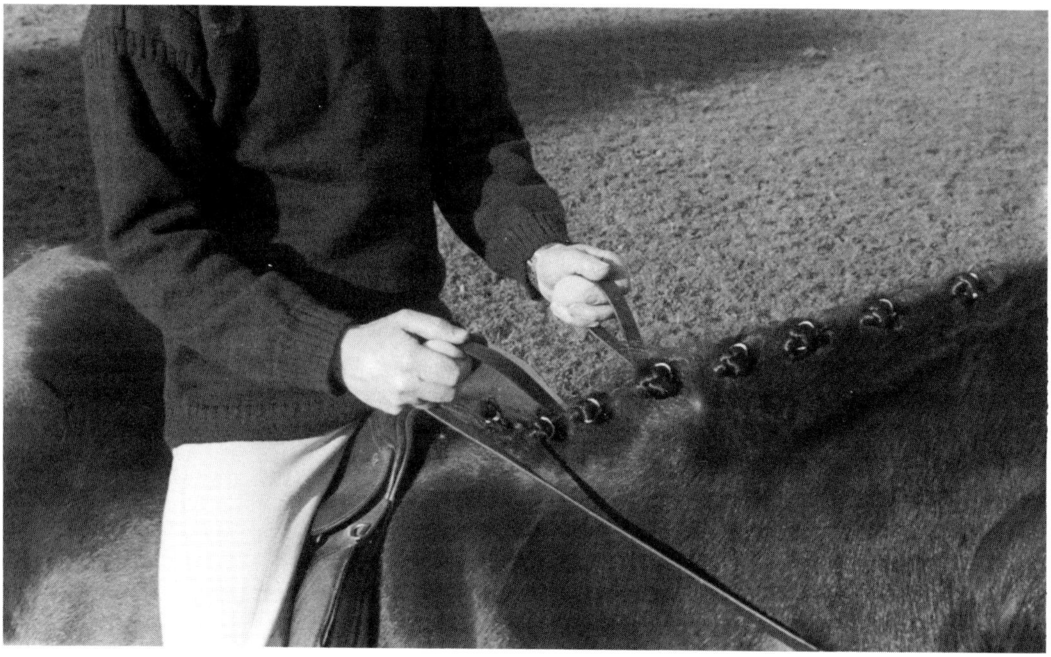

Abb. 36: Hier hält der Reiter in beiden Händen einen Schaumstoffball.

Ballspiel II

Für dieses Spiel brauchen Sie zwei Bälle. Sie können entweder zwei weiche Golfbälle benutzen oder zwei weiche gelbe Tennisbälle oder sich zwei Schaumstoffschwämme entsprechend zuschneiden. Nehmen Sie einen in jede Hand, so daß Sie ihn zwischen Daumen und Zeigefinger gerade sehen können. Halten Sie Ihre Hände in Zügelhöhe.

Reiten Sie nun umher, und spüren Sie, welche Gefühle die Bälle deutlich machen. Beobachten Sie Ihre Hände, um zu sehen, ob Sie die Bälle zwischen Daumen und Zeigefinger aus den Augen verlieren. Achten Sie auf alle ungewöhnlichen Eindrücke bei den Übergängen, bei Richtungsänderungen, wenn Sie langsamer werden oder anhalten. Beobachten Sie jede Bewegung für sich und gehen darauf ein, was zwischen Ihnen und Ihrem Pferd passiert.

Vielleicht entdecken Sie, daß Sie den Ball in der rechten Hand mehr drücken als den in der linken oder daß die Zügelführung weicher wird, wenn das Pferd auf Ihr Einfühlungsvermögen reagiert. Was jeder einzelne für sich herausfindet oder wie er es interpretiert, kann nicht vorhergesehen werden.

Ähnlich dem Abdruck des Sattels auf dem Pferderücken hinterläßt der Ball einen »Abdruck« in der Handfläche. Reiter werden nicht hörig oder abhängig von diesen Lehrmethoden. Sie können aber zu mentalen Hilfen werden, zu Ritualen, auf die Turnierreiter zurückgreifen können, um positives Denken zu unterstützen. Vielleicht liegt darin die Grundlage einigen Aberglaubens in der Sportwelt. John Currie, dem Eisläufer, sagt man nach, daß er vor einem Wettkampf eine bestimmte Socke und einen bestimmten Stiefel an den rechten Fuß zieht. Er sagt, das brächte ihn in die richtige psychologische Verfassung.

Den Trab untersuchen

Das Leichttraben

Der Trab ist eine Gangart im Zweitakt, in der die diagonalen Beinpaare des Pferdes abwechselnd auffußen, während der Reiter dabei sitzen bleibt oder aufsteht. Reitanfänger lernen meistens leichtzutraben, bevor sie ein Gleichgewichtsgefühl entwickeln konnten.

Damit das Leichttraben aber weich und mühelos aussieht, braucht man dazu Balance, Koordination und Rhythmusgefühl. Deshalb ist es für Reitanfänger verständlicherweise schwierig, den Bewegungsablauf zu synchronisieren. Und so viel übertriebene Mühe hinterläßt oft ein Ungleichgewicht, das man dann sogar bei fortgeschrittenen Reitern noch oft bemerken kann.

Diese Situation entsteht meistens daraus, daß es zum einen auf vielen Pferden leichter ist, leichtzutraben als auszusitzen, oder zum anderen der Pferderücken geschont werden soll. Ein dritter Grund ist meistens der Mangel an Zeit, einen bequemen ausgesessenen Trab zu entwickeln, aus dem das Leichttraben fließender entstehen könnte. In einigen Ländern bleibt der Reitanfänger längere Zeit an der Longe, bis er tiefer im Sattel sitzt.

Wenn die Reiter lernen würden, ausbalanciert auszusitzen, gäbe es weniger Probleme beim Leichttraben. Andersherum kann man nicht sagen, wer leichttraben kann, kann auch aussitzen. Wenn Sie bei dem einen Vorgang aus dem Gleichgewicht sind, sind Sie bei dem anderen nicht in Balance.

Leichttraben tut man auf jungen Pferden, deren Körper noch in der Entwicklung steht. Man lehrt es auch in den ersten Reitstunden, um dem Reitanfänger für bevorstehende Ausritte einen stabileren Sitz anzubieten. Leichttraben soll der Bequemlichkeit von Reiter und Pferd dienen, deshalb sprechen wir nun über die diagonalen Beinpaare, mit welchen das Pferd im Trab auffußt und welche jeweils das ganze Gewicht des Reiters aufnehmen müssen, und das so lange, bis der Reiter gelernt hat, auf die andere Diagonale überzuwechseln (Fußwechsel).

Leichttraben läßt man meistens in den Unterrichtsstunden für Reitanfänger und bei der Ausbildung junger Pferde, um der sich entwickelnden Muskulatur mehr Freiraum zu lassen. Es ist außerdem praktisch beim Ausreiten im Gelände, wenn beide, Reiter und Pferd, von dem jeweils nicht ausgesessenen Bewegungsablauf profitieren. Über lange Perioden auszusitzen, würde bedeuten, die Blutzirkulation im Pferderücken und im Reitergesäß einzuschränken, wodurch beide wund werden können.

Beim Leichttraben ergeben sich zwei Fragen: »Sind Sie im Gleichgewicht?« und die andere: »Können Sie erkennen, auf welchem Beinpaar Sie einsitzen, während Sie beim Leichttraben aufstehen und sich wieder hinsetzen?« Die diagonalen Beinpaare des Pferdes zu erkennen, ist nicht annähernd so einfach, wie manchmal unterstellt wird. Wenn die Reiter sich weniger schuldig fühlen würden, nicht zu erkennen, was unter ihnen geschieht, könnten mehr von ihnen zugeben, daß sie damit Schwierigkeiten haben, die jahrelang andauern können. Ein Reitlehrer gab seine Probleme damit erst nach seiner Qualifizierung zu. Es sollte uns daher nicht überraschen, wenn die Angst, dumm auszusehen, Schüler davon abhält, um Hilfe zu bitten. Es wird für die Entwicklung dieser Synchronisation zwischen dem Körper und den Augen zu wenig Zeit gelassen, und viel

Abb. 37: Leichttraben auf der linken Diagonalen: Der Reiter steht auf, wenn die innere Schulter nach vorne kommt . . .

Abb. 38: . . . und sitzt wieder ein, wenn sie zurückkommt.

Abb. 39: Leichttraben auf der rechten Diagonalen: Der Reiter steht auf, wenn die äußere Schulter nach vorne kommt . . .

Abb. 40: . . . und sitzt wieder ein, wenn die äußere Schulter zurückkommt.

zu viele Reiter werden mit dieser Unsicherheit allein gelassen.

Wenn man den Fußwechsel beherrscht, verhindert man nicht nur eine Übermüdung des Pferdes, sondern auch eine einseitige muskuläre Entwicklung und Belastung. Daher ist es wichtig zu wissen, auf welchem diagonalen Beinpaar Sie reiten und außerdem den Wechsel von einem zum anderen zu beherrschen, um das Pferd gleichmäßig zu belasten.

Es gibt eine Übung, die Ihnen hilft, den diagonalen Bewegungsablauf im Trab des Pferdes zu erkennen. Sie brauchen dafür farbiges Isolierband, in Streifen geschnitten, um es entlang der Pferdeschulter zu kleben (siehe Bild 37 bis 39). Wenn Sie wollen, können Sie auf der anderen Schulter eine andere Farbe verwenden. Traben Sie dann an und beobachten Sie die Bewegung nach vorne und zurück, bis Ihr Auge sich daran gewöhnt hat zu sehen, wie die Pferdeschulter sich bewegt. Erwarten Sie nicht, daß Sie das gleich können. Ballspieler brauchen auch Zeit, ihr Auge zu schulen, und genauso geht es den Reitern. Allmählich können Sie fühlen, wie Ihr Körper aufsteht, während ein Isolierband nach vorne geht, und einsitzt, wenn es zurückkommt. Dieses ist die Diagonale, auf der Sie reiten. Um sie zu wechseln, müssen Sie einmal weniger aufstehen, also zweimal sitzen bleiben. Dann können Sie mit dem zweiten diagonalen Beinpaar aufstehen. Üben Sie das, bis es Ihnen in Fleisch und Blut übergeht. Wenn Sie in der Reithalle sind, verhilft es dem Pferd zu einer besseren Balance, wenn Sie auf der äußeren Diagonalen reiten, d. h. aufstehen, wenn die äußere Pferdeschulter nach vorne schwingt, und einsitzen, wenn sie zurückgeht. Dabei benutzen Sie ebenfalls beide Diagonalen, wenn Sie öfter die Hand wechseln (d. h. die Richtung, in der Sie um die Bahn herumreiten).

Ich habe diese detaillierten Erklärungen eingefügt, da sehr viele Schüler dieses Problem haben und zögern, es zuzugeben. Ohne konstantes Training wird unsere Wahrnehmung undeutlicher. Auch wenn uns der Fußwechsel schon viel leichter fällt, könnten wir das Einschätzungsvermögen wieder verlieren. Geben Sie sich bitte die Zeit, Ihre Augen einzugewöhnen, wenn Sie nicht regelmäßig reiten.

Das Isolierband kann auch beim Angaloppieren von Nutzen sein, wenn das vorspringende Vorderbein schwierig zu erkennen ist. Sie sollten jedoch nicht über einen längeren Zeitraum damit reiten, sonst wird Ihnen das ständige Hinuntersehen zur Gewohnheit.

Es gibt beim Leichttraben noch einen anderen Aspekt, wo viele Reiter Hilfe brauchen und der leicht vorkommt, wenn das Gleichgewicht nicht da ist. Diese besondere Schwierigkeit taucht auf, wenn der Reiter immer noch auf und nicht im Pferd sitzt und meistens mit zu kurzen Steigbügeln hinter der Bewegung des Pferdes zurückbleibt. Das Aufstehen sieht dann furchtbar aus, was sogar auf Fortgeschrittenen- bzw. Turnierreiterniveau vorkommt.

Was immer die Ursache ist, das Ergebnis ist ein mühsames, viel zu weites Aus-dem-Sattel-Herausheben und dann ein Verlieren des Gleichgewichtes beim Einsitzen. Die Zeitspanne, die für diesen Bewegungsablauf gebraucht wird, ist länger als der Rhythmus des Ab- und Auffassens des diagonalen Beinpaares des Pferdes. Der Reiter ruckelt so vor sich hin, und ihm ist nicht klar, daß er nicht in Übereinstimmung mit der Bewegung des Pferdes ist. Dann sollten Sie zuerst über das Aufstehen reden und das Einsitzen einfach geschehen lassen. Das Leichttraben zu verändern, ist eine der schwierigsten Korrekturen, die im Reitunterricht vorkommen. Nur wenige von uns stehen von einem Stuhl auf oder setzen sich hin, ohne den Körper unangemessen zu gebrauchen. Und was wir ohne das Pferd tun, wird deutlich, wenn wir auf ihm sitzen.

Bevor das Bewußtsein des Reiters angesprochen wird, sollten die Grundlagen seiner Balance untersucht werden. Wenn die Steigbügel zu kurz sind, sollte der Reiter einige Veränderungen vornehmen. Kurze Steigbügel verursachen Verspannungen im Körper und verhindern das »Loslassen«, welches dem Reiter ermöglicht, tiefer im Sattel einzusitzen. Wenn der Reitschüler sich dann sicherer und bequemer fühlt, kann er oder sie veranlaßt werden, auf die äußere, mit Isolierband markierte Pferdeschulter zu achten und sie laut auszuzählen. Danach kann der Schüler seine Bewegungen beim Leichttraben zählen und überprüfen, ob sie identisch sind mit dem Auf- und Abfußen der Pferdehufe. Dadurch scheinen die Schüler viel leichter zu merken, wenn sie hinter der Bewegung sind, und ein natürliches Zusammenspiel kann entstehen.

Jedenfalls bezogen auf das Bewußtsein, aber Synchronisation zu entwickeln, ohne Anweisungen zu geben, bedeutet, die Schüler eine Übung ausführen zu lassen, die ihre Aufmerksamkeit hält, Bewußtsein entstehen läßt und ihnen Entspannung in das gewünschte Ergebnis hinein ermöglicht. Am besten wirkt die Übung, bei der man die Reiter weiterzählen läßt, während sie immer im Wechsel leichttraben oder aussitzen, immer nur ein paar Schritte lang, wie es ihnen angenehm ist.

Eine andere Möglichkeit ist die, das Aufstehen beim Leichttraben zu vergessen und sich auf das Ausfedern zu besinnen. Einige Schüler benutzen den Terminus »Federn, Sitzen«, wenn sie sich selber in ein sanftes Leichttraben hineindenken. Wenn die Schüler einmal erkannt haben, daß sie aus dem Takt sind, wenn ihr Bewußtsein darüber geschult ist, können sie schnell wieder in die Bewegung hineinkommen.

Das Aussitzen

Über den Trab zu diskutieren bedeutet auch, über das Aussitzen zu reden, was oft zuletzt geschieht. Aber man könnte es zu Recht als Hauptpunkt ansehen, wenn man von Anfang an den Grundsitz im Gleichgewicht entwikkeln möchte.

Manche Schüler werden bei dieser Lektion einer ziemlich rauhen Behandlung unterzogen. Sie müssen auf schlecht auszusitzenden Pferden ohne Bügel im Kreis herumtraben, in der Hoffnung, daß sie nach einiger Zeit in den Sattel »hineinschmelzen«, und wenn auch nur aus Müdigkeit. Ohne Bügel zu reiten ist verschwendete Zeit und Mühe, wenn die Reiter danach mit Steigbügeln weiterhin die Knie hochziehen, um sich zu schonen. Wenn wir uns das Spiegelbild von Länge und Tiefe nicht erhalten können, liegt kein Sinn in dieser Übung. Wie die Reiter die Steigbügel wieder aufnehmen, ist von Bedeutung für das Endergebnis und hängt davon ab, wie sehr sie – wenn überhaupt – ohne Bügel entspannen konnten und ein wie langes Bein sie sich erhalten können, wenn der Fuß wieder im Steigbügel ruht. Wenn man die Schüler veranlaßt, sich das Gefühl von Länge und Tiefe zu erhalten, wenn sie ihre Steigbügel wieder aufnehmen, bedeutet das oft, die Steigbügel zu verlängern.

Ohne Bügel reiten zu lassen wird als sicherer Weg angesehen, den Reiter tiefer in den Sattel zu bringen, aber es kann auch ein peinigender Vorgang sein, bei dem Verspannung das gewünschte Ergebnis verhindert.

Es scheint, daß wir Kompromisse schließen müssen, da ausgebildete Pferde für Reitanfänger nicht immer verfügbar sind. Diesen Kompromiß müssen die zur Verfügung stehenden Pferde anbieten. Diese Pferde zokkeln ziemlich vergnüglich in einem langsamen Trab durch das Gelände; es schadet ihnen daher nicht, einfach so unter dem Reiter daherzuzockeln, damit dieser besser zum Sitzen kommt. Das kann sich als eine sehr nützliche Übung herausstellen, und das Pferd wird dabei mehr trainiert, als Sie denken. Der Reiter wird veranlaßt, so langsam zu reiten, wie er oder sie es will, und das Pferd dabei nur im Trab zu halten. Um nicht in den Schritt zu fallen, muß das Pferd dabei seine Hinterhand benutzen, und der Reiter entspannt sich. Nach einiger Zeit entsteht im gegenseitigen Einvernehmen ein etwas energischerer Trab, bei dem Pferd und Reiter im Einklang sind. Wenn man den Reiter nun leichttraben läßt, ohne daß er das Gefühl verliert, »im Pferd« zu sein, wird er sanft und im Gleichgewicht mit dem Pferd einhertraben können.

Eine Schülerin, die gerade das Aussitzen übte, wurde gebeten, ihr Gefühl dabei in Worte zu fassen. Ihre Antwort war: »Elastisch, schwingend.« Mit diesen Worten konnte sie sich nun immer das Gefühl ins Gedächtnis zurückrufen.

Reiten mit Gefühl im Galopp

Viele Reitschüler haben unzählige Bedenken gegenüber dieser Gangart erkennen lassen. Sie wird in Kapitel 6 genauer besprochen, um diese Ängste zu verringern und den Galopp so ins Bild zu setzen, daß man ihn genießen kann. An dieser Stelle weisen wir erst einmal darauf hin, daß das Pferd ihn auch schwierig finden kann, wenn es nicht von Natur aus sehr gut ausbalanciert ist. Die Reiter sollten also Geduld haben mit sich und ihrem Pferd, die Ruhe bewahren und ihre Aufmerksamkeit auf eine Sache zur Zeit richten. Angstvoll diese Gangart zu forcieren erzeugt nur Widerstände in Reiter und Pferd.

Die folgende Übung vom Boden aus hilft Ihnen, Ihr eigenes Gleichgewicht zu finden, und macht Ihnen Ihre Gewichtsverteilung bewußt.

1. Stehen Sie auf beiden Füßen und achten Sie darauf, wo Sie das meiste Gewicht spüren. Belasten Sie tatsächlich beide Füße gleichmäßig?
2. Winkeln Sie Ihre Knie etwas an, wie Sie es auch im Sattel tun würden, und achten Sie darauf, wie das Gewicht verteilt ist. Wo ist es jetzt?
3. Entspannen Sie sich und stellen Sie sich aufrecht hin.
4. Wiederholen Sie die Übung, drücken Sie aber die Knie heraus, während Sie die Beine anwinkeln. Achten Sie dabei auf Veränderungen in den Füßen und Knien. Wo ist das Gewicht jetzt?
5. Entspannen Sie sich und stellen Sie sich aufrecht hin.
6. Beugen Sie noch einmal die Knie, drücken Sie jedoch diesmal den Absatz fest gegen den Boden. Was hat das für eine Auswirkung auf Ihr Gleichgewicht?
7. Denken Sie daran, wie es sich angefühlt hat, als Sie Ihr Gewicht auf die Fersen kommen ließen, und welche Auswirkungen das auf Ihre Balance hatte. In dieser Haltung wird Ihr Gewicht nach hinten geworfen. Wenn Sie dieses Aus-dem-Gleichgewicht-Geraten auf Ihre Haltung im Sattel übertragen, werden Sie merken, daß Sie hinter der Bewegung des Pferdes sind, wenn Sie Ihren Absatz herunterdrücken.

4. Das Pferd

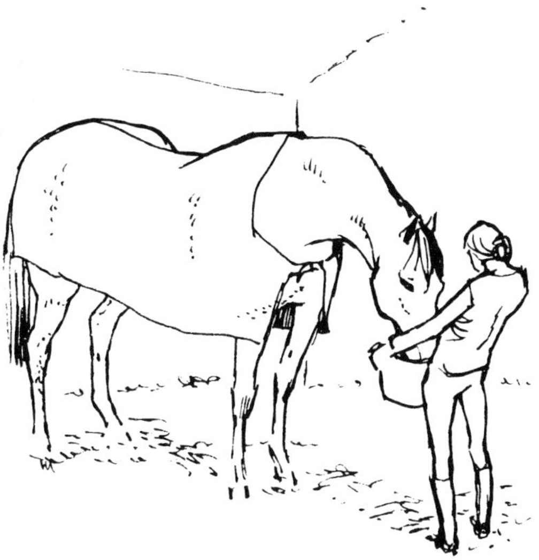

In diesem Kapitel richten wir unser Augenmerk auf das Pferd als einer einzigartigen Spezies, durch die wir unseren menschlichen Erfahrungsraum so sehr erweitern können. Wenn wir die außergewöhnliche und lange Reise des Pferdes durch die Evolution kennen, können wir seine bemerkenswerte Anpassungsfähigkeit viel besser würdigen, durch die es sein Überleben gesichert hat und auch weiterhin sichert.

Vor vierzig bis fünfzig Millionen Jahren weidete ein kleines dreizehiges Tier im urzeitlichen Unterholz, eine wohlschmeckende Mahlzeit für plündernde Räuber. Das heutige Pferd gleicht seinem primitiven Vorfahren kaum noch, mit Ausnahme der zwei verkümmerten Zehen, die heute als sogenannte Kastanien innen am Kanonenbein zu sehen sind.

Erst viel später erweiterte sich mit der Domestizierung des Pferdes der Aktionsraum des Menschen, während das Pferd seine Freiheit einbüßte. Beide jedoch gewannen durch diese Entwicklung einen größeren Schutz vor ihren natürlichen Feinden.

Die vorzeitlichen Feinde sowohl des Menschen als auch des Pferdes sind ersetzt worden durch die der heutigen Zeit. Uns engen die Sachzwänge des modernen Lebens ein, von denen dann auch das Pferd indirekt betroffen wird. Dazu kommt das für ein Herdentier harte Los, ein unnatürliches, isoliertes Dasein fristen zu müssen.

Urinstinkte wie der Fluchttrieb oder der Kampftrieb sind sowohl beim Pferd wie beim Menschen immer noch im Verhalten gespeichert und drücken sich in unterschiedlicher Weise aus. Zwar hat sich die Art, wie diese Instinkte in Erscheinung treten, durch die Anpassung an die heutigen Lebensumstände geändert, aber sie sind noch immer vorhanden. Diese unterdrückten Instinkte äußern sich häufig in einer ständigen Muskelanspannung, über die wir schon gesprochen haben und die uns oft an einem gelösten Kontakt mit unserem Pferd hindern. Jahrhundertelang hat das Pferd die Geschichte auf seinem Rücken getragen; es war das Haupttransportmittel und hat den Boden gepflügt und bestellt, bis das Zeitalter der Mechanisierung es fast überflüssig werden ließ.

Den erneuten Umschwung in der Verbindung zwischen Mensch und Pferd verdankt es der unauslöschlichen Faszination, die es auf seine Bewunderer immer ausgeübt hat. Außerdem hat die Veränderung der ökonomischen Verhältnisse viel mehr Menschen die Möglichkeit gegeben, reiten zu lernen. Pferde sind wieder sehr beliebt geworden. Für einige ist das Pferd ein Statussymbol, und für andere ermöglicht es einfach herrliche Mußestunden in glücklicher Gesellschaft.

Die Zukunft des Pferdes scheint gesichert zu sein, und wir sollten es als Dank für seinen Beitrag in unserem Leben mit der Übernahme von Verantwortung für sein Wohlergehen belohnen. Diese Verantwortlichkeit beinhaltet das Vermeiden von schlechter Tierhaltung und Verschleiß durch gutes Management. Gutes Management besteht aus Beobachtung, Kenntnissen, Verständnis und Kommunikation. Es ist ein notwendiger und lebendiger Beitrag zum guten Reiten. Es sollte keinen Spaß machen, ein krankes oder unglückliches Pferd zu trainieren. Die Freude am Reiten kann auch auf die Stallführung zurückspiegeln, da ein mißmutiges Pferd nicht so erfolgreich ist wie ein zufriedenes.

Um die Rechte eines Tieres zu respektieren, das nicht für sich selber sprechen kann, sollten wir lernen, mit den Augen zu sehen,

Abb. 41: Longieren: Blick auf das Pferd von vorne.

Abb. 42: Longieren: Blick auf das Pferd von der Seite.

Abb. 43: Longieren: Blick auf das Pferd von hinten. Die Hinterhand des Pferdes ist mit Klebstreifen markiert, um ihre Bewegung zu verdeutlichen.

mit den Ohren zu hören, mit den Händen zu fühlen und vor allem unsere Intuition zu entwickeln. Wenn das Pferd sich in Ihren Händen sicher fühlt, wird es Sie mit diesem besonderen Vertrauen belohnen, mit dem es den Verlust seiner natürlichen Freiheit ausgleicht, den wir so selbstverständlich hinnehmen.

Das Pferd ansehen

Viele Reiter, die ihre Pferde besser kennenlernen wollen, bedauern es, daß sie so selten die Gelegenheit haben, ihr Pferd unter einem anderen Reiter zu beobachten. Das folgende Projekt nehmen wir zu Hilfe, um die Beobachtungsgabe zu verfeinern. Es hat Reitern vielfach mit sehr viel Erfolg dabei geholfen, das Erscheinungsbild und den Bewegungsablauf des Pferdes zu erkennen, auf dem sie sitzen und sich manchmal so unsicher fühlen.

Diese Boden-Übungen geben dem Reiter die Möglichkeit, seine volle Aufmerksamkeit auf den Bewegungsablauf des Pferdes zu richten. Sie können das Pferd dafür an die Longe nehmen, oder ein Helfer kann das Pferd im Schritt und Trab auf und ab führen. Der Beobachter hat insbesondere den Auftrag, den ganzen Pferdekörper vom Kopf bis zum Schweif anzuschauen sowie die Bewegungen der Muskulatur, der Gelenke, der Ohren und Nüstern, der Augen und der Hufe. Er sollte das Pferd von der Seite betrachten, von vorne und dann von hinten, während es von ihm weggeführt wird. Sehen Sie sich das Pferd aus allen möglichen Blickwinkeln an. Achten Sie auf die Winkelung der Gelenke, auf die Bewegung der Hinterhand, auf das Hin- und Herschwingen des Bauches und das Zusammenspiel der Muskulatur.

Wenn einige interessierte Freunde zusammen sind, können Sie daraus ein Spiel machen: Bewegung sehen. Jeder läßt dabei seine Blicke über das Pferd wandern und versucht festzustellen, was ihm am meisten auffällt. Ist es die Winkelung im Sprunggelenk, im Knie oder sogar im Hüftgelenk, die ich mir vorher nie so genau angesehen habe? Diese Übung ist eine besonders interessante und informative Methode, die Anatomie des Pferdes kennenzulernen.

Wenn Ihnen irgend etwas Besonderes aufgefallen ist, können Sie das Pferd anhalten und diese Partie mit Isolierband oder selbsthaftenden Klebebildern markieren. Wiederholen Sie diese Methode zehn Minuten lang immer wieder. Sie werden überrascht sein, was Ihnen alles auffällt – die Muskulatur der Hinterhand, der Schulterpartie, des Rückens und des Halses. Jedesmal wenn Sie eine Stelle markieren, können Sie sie mit Ihren Händen abfühlen. Wenn das Pferd ruhig ist, können Sie einen Huf hochheben und sein Bein sanft im Gelenk hin- und herbewegen. Dieses Hand-Anlegen läßt die Informationen tiefer in Ihr Unterbewußtsein sinken. Sie werden immer vertrauter mit der Struktur, dem Aufbau und den Bewegungen des Pferdekörpers, und Sie werden das Tier viel besser einschätzen können, als wenn Sie sich gleich auf seinen Rücken setzen.

Viele Schüler sind überrascht, wieviel Bewegung im Bereich des Widerristes ist. Sie nehmen es bewußter wahr, wenn Sie neben dem Pferd einhergehen und die Hände dabei auf diese Körperstelle legen. Sie können diese Bewegung auch nach dem Aufsitzen vor dem Sattel spüren. Das ständige Hin- und Herwiegen und Schwingen des ganzen Körpers in der Bewegung können viele Reiter nicht fühlen oder verstehen. Dieser neue Blickwinkel macht es dem Reiter leichter zu sehen, wie sich das Pferd in Freiheit bewegt und wie wir vom Sattel aus diesen natürlichen Bewegungsablauf und sein Gleichgewicht stören können.

Sooft dieses Spiel mit einer Reitergruppe auch gespielt wird, das Pferd ist zum Schluß immer über und über mit Markierungen bedeckt, und immer noch findet jemand eine weitere Partie, die ihn interessiert. Ob das Pferd zweiundzwanzig Muskeln in seinem Hals und sechzehn in seinen Ohren hat, ist als Entdeckung nicht so interessant. Das Ziel der Übung ist es, das Auge des Reiters zu schulen, das mit der Zeit immer mehr sieht; ein Gefühl für Form, Struktur und Temperatur des Pferdekörpers zu entwickeln und insgesamt mit dem Pferd vertrauter zu werden. Die Ergebnisse einer in dieser Weise verbrachten halben Stunde können sehr konstruktiv sein.

Kommunikation

Kommunikation ist das Medium zum Austausch von Botschaften, entweder mit einem Menschen oder mit einem Tier, und die Klarheit, mit der wir kommunizieren, macht ein gegenseitiges Verstehen möglich. Wir können dem Pferd sehr leicht unrecht tun, indem wir nicht immer Verständnis dafür haben, welche Probleme es hat, unsere Anweisungen zu deuten. Zwischenmenschliche Beziehungen können in derselben Weise gestört werden, indem wir fest annehmen, daß ein anderer Mensch uns verstanden hat, wenn das in Wahrheit nicht der Fall ist.

Unrealistische Erwartungen verdecken oft die Wirklichkeit. Wir haben Probleme, uns in die Lage eines anderen zu versetzen, während wir gleichzeitig dasselbe von ihm erwarten. Das Pferd bewegt sich als Fremder in fremdem Land, und die Fähigkeit, sich in die Lage des Pferdes zu versetzen und die Verzweiflung darüber zu fühlen, etwas nicht verstehen zu können, das von ihm verlangt wird, ergäbe mehr mit dem Pferd sympathisierende Reiter. Nichts behindert gute Kommunikation mehr als zwei verschiedene »Drähte«.

Worauf basiert dann unsere Hoffnung, daß wir einen Dialog mit dem Pferd entwikkeln können, so daß seine Erziehung und Ausbildung allmählich fortschreiten können bis hin zu dem Punkt, an dem es in der Lage ist, die Kommandos und Hilfen zu verstehen, die wir ihm geben? Die Antwort darauf ist, daß ein Dialog geführt wird und nicht ein langweiliger, zänkischer Monolog. Das bedeutet, auf das Pferd zu hören und zu reagieren, wenn das Pferd sich auf Sie einläßt. Die Konversation sollte klar und logisch sein. Der Reiter muß ein deutliches Zeichen geben und es so lange wiederholen, bis es beantwortet wird. Wenn das Pferd reagiert, ist das Aussetzen des Zeichens das Lob. Es kann unterstützt werden durch lobende Worte oder ein Abklopfen. Kurz gesagt, ist es die Reihenfolge: Frage, Antwort, Lob. Wenn Ausbilder und Reiter sich genau an diese grundlegende Regel halten würden, gäbe es weniger Mißverständnisse und Widerstände. Statt dessen versucht der übereifrige Mensch eine Antwort zu erhalten, indem er eine Frage immer wiederholt, auf die das Pferd schon reagiert hat, was das Pferd dann als Bestrafung empfindet.

Ein typisches Beispiel ist, wenn ein Pferd mit einem faulen Schritt von dem Reiter ohne Ende angetrieben wird. Immer wieder wird das Pferd von den Schenkeln des Reiters vorwärts getrieben, weiter in die Seite getreten, um es in Gang zu halten. Das Pferd in seinem Selbsterhaltungstrieb merkt bald, daß es kein Lob bekommt, selbst wenn es weitergeht. Warum sollte es also dann noch auf die Hilfen reagieren?

Ich machte einmal eine sehr interessante Erfahrung, als ich den Gehorsam einer sehr faulen vierjährigen Stute verbessern sollte, die durch Peitsche und Sporen vollkommen stumpf geworden war. Beim ersten Schenkeldruck durch den Reiter reagierte das Pferd überhaupt nicht. Dieselbe Hilfe wurde mehrmals wiederholt, mit demselben Ergebnis. Nun mußten die Zuschauer und ich schon lachen. Das Pferd bekam die Hilfe noch einmal, und dieses Mal zog sich die Muskulatur zusammen, als wollte das Pferd antreten. Es bekam ein kleines Lob. Bei dem nächsten Versuch machte es einen Schritt und wurde wieder gelobt, während der Reiter aufmerksam und entspannt blieb, ohne die Hilfe zu verstärken. Nach ein paar Wiederholungen und noch mehr Lob fiel das Pferd in den Schritt, und die Übung wurde beendet. Was war geschehen? Ich fragte die Zuschauer, ob sie das erleichterte Seufzen des Pferdes gehört hätten. Es hatte seinen Atem angehalten, um sich gegen eine mißverständliche Kommunikation zu wehren. Von da an wurde das Pferd immer besser und nach einigen Kursen ein recht erfolgreiches Turnierpferd.

Dieselbe Technik habe ich bei anderen abgestumpften oder durchgedrehten Pferden angewandt, deren Reiter vergessen hatten, sich für ein kleines Dankeschön für eine Reaktion des Pferdes die Zeit zu nehmen. Lernen braucht seine Zeit, und eine neue Sprache zu lernen bedeutet, sich an ein paar Worte zu erinnern und sie zu wiederholen, bis sie einem vertraut sind. Das Vokabular des Pferdes beginnt mit A, B und C. Wie der alte Captain Edy Goldman sagte: »Es beginnt ganz einfach, wird dann sehr komplex und zum Schluß wieder ganz einfach. Zum Schluß scheint allein der Gedanke nötig als Verbindung zwischen Mensch und Pferd.«

Mit dem Pferd zu »sprechen« erfordert alle unsere Sinne, die fortwährend Informationen erhalten oder aussenden. Körpersprache ist deutlicher als Worte, und es ist diese unbewußte Zeichensprache, die unseren verbalen Anweisungen manchmal widerspricht und eigene Absichten deutlich macht. Unser Gehabe und unsere Gefühle machen unterschwellige Aussagen, die das Pferd aufnimmt. Aber auch die *verbale Kommunikation* kann oft unsere innersten Gefühle ausdrücken. Die Stimme mit ihren vielen Modulationen kann eine wirksame Hilfe sein, um das Pferd zu beruhigen, zu stimulieren und zu kontrollieren. Sie kann auch eine furchteinflößende Waffe sein, wenn man die Geduld verliert und sich unkontrolliert Gefühlsausbrüchen hingibt.

Der *Tastsinn* kann manchmal spüren, was das Auge nicht sieht. Wenn ein Pferd zum Beispiel lahm ist, kann das Auge die Wärme im Bein erst sehen, wenn es anschwillt. Beim Reiten ist es die Berührung, die dem Pferd die Hilfe übermittelt – die Berührung der Hände am Zügel, das Gespür des Reitergesäßes im Sattel und der Kontakt der Schenkel des Reiters mit den Seiten des Pferdes.

Wir nehmen so viele Informationen des täglichen Lebens über das Sehen auf, daß es schwierig ist, sich das Leben eines blinden Menschen vorzustellen, der als Ersatz den Tast- und Hörsinn entwickelt hat. Das Blickfeld des Pferdes unterscheidet sich von dem des Menschen. Wenn wir verstehen, wie das Pferdeauge sieht, können wir seine Reaktion besser vorhersagen. Legen Sie Ihre ganze Handbreite über Ihren Nasenrücken, als wäre sie die breite Stirn des Pferdes. Sie müssen natürlich davon ausgehen, daß Ihre Sicht begrenzt ist im Vergleich zu der des Pferdes, dessen Augen viel weiter seitlich sitzen. Trotzdem bekommen Sie eine Vorstellung davon, wie das Pferd die Welt sieht.

Vielleicht ist Ihnen dadurch auch klarer

geworden, wie viele Schwierigkeiten das Pferd hat, die Dinge vor und hinter sich genau zu sehen, ohne seinen Kopf zu drehen. Daraus ergeben sich auch Probleme beim Springen oder häufiges Scheuen. Ein Pferd kann nicht sehen, was unterhalb seiner Augenhöhe in etwa eineinhalb Metern Abstand vor sich geht. Wahrscheinlich springen deshalb viele Pferde viel zu hoch über ein niedriges Hindernis, obwohl viele mit Übung besser den richtigen Absprung einschätzen können.

Auf dem Pferd zu sitzen und davon auszugehen, daß es genauso sieht wie wir, ist falsch. Es führt zu unrealistischen Erwartungen. Viele Reiter schieben oft die Schuld auf das Pferd, während es bei ihnen selber an Einsicht in die Situation mangelt.

Ich war einmal bei einem Reiterverein, der für seine wenigen fortgeschrittenen Reiter einen kleinen Geländeparcours aufgebaut hatte. Das war ein großer Erfolg – aber an einem bestimmten Sprung verweigerte jedes Pferd. Ich entschied mich dafür, den Kurs selbst auszuprobieren, saß also auf und ritt den Parcours Sprung für Sprung ab, bis ich zu dem fraglichen Hindernis kam. Mir passierte dasselbe wie allen anderen Reitern. Keines der Pferde wollte den kleinen Wall auf einen sandigen Pfad hinaufspringen. Das kam mir so ungewöhnlich vor, daß ich absaß und mir den Sprung aus der Sicht des Pferdes heraus anschaute. Auf der anderen Seite des Hindernisses war eine Bank, die aufgrund einer optischen Täuschung hinter dem Wall zu stehen schien. Wenn die Pferde das sahen, kam ihnen der Sprung viel zu mächtig vor, und sie konnten nicht sehen, wo sie auf der anderen Seite landen konnten. Durch dieses Erlebnis weiß ich, wie wichtig es ist, den Blickwinkel des Pferdes von allen Seiten aus nachvollziehen zu können.

Fit für die Arbeit

Wir sind es dem Pferd schuldig zu wissen, wann es in der angemessenen Verfassung zum Reiten ist. Man sagt, ein Pferd sei fit, wenn es eine von ihm verlangte Aufgabe ohne Konditionsschwierigkeiten durchführen kann. Wieviel Muskelspannungskraft gebraucht wird, hängt von den Anforderungen ab, ob zum Beispiel am Wochenende eine Jagd geritten, ob an einem Springen oder Rennen oder an einem Gelände- oder Distanzritt teilgenommen werden soll. Jedes Vorhaben braucht eine sorgfältige Vorbereitung, um sicherzustellen, daß das Pferd beispielsweise die bei einer Jagd benötigte Ausdauer hat oder die Kraft für einen schnellen Spurt beim Pferderennen.

Es ist heutzutage schon fast eine Wissenschaft für sich, das Pferd zum richtigen Zeitpunkt in der richtigen Verfassung zu haben. Bei allen Wettkämpfen sind die Anforderungen an Kraft und Ausdauer des Pferdes ebenso gestiegen wie an das Können des Reiters. Entsprechend ist der Aufbau der Kondition eines Pferdes eine eigene Kunst geworden. Sogar die weniger exotischen Bereiche der Reiterei, bei denen Freude und Entspannung auf dem Pferd das Hauptmotiv bilden, verlangen einen bestimmten konditionellen Zustand des Pferdes, damit es seine Arbeit leicht bewältigen kann. Ein Pferd, das eine Woche faul grasend auf einer guten Wiese zugebracht hat, ist auf plötzliche Aktivitäten am Wochenende nicht vorbereitet. Das wäre etwa so, als würden Sie gleich nach dem Sonntagsbraten zum Joggen gehen. Eine solche Behandlung des Pferdekörpers bedeutet eine unnötige Belastung wichtiger Organe und indirekt der Glieder und ist daher sogar schädlich.

Diese Situation entsteht oft, wenn die Besitzer Pferde auf einen Reitkurs mitnehmen, bei dem sie an mehreren aufeinanderfolgenden Tagen viel mehr reiten als zu Hause. Sogar ein austrainiertes Pferd kann die Auswirkungen des schärferen Trainings fühlen und kommt dann steif und lahm aus dem Stall. Das wird nicht immer gleich richtig eingeschätzt und dem Pferd sogar als Widersetzlichkeit vorgeworfen.

Ein klassisches Beispiel dafür war ein Schulpferd, das in einem Dressurkurs eingesetzt wurde. Nachdem es zwei Tage lang immer mehr unter seinen Schwerpunkt getreten war, lief es plötzlich so sehr auf der Vorhand, daß der Reiter nicht mehr wußte, was er tun sollte, und sehr enttäuscht war. Bei näherer Untersuchung stellte sich heraus, daß Pferderücken und Hinterhand sehr empfindlich und schwächlich waren.

Dieselbe Reaktion kann sich auch beim Abtasten des Pferdehalses zeigen, wenn wir zu lange auf einer Hand reiten, um ein Problem zu lösen. Es hat darum wirklich seinen Sinn, beim Putzen den Körper des Pferdes zu untersuchen, um wirklich zu erfahren, welche Auswirkungen eine Änderung im Trainingsplan hat.

Doch nicht nur die physischen Veränderungen verdienen unsere Aufmerksamkeit. Auch geistige Veränderungen wirken sich aus. Ein Pferd, das ausgebildet wird, kann man mit dem Kind vergleichen, das man in ein Klassenzimmer setzt und dessen Konzentrationsspanne trotzdem nur zehn Minuten anhält. Von einem Pferd, das vierzig Minuten lang intensiv trainiert wird, erwarten wir mehr, als die meisten Menschen in der Lage sind zu tun. Die Reiter beschweren sich oft, daß ihr Pferd unbeständig ist oder seinen Kopf nicht stillhält, ohne aber die Verfassung zu überdenken, in der der Geist oder Körper des Pferdes sich befindet. Es ist längst untersucht worden, daß Kinder besser lernen können, wenn sie viele Pausen machen dürfen, und das gilt in demselben Maße in der Ausbildung eines Tieres.

Die Ausbildung

Wenn ein Pferd am Beginn seiner Ausbildung steht, müssen wir die Frage der Fitneß mehr im Verhältnis zu seinem Wachstum sehen als zu seinem Durchhaltevermögen. Das junge Pferd sollte in guter Kondition gehalten werden, damit es reifen kann und gleichzeitig für die Arbeit genug Energie übrig hat. Ein erfahrener Ausbilder kann sicherstellen, daß nicht ein unangemessener Ausbildungsplan in heftigen Gefühlsausbrüchen endet, sondern im Gegenteil sanfte, angemessene, aufeinander aufbauende Übungen angeboten werden. Nicht alle Pferde konnten jedoch von einem logisch und systematisch aufgebauten Trainingsplan profitieren, und unzählige Male landen schlecht ausgebildete Pferde in Anfängerhänden, woraus sich häufig frustrierende und beängstigende Probleme für Pferd und Reiter entwickeln.

Mit erfahrener Hilfestellung und der Geduld und Einsicht des Pferdebesitzers kann das Problem vielleicht gelöst werden und eine überraschend gute Partnerschaft sich entwickeln. Jedes halb ausgebildete Pferd, das in einen neuen Stall kommt, ist wahrscheinlich unsicher und verwirrt, bis eine Verständigung aufgebaut ist und sich seine physische Verfassung zeigt. Der Stoffwechsel des Pferdes wird von seiner gesamten Umgebung beeinflußt und zu einem wesentlichen Teil von seiner Ausbildung.

Unangemessene Bedingungen verursachen Streß, der, wenn er nicht aufgelöst wird, das Wohlergehen des Pferdes beeinträchtigt. Das Pferd wird anfälliger für Verletzungen und Krankheiten und lernunwillig.

Im Idealfall sollte das Pferd in einer gesunden Umgebung aufwachsen, bis es mit etwa drei oder vier Jahren als genügend ausgereift angesehen wird, um seine Ausbildung zu beginnen. Das sollte mit Ruhe und allmählich an der Longe geschehen, wo es die ersten Kommandos lernt und seine Balance in beiden Richtungen finden kann. Sobald das Pferd mehr arbeiten kann, da sich seine Muskulatur entwickelt hat, sollte die Futtermenge dem vermehrten Wachstum und verschärften Training angeglichen werden.

Wenn wir dann zum Reiten übergehen und das Kommando vom Longierenden auf den Reiter übergeben wird, ist mehr Arbeit nötig, um dem Pferd zu helfen, seine natürliche Balance wiederzufinden. Das wird durch einfache Hufschlagfiguren erreicht, wir könnten sie auch als sanfte gymnastische Übungen bezeichnen. Die vier grundlegenden Prinzipien, die wir in der Ausbildung eines Pferdes etablieren wollen, sind folgende:

- Das Pferd sollte ruhig sein.
- Es sollte gern vorwärts gehen.
- Es sollte geradegerichtet sein; die Hinterhand sollte in die Spuren der Vorhand treten.
- Es sollte eine gleichmäßige Fußfolge in allen Gangarten entwickeln, bei der wir die Schnelligkeit des Auffußens als Tempo bezeichnen.

Es ist klar, daß wir diese Punkte nicht alle auf einmal verwirklichen können. Vorwärtsdrang und Ruhe stehen am Anfang; daraus entwickeln sich die anderen Prinzipien nach und nach, wenn sich das Gleichgewicht des Pferdes verbessert hat.

Den erfahrenen Reiter zeichnet aus, daß er in dieser Situation und eigentlich während der ganzen Ausbildung nur eine Sache zur Zeit verlangt. Wenn Sie zu Ihrem jungen Pferd sagen: »Du hast sehr gut angehalten, aber dabei den Kopf hochgeworfen« und Sie diesen zweiten Faktor sofort korrigieren, geht das Lob für das Anhalten unter und wird eher zu einem Tadel.

Das kommt häufig vor und führt zu Widerständen und Konflikten. Wenn der Reiter eine unvollkommene Ausführung beachtet und lobt, entspannt sich das Pferd nicht nur, sondern fängt an zu begreifen. Wenn Sie alles auflisten, was besser hätte sein können, verwirren Sie das Pferd. Es muß sich oft fragen, was wir eigentlich mit unseren wiederkehrenden Forderungen erreichen wollen. Wenn unsere Fragen Kontinuität haben, wird das, was das Pferd uns zurückgibt,

Abb. 44: So kontrolliert man, ob der Kehlriemen weit genug geschnallt ist.

immer besser werden. Sie können das auch umdrehen und sagen: »Je weniger ich verlange, desto mehr bekomme ich.« Denken Sie an dieses Paradoxum. Wir sind nicht immer logisch in dem, was wir von unseren Pferden verlangen.

Sattelzeug

In diesem Abriß über die Ausbildung des Pferdes soll auch die wichtige Frage des Sattelzeugs behandelt werden. Sie ist von Bedeutung, da das Wohlbefinden und die Leistungsfähigkeit des Pferdes davon abhängen. Es ist wichtig, daß Reiter und Pferd sich beide bequem und sicher fühlen. Nicht zuletzt ist die richtige Auswahl des Sattelzeuges deswegen so wichtig, da einem bei den heutigen Preisen jeder Fehler sehr teuer zu stehen kommt.

Was brauchen Sie also am nötigsten? Natürlich sind gut passende Sättel und Trensen die wichtigsten Ausrüstungsgegenstände und vielleicht eine Satteldecke. Wenn das Pferd oft transportiert wird, gehören Bandagen

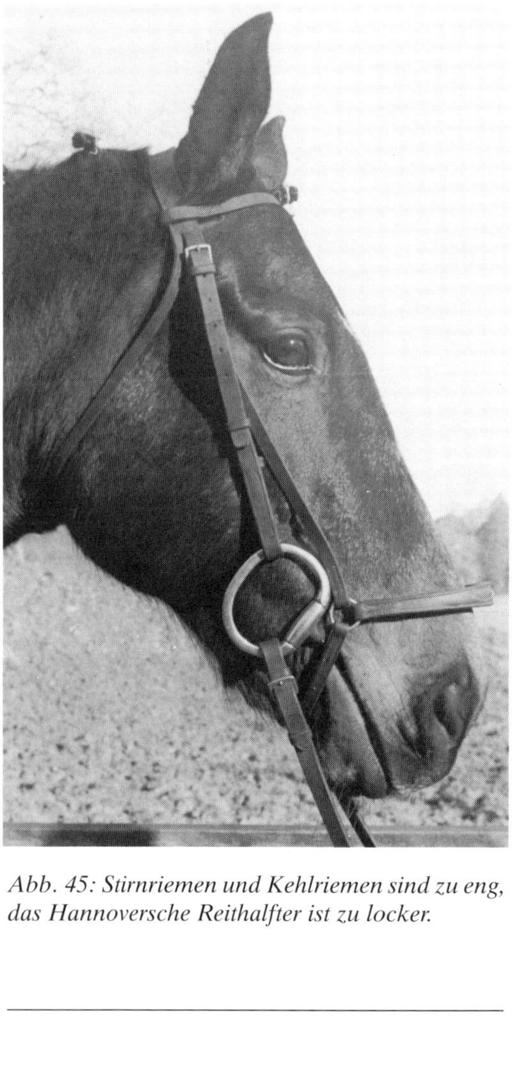

Abb. 45: Stirnriemen und Kehlriemen sind zu eng, das Hannoversche Reithalfter ist zu locker.

Abb. 46: Der Kehlriemen drückt dem Pferd die Luft ab.

und Gamaschen mit zur Ausrüstung. Wenn Sie auf Turniere gehen, kann die Ausstattung Ihres Pferdes sich noch erweitern und dadurch natürlich auch teuer werden.

Folgende Vorschläge sind nicht als Abhandlung über Sattelzeug gedacht, sondern als eine Beratung zu den üblichen Fehlern, die beim Anpassen gemacht werden und die sich nachteilig auf Pferd und Reiter auswirken. Das Pferd selbst haben wir schon genau betrachtet, und genauso wichtig ist es zu überprüfen, was das Pferd tragen soll, wenn wir es reiten.

Trensen

Wenn wir mit der einfachen Wassertrense anfangen, sollten wir Stirnband, Kehlriemen und Nasenriemen überprüfen. Wenn das Stirnband zu kurz ist, wird das Kopfstück der Trense nach vorne gezogen und drückt hinter den Ohren. Der Kehlriemen darf den Kehlgang nicht behindern, wenn das Pferd den Hals fallen läßt. Vielleicht haben Sie vier Finger zwischen Kehleingang und Kehlriemen gelegt, aber er sitzt immer noch eng, besonders auf der Außenseite. Meistens können Sie sich dann besser auf Ihr Auge verlassen. Wenn der Kehlriemen bis zur halben Ganasche verschnallt ist, liegen Sie ungefähr richtig. Lassen Sie das Pferd den Hals lang machen, um zu sehen, wie eng der Riemen dann sitzt. Pferde, deren Luftröhre oder Kehlgang abgeschnürt ist, nehmen sicher nicht gern das Gebiß an und arbeiten nicht lange mit.

Kommen wir auf den Nasenriemen zu sprechen. Der untere Nasenriemen kann dem Pferd Schmerzen verursachen, wenn er, wie häufig, sehr eng geschnallt ist. Die Blutzirkulation wird beeinträchtigt, und der Riemen drückt auf den scharfen Knochen am hinteren Kiefer des Pferdes. Er hat seinen Sinn, wird aber oft mißbraucht. Wenn Ihr Pferd widersetzlich ist, wenn Sie den Riemen verschnallen wollen, wissen Sie, warum. Legen Sie einmal zwei Finger zwischen Kieferknochen und Nasenriemen. Überprüfen Sie, ob Ihr Pferd wirklich die ganze Zeit einen braucht. Denken Sie über diesen Teil Ihres Zubehörs nach, und fragen Sie sich, warum Sie den Nasenriemen bei Ihrem Pferd brauchen. Gehen Sie sicher, daß er über den Nüstern auf dem Nasenrücken sitzt und nicht so eng zusammengezogen ist, daß man, wie ein Schüler glaubte, das Pferd über die Behinderung seiner Atmung besser unter Kontrolle bekommen kann.

Das Anpassen eines gebrochenen Gebisses ist manchmal leichter gesagt als getan. Pferde haben ein viel kleineres Maul, als es sich die Leute meist vorstellen. Daher sind die Gebisse oft zu groß und müssen extrem hoch verschnallt werden, damit sie nicht gegen die Zähne des Pferdes schlagen. Das Ergebnis ist eine übertriebene Nußknackerwirkung, wobei das Gebiß auf die Backenzähne (Molaren) des Pferdes drückt. Dadurch wird die eigentliche Wirkung des Gebisses verzerrt, das in der richtigen Größe und korrekt verschnallt angenehm und sicher in den Maulspalten liegt. Wenn Gebisse zu hoch verschnallt sind, drücken sie so sehr auf das Genick, daß man unter das Kopfstück keinen Finger mehr legen kann. Es gibt noch einen nützlichen Test, bei dem Sie die Zügel aufnehmen und dabei darauf achten, ob das Backenstück locker baumelt. Wenn es das tut, liegt das Gebiß zu tief und klappert mit wechselndem Zügelkontakt im Pferdemaul hin und her.

Wenn Sie eine Trense anpassen wollen, sollten Sie auf die Zähne Ihres Pferdes achten. Kein Jonglieren mit den verschiedenen Gebissen hilft Ihnen, wenn die Backenzähne

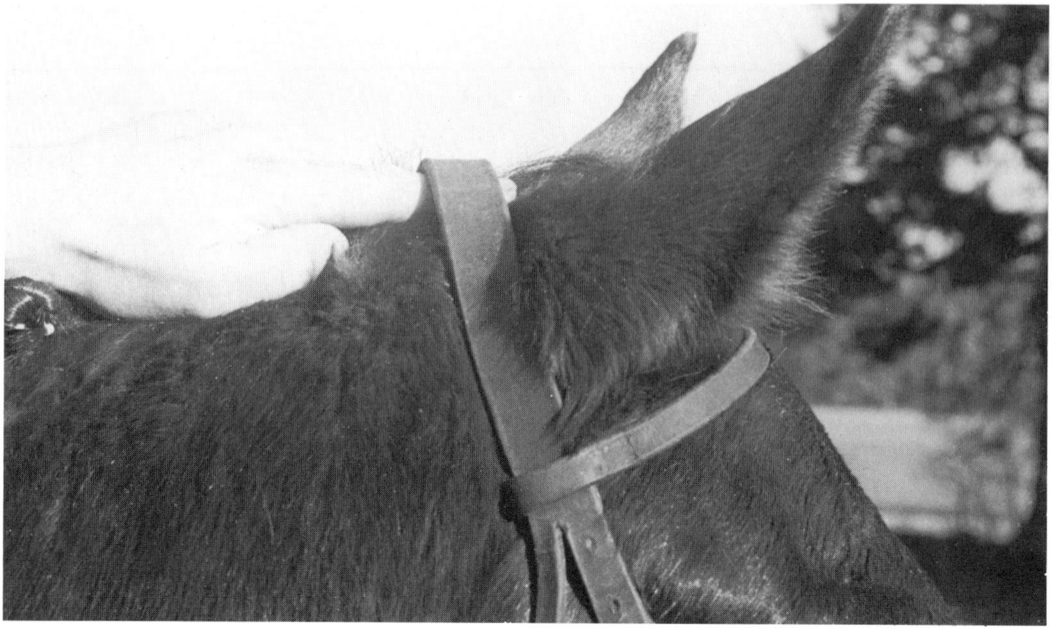

Abb. 47: Unter dem Genickstück sollten noch zwei Finger Platz haben.

Abb. 48: So überprüft man die richtige Verschnallung des Backenstückes.

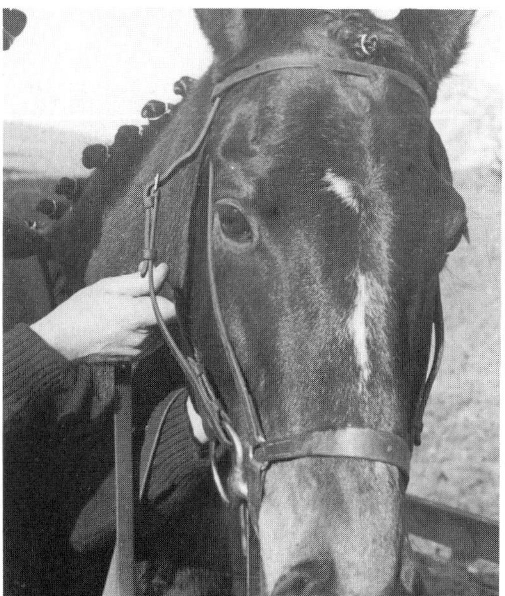

Abb. 49: Hier wird die Lage des Gebisses im Pferdemaul kontrolliert.

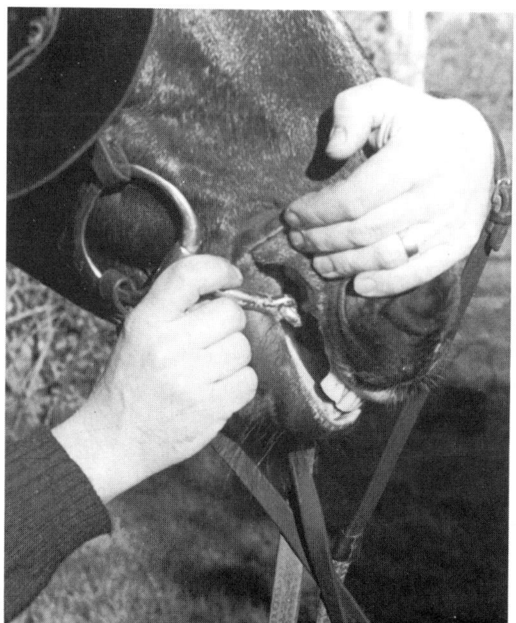

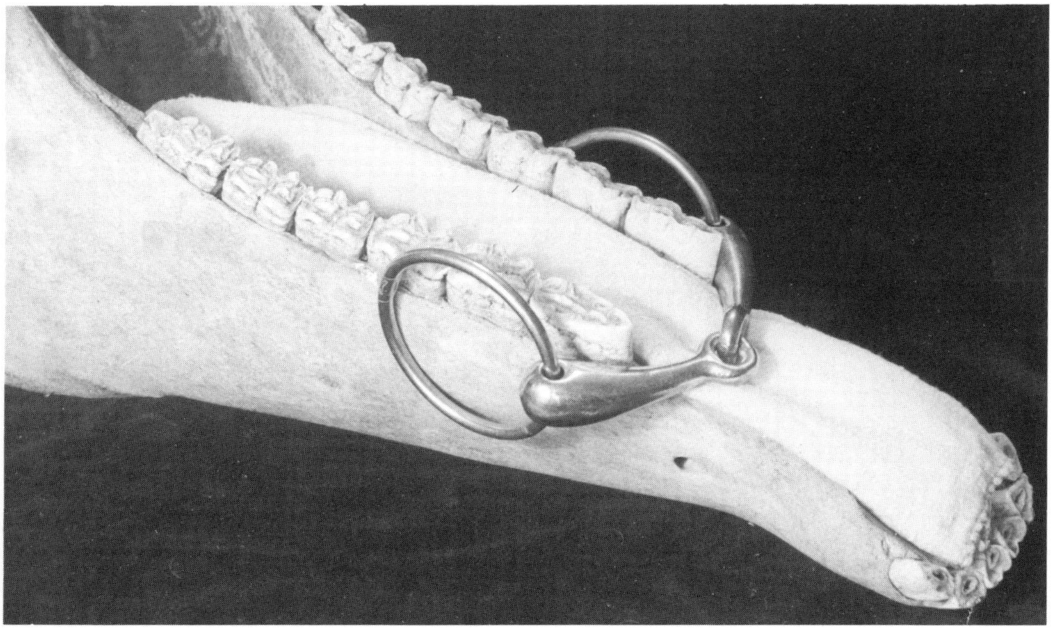

Abb. 50: Dieses Gebiß ist zu groß und drückt auf die Backenzähne.

Abb. 51: Dieses Gebiß hängt zu tief und würde bei Hengsten und Wallachen auf die Hakenzähne drücken.

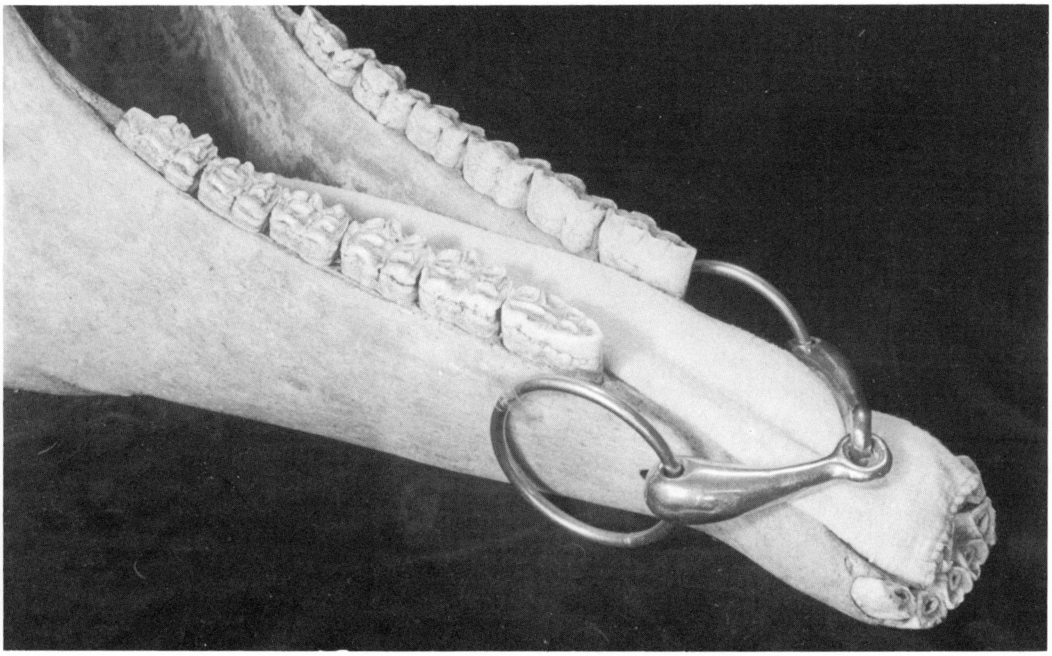

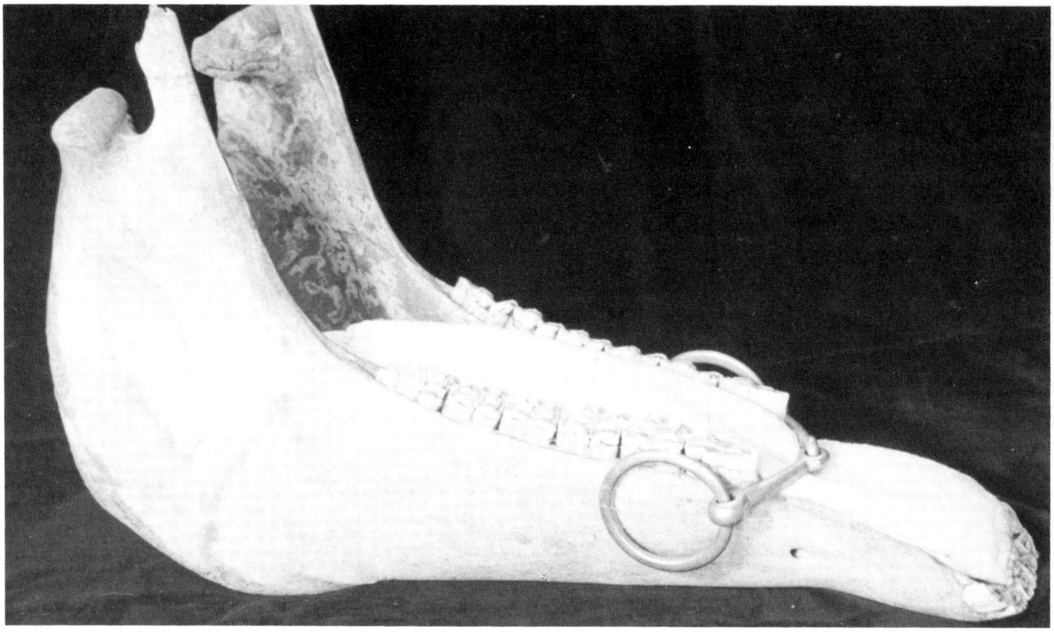

Abb. 52: Richtig liegendes Gebiß, das wenig Druck ausübt.

Abb. 53: Scharfe Kanten an den Backenzähnen einer 5jährigen Stute.

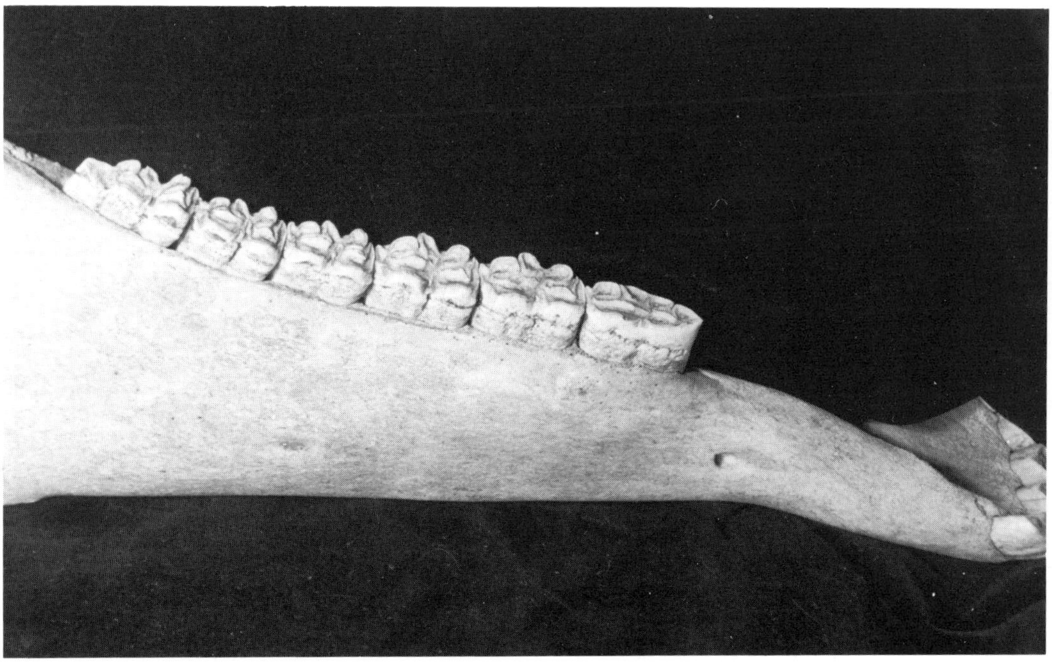

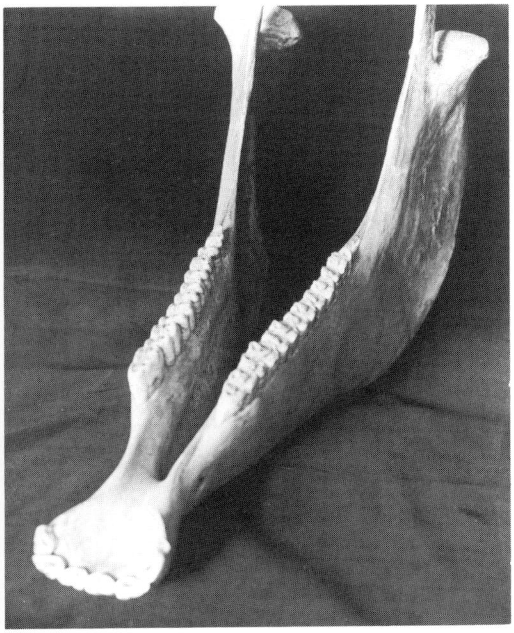

Abb. 54: An diesem Unterkiefer sieht man die Lücke zwischen Schneidezähnen und Backenzähnen, in der das Gebiß aufliegt.

zu lange Haken bekommen haben und daher scharf sind. Wenn die Zähne abgeschliffen sind, liegt nicht nur das Gebiß besser im Maul, sondern das Pferd kann auch sein Futter viel besser verwerten. Die Bilder 50 bis 54 zeigen, in welchem Verhältnis die Größe und das Einpassen des Gebisses zum Kieferknochen und den Zähnen des Pferdes stehen.

Sättel

Die Anschaffung des Sattels wird Ihre größte Ausgabe sein. Er muß beiden, Pferd und Reiter, passen, und es gibt welche, die vielseitig zu nutzen sind, und andere, mit denen Sie sich spezialisieren. Der Sattel darf das Pferd nicht oben am Rücken oder seitlich neben der Wirbelsäule drücken. Darauf müssen Sie achten, während Sie oben sitzen. Zwischen Vorderzwiesel und Widerrist müssen mindestens zwei Fingerbreit Platz sein. Der Sattel sollte ausbalanciert, d. h. sein tiefster Punkt sollte in der Mitte sein. In der Sitzfläche sollte genügend Spielraum für das Gesäß des Reiters sein. Wenn der Sattel zu klein ist, sitzt der Reiter über der Satteldecke am Sattelkranz und nicht im tiefsten Punkt in der Mitte. So kann er oder sie unmöglich im Gleichgewicht sein (siehe Bild 55 und 56).

In den Reitkursen gibt es oft Sattelprobleme, wenn Schüler mit ihren eigenen Pferden und schlechtsitzendem Sattelzeug teilnehmen. Es ist erstaunlich, wie oft das vorkommt. Die einzige schnelle Lösung ist, eine zusammengefaltete Decke unterzulegen, um die mangelhafte Polsterung des Sattels zu ergänzen. Als kurzzeitige Lösung hebt das den Sattel klar von der Wirbelsäule ab, und so braucht der Schüler die Reitstunde nicht abzubrechen. Es gibt wirklich keine Entschuldigung dafür, das Pferd mit einem schlechtsitzenden Sattel zu reiten, der das Wohlbefinden beeinträchtigen und wahrscheinlich Verletzungen verursachen würde. Sättel müssen von Zeit zu Zeit aufgepolstert und neu genäht werden. Daher ist eine regelmäßige Grundüberholung für Ihren Sattel ebenso wichtig wie für Ihr Auto.

Gamaschen und Bandagen müssen sehr sorgfältig angelegt werden. Wenn sie zu fest angelegt sind, kann die Blutzirkulation behindert werden. Ein Pferd kann nur durch falsch angelegte Bandagen lahm werden. Man kann das sehr gut am eigenen Arm oder Bein üben, um den Unterschied zwischen Unterstützung, Schutz und Abbinden der Blutzufuhr kennenzulernen.

Abb. 55: Ein gut sitzender Vielseitigkeitssattel, der den Widerrist freiläßt.

Abb. 56: Ein altmodischer englischer Jagdsattel – er liegt zu flach auf dem Widerrist und hat eine viel zu flache Sitzfläche.

Gesundheit

Das Pferd sollte sich rundherum wohlfühlen, um mit Begeisterung arbeiten zu können. Es sollte in der Atmung gesund sein, auf den Beinen, an den Augen, am Herzen und im Rücken. In diesem Buch betonen wir insbesondere den Rücken des Pferdes wegen seiner Empfindlichkeit und, in gewissem Maße, der Unmöglichkeit, dort angesiedelte Beschwerden zu erkennen. Eine Lahmheit in den Beinen ist für gewöhnlich leichter zu erkennen als das Unwohlsein eines Pferdes, das im Rücken Schmerzen hat.

Es gibt viele Pferde mit einem chronisch empfindlichen Rücken, die trotzdem geritten werden – ein Problem, das den Reitern nicht aufzufallen scheint. Obwohl die Symptome deutlich sind, werden sie nicht richtig eingeschätzt. Sie gehen im Trubel des Alltags unter und werden in Bemerkungen reflektiert wie etwa: »Mein Pferd steht beim Aufsitzen nie still!« oder »Es drückt immer den Rücken durch, wenn ich aufsitze!« Eine etwas steife Hinterhand beim Anreiten oder Verstärken des Tempos zeigt ebenfalls eine solche Empfindsamkeit an, die vom Reiter oft nicht bemerkt wird.

Wenn Sie den Rücken eines solchen Pferdes sorgfältig untersuchen, werden Sie merken, wie empfindlich er ist, wenn Sie auf die Muskulatur an beiden Seiten der Wirbelsäule drücken. Manchmal ist die Wirbelsäule selber nicht in Ordnung. Dann braucht das Pferd nicht nur eine Pause, sondern auch den Tierarzt. Akut rückenkranke Pferde kollabieren beinahe, wenn der Rücken untersucht wird. Meistens geben sie dann beim Reiten schon ein so trauriges Bild ab, daß jedem klar wird, daß irgend etwas nicht stimmen kann.

Der Pferderücken sieht so stark und widerstandsfähig aus, und doch hat die Natur nicht vorgesehen, daß er Gewicht oder sogar einen Reiter trägt. Dazu kommt noch der Sattel mit mehr als sechs Kilogramm, und er kann in seiner Unbeweglichkeit eine unerbittliche Verbindung zwischen Pferd und Reiter sein. Wenn das Pferd in einem schlechten Zustand ist, findet man kaum einen passenden Sattel. Der Rücken des Pferdes ist besonders verletzungsanfällig beim Sturz, kann sich beim Ausrutschen, beim Springen oder beim Aufsitzen leicht zerren. Das passiert besonders schnell bei Pferden, die sehr jung zu viel gearbeitet wurden, bevor sie vom Skelett oder der Muskulatur her reif dafür waren.

Der Rücken ist die wichtigste Verbindung zwischen Kopf und Hinterhand, während die Organe vom Brustkorb umgeben sind. Rükkenverletzungen beeinträchtigen indirekt das ganze Pferd, daher ist es klüger vorzubeugen, anstatt nachher zu heilen. Achten Sie darauf, daß Ihr Pferd auch in diesem wichtigen Teil seiner Anatomie so gesund bleiben kann wie im übrigen Körper. Das Pferd ist nur so gesund wie seine schwächste Stelle, und dazu kann der Rücken leicht werden.

Ich unterrichtete einmal in einem Reitercamp, als mir ein fettes und untrainiertes Pferd vorgestellt wurde, das an dem Tag morgens und nachmittags geritten worden war und sich nun beim Putzen außerordentlich berührungsempfindlich zeigte. Es ging ihm so schlecht, daß der Tierarzt geholt wurde und es eine Spritze bekam. Seine schlechte Verfassung wurde entdeckt, weil eine Untersuchung der Pferderücken nach jedem Ritt und bei jedem Putzen durchgeführt wurde. Im Laufe des darauffolgenden Tages berichteten fünfzig Prozent aller Reiter, daß ihre Pferde in unterschiedlichen Stadien des Trainings sehr rückenempfindlich gewesen wären. Die Pferde waren nicht in Form und wurden im Verhältnis dazu zu hart gearbeitet. Nach einem Ruhetag erholten sie sich bald.

Urinstinkte

Wenn das Pferd scheut, folgt es seinem »Fluchtinstinkt«, und wenn der Reiter diesen Instinkt unterdrückt, kann es zu einem »Kampf« kommen, der die natürliche Alternative für das Pferd ist.

Die Reaktion des Menschen auf diesen Rückzug des Pferdes richtet sich danach, was in der jeweiligen Situation erforderlich ist. Das Scheuen kann zum Beispiel sehr gefährlich sein, wenn Sie sich gerade auf einer stark befahrenen Straße befinden. Das passiert

Abb. 57: Dieser Reiter wurde vom Scheuen seines Pferdes überrascht und hat dabei die Kontrolle über das Pferd verloren.

jedoch überall und immer wieder, auch an Orten, die mehr Möglichkeiten offenlassen, mit dem Problem umzugehen.

Manche Pferde scheuen zur Verwirrung ihrer Besitzer dauernd. Es kann sein, daß der Grund dafür in der besonderen Stellung der Augen liegt, durch die das Sehvermögen beeinträchtigt wird. Sie tun gut daran, sich an die blinden Stellen direkt vor und hinter dem Pferd zu erinnern. Und es ist auch wichtig, daran zu denken, daß das Pferd seinen Kopf bewegen können muß, um Gegenstände vor verändertem Hintergrund zu erkennen.

Mit dem Pferd die Rolle zu tauschen wäre die Lösung, um diese »störende Angewohnheit« verstehen zu lernen. Es ist wichtig, sich ins Gedächtnis zu rufen, daß wir selber zerstreut und unaufmerksam werden, wenn das Pferd nicht mehr auf uns reagiert. Und es kann gut sein, daß das Pferd diese unbewußte Verschiebung bemerkt.

Die individuellen Reaktionen auf das Scheuen eines Pferdes sind häufig noch eine Verstärkung der Tendenz des Reiters, das Pferd unter Kontrolle zu bringen oder für den Ungehorsam zu bestrafen. Man vergißt, daß die Angst des Pferdes der wichtigste Punkt ist, mit dem man sich befassen sollte. Wenn Sie gerade auf einer Straße reiten, während es scheut, ist Ihre einzige Hoffnung, den Kopf des Pferdes von der Irritation weg und zum Verkehr hin zu wenden. Wenn Sie den Kopf zu der Seite halten, wo der »Feind« steht, schreckt das Pferd zurück und gefährdet Ihr und sein Leben gleichermaßen, indem es mitten auf der Straße landet. Wenn ein Pferd immer wieder scheut, müssen die Reaktionen des Reiters auf diese Situation in

Abb. 58: Dieser Reiter bleibt ruhig und im Gleichgewicht und behält seinen Zügelkontakt.

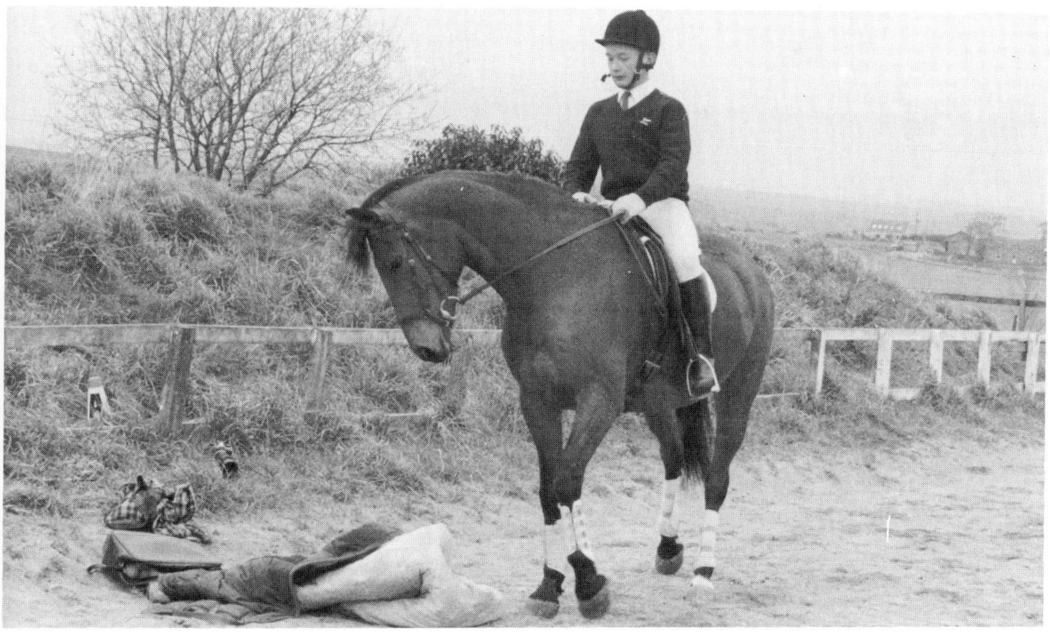

einer sicheren Umgebung genau untersucht werden.

Es ist wichtig zu verstehen, daß das Pferd sich so benimmt, weil es Objekte in bestimmter Weise wahrnimmt. Seine Netzhaut liegt so, daß es seinen Kopf bewegen muß, um Licht einfallen zu lassen und damit sehen zu können. Der benötigte Abstand zum anvisierten Gegenstand hängt von der Kopfhaltung des Pferdes ab. Daraus kann der aufmerksame Reiter einiges lernen. Darauf zu bestehen, daß das Pferd den Kopf immer in einer bestimmten Haltung trägt, läßt sich nicht verwirklichen, wenn es ein weites Blickfeld braucht, um sich sicher zu fühlen. Im folgenden Stadium seiner Ausbildung, wenn das Pferd schon besser in Haltung gehen kann, wird es dadurch gehorsamer und vertrauensvoller mitarbeiten.

Eine weitere Möglichkeit, mit dem Scheuen umzugehen, ist, dem Pferd genügend Platz zu bieten, damit es in sicherem Abstand zu dem angstauslösenden Gegenstand arbeiten kann. Dadurch kann der Reiter erst einmal die Toleranzgrenzen seines Pferdes herausfinden.

Aus Konfrontationen entwickeln sich meistens nur weitere Episoden des Scheuens, die der Reiter dann immer weniger kontrollieren kann. Das Pferd hat zum Schluß immer mehr Angst, und der Reiter wird immer wütender. Es ist fast genauso unmöglich, ein Pferd an etwas heranzutreiben, wo es auf keinen Fall hingehen möchte, wie es zum Trinken zu bringen, wenn es keinen Durst hat. Wenn Sie taktvoll und klug reiten, kann das Pferd wieder zu Gehorsam und Vertrauen zurückfinden. Wenn es sich entspannt hat, können Sie es immer näher an die störende Stelle heranreiten, die es dann annehmen kann.

In der Reithalle scheuen die Pferde meistens in einer Ecke. Lassen Sie diesen Teil der Bahn aus, reiten Sie lösende und versammelnde Übungen. Fordern Sie immer mehr, um die Toleranz des Pferdes zu testen. Wenn Pferd und Reiter ihre Konzentration beide wiedergefunden haben, können sie für gewöhnlich die angstbesetzte Stelle ohne Störung anreiten.

Folgender Auszug aus dem Buch von Lucy Rees »*Die Gedanken des Pferdes*« faßt das Verhalten des Pferdes zusammen, über das wir gesprochen haben, und beschreibt die Position des Reiters im Verhältnis zu seinem Pferd:

Aus der Gestalt-Psychologie wissen wir, daß ein Tier nicht einfach nur auf ein Stichwort reagiert, sondern auf eine Abfolge von Bedingungen, von welchen der auslösende Faktor nur einer ist. »Das Ganze«, sagt man, »ist mehr als die Summe der einzelnen Teile.« Im Gegensatz zu den amerikanischen Behaviouristen betonen die Gestalt-Psychologen die Bedeutung der Wahrnehmung und des Verständnisses durch das Tier von der Situation insgesamt, bzw. der Gestalt. Wenn wir ein vertrautes Gesicht in einer unvertrauten Umgebung nicht wiedererkennen, geschieht das, weil die Gestalt, das Ganze, sich verändert hat. Wenn ein Pferd in Alarmbereitschaft ist, weil vertraute Objekte neu angeordnet sind (wie Stangen auf einem Springplatz), geschieht das, weil die Gestalt unvertraut ist. Und wenn ein Pferd, das zu Hause gelernt hat, in einer bestimmten Weise zu reagieren, in einer neuen Umgebung das nicht so macht, liegt das wieder an der Änderung der Gestalt. Ein Pferd auszubilden, so daß seine ganze Aufmerksamkeit auf uns gerichtet ist, heißt, zu seiner Gestalt werden.

5. Die Partnerschaft

Wir haben uns bisher mit den Grundlagen einer Beziehung zwischen Reiter und Pferd beschäftigt. Jetzt ist es an der Zeit, verbindende Elemente für eine gelingende Partnerschaft zu benennen. Erfolg kann nur jeder für sich definieren, es hilft aber, ein klares und positives Bild von dem, was Sie erreichen wollen, zu bekommen.

Bild 59 hilft Ihnen, die Qualitäten zu benennen, die zwei grundverschiedene Individuen in Einklang bringen können. Die Pfeile an den Seiten können Sie verlängern, um die Bedeutung jedes Beitrages eines jeden Partners zu betonen. Unterstreichen Sie das in Form einer 10-Punkte-Skala, die Ihnen interessante Einblicke geben dürfte.

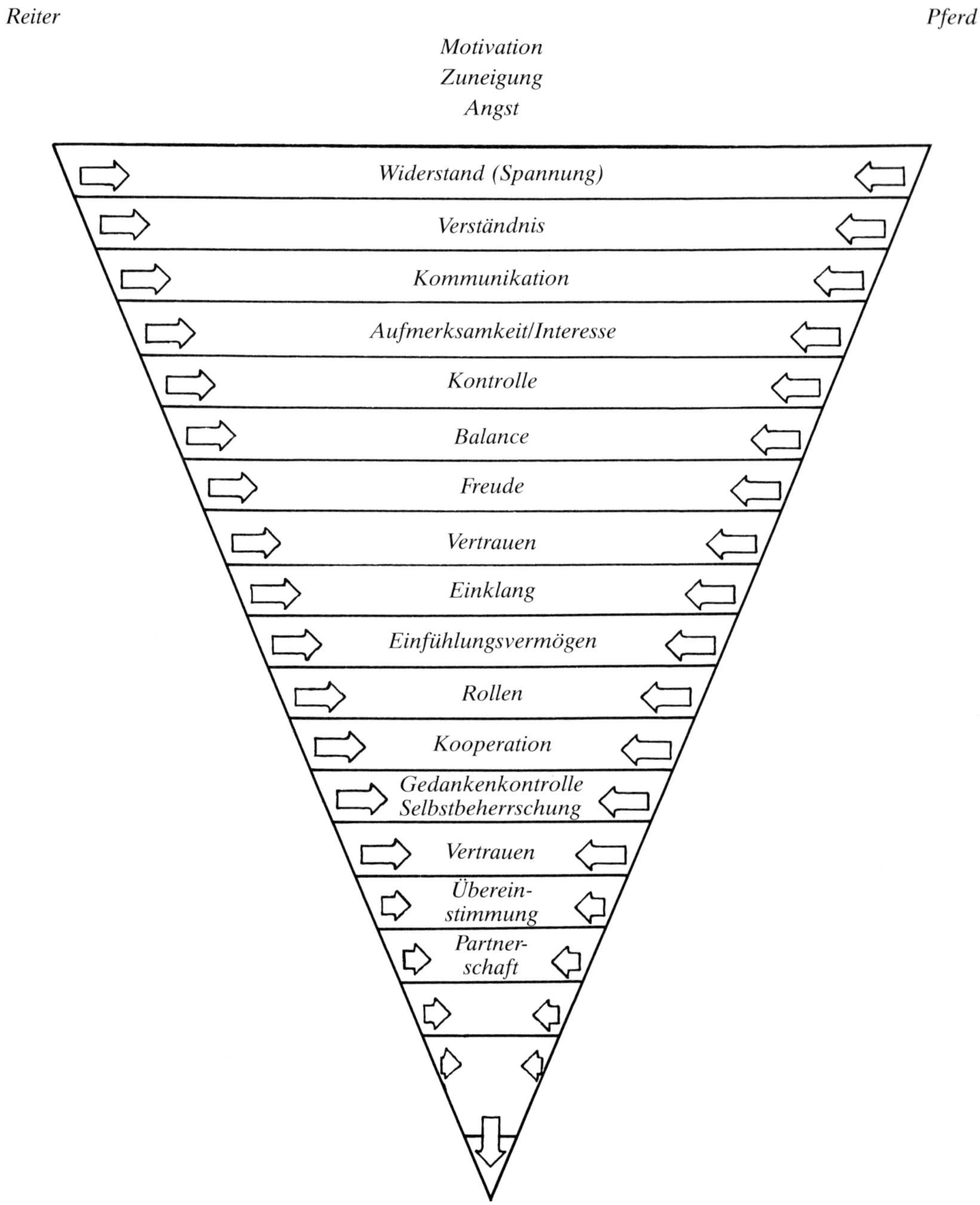

Abb. 59: Diese Übung hilft Ihnen, die sich mit Ihrem Pferd entwickelnde Partnerschaft einzuschätzen.

Dieses Projekt beinhaltet Aktivitäten sowohl der linken als auch der rechten Gehirnhälfte. Während Sie über die Antwort nachdenken, wird Ihr Körper sich immer mehr entspannen, da Ihr bewußtes Denken in konstruktive Bahnen gelenkt wird und gleichzeitig Ihrer verdeckten Intuition Raum gibt. Sie können dann Ihre Einschätzung später noch einmal neu überdenken, um Fortschritte im gegenseitigen Verständnis zwischen Ihnen und dem Pferd auszuwerten.

Wenn Sie sich diese Mühe machen, haben Sie einen Ansporn für eine konstruktivere Kommunikation mit Ihrem Pferd und verharren nicht in einem nörgelnden Monolog. Die Konversation einseitig zu führen heißt, jedes Interesse seitens des Pferdes auszulöschen. Auch Sie haben sicher schon einmal einen so langweiligen Gesprächspartner gehabt und wissen, was das heißt.

Einen Dialog zu führen, ist zu einem guten Teil eine Kunst, die zu gesellschaftlichen und geschäftlichen Zwecken kultiviert wird. Warum sollten wir das nicht auch auf unser Pferd anwenden, das zwar nicht aus eigener Wahl, jedoch zwangsläufig unser Partner ist? In seinem Buch »*Dressur*« sagt Locke Richards: »Wenn Sie einmal alles Tun sein lassen können, dann können Sie etwas tun!« Man könnte hinzufügen: »Und dann kann das Pferd etwas tun.« Wir sollten uns diese Worte einprägen, denn wenn wir uns die Zeit nehmen, zuzuhören, werden wir ein immer komplexer werdendes pferdegerechtes Vokabular zur Verfügung haben, aus dem heraus Pferd und Reiter mehr über ihre Verbindung lernen können.

Das Pferd ist mit seinen hochentwickelten Sinnen von Natur aus der bessere Zuhörer von den beiden, und wenn auch wir diese Fähigkeit entwickeln, fördern wir die Partnerschaft. Je bewußter wir werden, desto mehr arbeitet das Pferd mit uns zusammen, was uns wiederum hilft, die Kommunikation auf eine breite Basis zu bringen.

Der folgende Auszug aus dem Buch von R. H. Smythe »*Die Seele des Pferdes*« beschreibt seine Ansichten über die Beziehung zwischen Mensch und Pferd.

Ich bin sicher, daß das intelligente Pferd ... (und dafür müssen wir es halten, da seine Sinne viel besser entwickelt sind als die seines Reiters) ... jeden Gedanken lesen kann, den der Reiter in der jeweiligen Situation hat. Und es kann jede Absicht spüren, jede Aufregung teilen, jeden Anflug von Angst oder Zweifel oder Mangel an Vertrauen, der ihm oder ihr durch den Kopf geht. Es spiegelt alles durch die Haut wieder zurück, durch seine Aktionen und durch sein Gespür, in demselben Maße, in dem es Hoffnungen, Absichten und Zweifel des Reiters erfährt.

Viele interne Schutzmaßnahmen, mit denen wir unser Ego abschirmen, können wir durch eine Änderung unserer Gedanken abbauen, wodurch sich dann auch die Aussagen unseres Körpers verändern. Positive Gedanken führen zu positiven Aktionen. Dabei reduzieren wir das Gefühl, mehr tun zu müssen, um keine Versager zu sein. Wenn der Reiter dem Pferd sein Interesse in bezug auf gegenseitige Freundschaft schenkt, können beide sich besser entspannen und sich dem Potential öffnen, das diese Freundschaft beinhaltet.

Übereinstimmung mit dem Pferd kann eine wertvolle Erfahrung sein. Captain Edy Goldman hat sie mit einer gelungenen Ehe verglichen. Bevor sie das jedoch erreichen können, müssen beide, Pferd und Reiter, sich auf ein gemeinsam erfahrenes Gefühl innerer und äußerer Balance hin entwickeln, während sie nicht immer vorhersehbare Umstände meistern. Ein erfahrenes, ausgebildetes Pferd kann jedoch seinen Schwerpunkt plötzlich verlagern, ohne das Gleichgewicht seines Reiters zu beeinträchtigen.

Extrembeispiele für diese Fähigkeit der Pferde sehen wir in den Bewegungen der Hohen Schule, wenn das Pferd zum Beispiel den Kopf hebt und von der Hinterhand aus abspringt und in die Kapriole oder in die Levade geht. Und es muß gar nicht so weit ausgebildet sein, um uns vorzuführen, wie gut es auf der Hinterhand stehen kann, wenn es steigt.

Den besten Vergleich zum Reiten bietet wahrscheinlich der klassische Tanz, bei dem der Mann führt und dabei seiner Partnerin durch minimale Änderungen seiner Körperhaltung eine Serie komplizierter Bewegungsabläufe vermitteln kann. Wenn die Partner sich noch fremd sind, werden die vom Mann vorgegebenen Schritte noch ungeschliffener und spontaner sein. Die Reaktionen der Tanzpartner aufeinander sind genauso vielfältig wie die Reaktionen zwischen Reiter und Pferd.

Beim Tanzen Wendungen auszuführen ist genauso schwierig wie ein Handwechsel in der Reitbahn. Es ist jedoch oft so, daß das Pferd dann die Schuld bekommt, wenn die Bewegung mißlingt. In eine Richtung zu drehen fühlt sich jedoch anders an als in die andere. Wenn Pferde zu lange auf einer Hand gearbeitet werden, sind sie desorientiert und ohne Gleichgewicht. Es ist Übung erforderlich, um sich sowohl rechts- als auch linksherum fließend zu bewegen. Es gibt weder beim Pferd noch beim Menschen die perfekte Symmetrie. Jede Körperseite unterscheidet sich von der anderen in Form und Muskelkraft. Alle Säugetiere haben eine dominante Seite; und nicht nur das Pferd ist in einer Richtung weniger im Gleichgewicht als in der anderen. Lassen Sie dieses befremdende Gefühl einmal auf sich wirken, indem Sie versuchen, mit der Hand zu schreiben, die Sie normalerweise nicht dafür nehmen. Dabei geht es nicht nur um den Körper, auch das Gehirn ist beteiligt, und da das so ist, führen Zeit und Geduld eher zum Erfolg als ein Erzwingen.

Dieser besondere Aspekt des Reitens bringt ein weiteres Problem zu Tage, da einige Reiter links und rechts nicht auseinanderhalten können. Sie empfinden das meistens als beschämendes Problem und versuchen es zu verbergen, aber ein aufmerksamer Reitlehrer hat das schnell herausgefunden. Wenn ein Schüler bei zwei oder drei Gelegenheiten falsch wendet, können einige taktvolle Fragen das Problem bald aufdecken. Dem Schüler kann mit einfachen Markierungen der rechten und linken Hand geholfen werden.

Kinder können dafür genauso wie Erwachsene einen roten Ball in der rechten und einen gelben Ball in der linken Hand tragen. Die Assoziation von Farben in Verbindung mit rechts und links ist ein guter Anhaltspunkt. Man kann auch farbiges Isolierband oder selbstklebende Etiketten unterschiedlicher Farben einsetzen. Ihrem Einfallsreichtum sind keine Grenzen gesetzt, wenn Sie diese Lehrmittel nicht zur Verfügung haben.

Diese Schüler haben oft nicht die Fähigkeit, Richtungen anzugeben, wenn sie versuchen, einen Weg zu beschreiben. Der Ausbilder sollte auf diese Schwierigkeit besonders sensibel reagieren.

Natürlich reiten heißt, sich in eine Richtung fortzubewegen, und zur Fortbewegung gehören auch Richtungsänderungen. Auch eine gerade Linie beenden wir an irgendeinem Punkt, wenn wir müssen. Das zu tun heißt abzuwenden, und da Wendungen Teile einer Kurve sind, führen sie zu der Frage, wie ein Kreis zu reiten wäre. Der Kreis ist eine fortwährende Wendung, bis Sie sich entscheiden, anzuhalten. Und schon sind wir wieder bei den Richtungen im Uhrzeigersinn und andersherum, die wir einsetzen, damit Pferd und Reiter ins Gleichgewicht kommen. Wenn diese Balance erreicht ist, können sich beide in jede Richtung und in jeder Gangart mit der Mühelosigkeit und guten Haltung von Tänzern bewegen. Detailliertere Informationen über Kreise und andere Hufschlagfiguren werden in Kapitel 8 gegeben.

Beweglichkeit

Bewegung besteht aus vier Komponenten: Zeit, Gewicht, Raum und Fluß. Aus diesen Komponenten können wir unser individuelles Bewegungsmuster identifizieren lernen. Wenn eine von diesen Komponenten behindert wird, wirkt sich das auf die anderen aus.

Zeit kann zum Beispiel eine Komponente sein, die manche Menschen ihr ganzes Leben lang nicht in den Griff bekommen. Ihre Bewegungen sind sprunghaft und hastig, während sich jemand mit einem angemesseneren Zeitgefühl in schwereren und langsameren Mustern bewegt. Ein gutes Gespür für Zeit setzt notwendigerweise ein Gefühl für Rhythmus voraus, und mangelndes Rhythmusgefühl beeinflußt die Koordination.

Als Gewicht bezeichnet man die für verschiedenste Aufgaben benötigte Kraft oder Leichtigkeit der Bewegungen.

Unsere Beziehung zum Raum kann uns öffnen oder einengen; das hängt ab von unseren individuellen Reaktionen. Die Dimension Raum kann auf einige Leute furchterregend wirken, während sie für andere Freiheit bedeutet. Dasselbe gilt für den Raum um unseren Körper herum: Wir können uns entweder voll in ihm ausdehnen oder uns in ihm zurückziehen und hoffen, nicht bemerkt zu werden. Diese persönlichen Verhaltensmuster spiegeln sich in unseren Bewegungen wider und in unserer Empfindlichkeit den Menschen gegenüber, die in unseren persönlichen Raum hereinkommen. Und auch darüber müssen wir nachdenken, wenn wir mit dem Pferd in Beziehung treten.

Fluß ist die Komponente, die erst entstehen kann, wenn sich die anderen drei entwikkelt haben. Die Leichtigkeit und Mühelosigkeit, in der Sie und Ihr Pferd sich mit vereinigtem Kraftaufwand bewegen, beinhaltet sowohl Zeit- als auch Raumgefühl. Freien Bewegungsfluß kann man deutlicher dem beweglichen Sprung einer Katze ansehen als dem kraftaufwendigeren Sprung eines Pferdes oder eines Hirsches.

Wir haben vorher über Bewußtsein gesprochen und können dieses jetzt auf das Zeitgefühl, den Kraftaufwand, den Raum und den Fluß der Bewegung beziehen. Welcher Punkt weckt Ihre Aufmerksamkeit am ehesten, und geht es dabei um Sie oder um das Pferd? Denken Sie daran, den allerersten Punkt zu bearbeiten, der Ihnen auffällt, und erst einige Übungen durchzuführen, bevor Sie zu dem nächsten übergehen. Es besteht die Möglichkeit, daß andere Störungen sich schon während Ihrer ersten Bewußtseinsübung auflösen.

Jetzt wissen Sie schon, worauf Sie Ihr Augenmerk noch richten können, und können sich den praktischen Auswirkungen zuwenden, die beim Reiten mit Ihrem Pferd entstehen. Im folgenden werden noch einige Übungen beschrieben, bei denen Sie lernen können, sich auf Ihr Gespür zu verlassen und sich in das Pferd einzufühlen.

Das Blindenspiel

Für diese Übung brauchen Sie einen Partner, der Sie im Raum oder in mehreren Räumen umherführt, während Sie die Augen geschlossen halten, und Ihnen dabei hilft, nicht irgendwo gegenzulaufen. Wenn noch andere Menschen im Raum sind, können Sie darauf achten, in welcher Nähe Sie anfangen, die anderen zu spüren. Wenn der Raum ziemlich leer ist, kann Ihr Partner Sie allein gehen lassen, um zu sehen, wie sich das anfühlt.

Hand auf Hand

Für diese Übung brauchen Sie ebenfalls einen Partner, mit dem Sie etwas über die Kommunikation über den Tastsinn erfahren. Stellen oder setzen Sie sich gegenüber, und halten Sie gegenseitig Handfläche an Handfläche, Finger gegen Finger. Fällen Sie eine Entscheidung, wer die Bewegung führt; der eine führt, und der andere folgt. Halten Sie sich zu Beginn daran, abwechselnd zu führen und zu folgen, und nehmen Sie die dabei entstehenden Informationen und Einsichten auf. Sie können die Augen dabei wahlweise geöffnet oder geschlossen halten. Versuchen Sie als nächstes, Ihr Gefühl auszudrücken, wenn Sie führen, und achten Sie darauf, was dann passiert.

Manche Menschen sind beim Führen sehr dominant, anderen kann man schwer folgen. Es entsteht ein deutlicher Bezug zum Reiten, wenn Sie entscheiden müssen, was Ihnen lieber wäre, wenn es sich um ein Pferd handelte. Diese Übung hat eine tiefe Wirkung auf das praktische Reiten der Schüler.

Langsamer Marsch

Diese dritte Übung dreht sich um Ihre Balance. Versuchen Sie so langsam zu gehen, wie Sie können, ohne dabei Ihr Gleichgewicht zu verlieren. Achten Sie auf den Kraftaufwand, mit dem jeder Fuß in Zeitlupe den Boden berührt. Hier sind alle Komponenten vereinigt: Zeitgefühl, Kraftaufwand, der Raum, durch den Sie Ihre Füße und Ihren Körper bewegen, und der Bewegungsfluß, den Sie brauchen, um Ihr Gleichgewicht und Ihren Rhythmus zu erhalten. Das ist nicht so einfach, wie es klingt. Wechseln Sie darum vom Zeitlupentempo zu einem schnellen Vorwärtsgang, wodurch sich wieder Ihr Gebrauch von Zeit, Kraft, Raum und Fluß ändert. Gehen Sie am Schluß in Ihrem normalen Tempo. Stellen Sie sich dann vor, Sie seien ein Pferd, und bewegen Sie Ihre Arme und Beine im Viertakt – zuerst Ihr linkes Bein als die linke Hinterhand des Pferdes, Ihren linken Arm als sein linkes Vorderbein, dann Ihr rechtes Bein und zum Schluß Ihren rechten Arm. Sie werden merken, daß Ihre Arme beim Gehen normalerweise nicht diagonal schwingen (die gegenüberliegenden Arme und Beine), sondern fast identisch mit der seitlichen Fußfolge des Pferdes im Viertakt. Mit zwei Spazierstöcken in der Hand können Sie die Fußfolge besser synchronisieren. Wenn Sie diese Bewegung erst einmal in sich organisiert haben, funktioniert das Ganze etwa wie die zwei Kolben einer Dampflokomotive, und es wird Ihnen leichtfallen, die Übung eine Weile durchzuhalten.

Diese Übung macht unsere Probleme mit dem Zeitgefühl deutlich, wenn wir die Fußfolge des Pferdes im Schritt versuchen zu identifizieren. Durch die Experimente mit Ihrem eigenen Körper können Sie den Bewegungsablauf Ihres Pferdes klarer erkennen lernen.

Gangarten

Diese letzte Übung handelt vom Gebrauch und Mißbrauch der Gangarten des Pferdes.

Obwohl das Reiten der Hufschlagfiguren ein Teil der Ausbildung von Pferd und Reiter ist, hat nicht jeder eine Reitbahn zur Verfügung, in der er/sie üben kann. Alle Reiter jedoch reiten im Schritt, Trab und Galopp von A nach B.

Der natürliche Bewegungsablauf des Pferdes kann gestört werden, wenn es lernen muß, das Gewicht des Reiters zu tragen. Einigen Pferden gelingt das je nach ihrer Konstitution besser als anderen, aber mit unangemessenen Anforderungen kann man auch den natürlichsten und freiesten Bewegungsablauf beeinträchtigen. Die Fähigkeit des Pferdes, Gewicht aufzunehmen, hängt davon ab, wie es seinen Schwerpunkt verlagern kann. Ein junges Pferd, das mit dem unnatürlichen Gewicht auf seinem Rücken konfrontiert wird, legt seinen Schwerpunkt deutlich über die Vorhand. Als Ergebnis wirkt es wie eine Schubkarre, die den Berg heruntersaust, und es wird ihm beim besten Willen sehr schwerfallen, langsamer zu werden oder anzuhalten. In diesem Stadium der Ausbildung kann das Reiten durchaus als unbequem empfunden werden, vom jungen Pferd und seinem Reiter.

Körperhaltung

Von der Seite aus gesehen, sieht ein frisch angerittenes Pferd häufig wie ein Mustang aus: Es rundet seinen Rücken, genau wie wir unsere Schultern und unseren Rücken rund machen würden, wenn ein Gewicht daraufkäme. Wenn der Pferderücken jedoch schwach ist, kann es im Gegensatz dazu den Rücken auch durchdrücken. An dem runden Rücken kann man ganz deutlich erkennen, mit welcher Kraft das Pferd einen aus dem Sattel befördern kann, wenn es bockt.

Wenn das Pferd einen guten Muskeltonus hat, wird es durch das Gewicht des Reiters weniger beeinträchtigt, obwohl es sich vom ersten Anreiten an natürlich erst umstellen und daran gewöhnen muß. Einige Pferde verbringen ihr ganzes Leben mit dem Schwerpunkt zu weit vorne über ihren Schultern beim Reiten. Der Grund liegt darin, daß ihre Ausbildung an dem Punkt aufgehört hat, wo sie reiterfromm waren. Andere Pferde gehen in ihrer Ausbildung so weit, daß sie durch gymnastische Übungen die Schönheit ihres natürlichen Bewegungsablaufes wiederfinden.

Die Silhouette eines ausgebildeten Pferdes unterscheidet sich wahrnehmbar von der eines untrainierten. Das erste ist runder im Profil mit seinem starken Rücken und der gut bemuskelten Hinterhand. Wenn das Pferd vom Genick zur Kruppe eine gerundete Oberlinie hat, nennt man es gut entwickelt. Andere Pferde erscheinen flach wie ein Brett vom Genick bis zur Kruppe, mit der Nase nach vorne und einem Unterhals, oder sie haben einen Senkrücken und eine hervorstehende Kruppe. Als Ergebnis wird die Hinterhand nach hinten rausgedrückt. Einige Springpferde sehen so aus, die sich dann immer aufgeregt dem Gebiß und dem Schenkel des Reiters entziehen. Diese Pferde sind voller Spannung und Widerstände.

Nachdem wir die verschiedenen Selbsthaltungen des Pferdes im und aus dem Gleichgewicht beschrieben haben, wenden wir uns nun der Haltung des Reiters zu. Deren Korrektheit interessiert uns dabei nicht so wie die Entwicklung eines Bewußtseins. Wie immer geartet Ihr Potential für eine freie Bewegung ist, brauchen Sie ein positives Bild von sich vor Ihrem geistigen Auge (vor einem Spiegel oder Schaufenster), bei dem Sie aufrecht und in guter Haltung elegant aussehen. Denken Sie darüber nach, welche Worte Ihre Stichworte wären. Ich habe mit Schü-

Abb. 60: Dieses Pferd geht verspannt mit durchgedrücktem Rücken.

Abb. 61: Ein lockeres Pferd mit gerundeter Oberlinie.

Abb. 62: Ein zufriedenes Pferd und ein zufriedener Reiter.

lern gearbeitet, die sich dafür entschieden haben, daß sie groß aussehen wollen, leicht, schwungvoll, aufrecht oder vertrauensvoll. Erfinden Sie eigene, Sie motivierende Worte, und denken Sie sich bei einer anderen Gelegenheit wieder neue aus.

Der Bewegungsablauf des Pferdes

Ohne unseren störenden Einfluß sind die Bewegungen des Pferdes der spontane Ausdruck seiner Energie, Kraft und Schnelligkeit. Wie können wir uns diese natürlichen Talente zunutze machen, ohne daß uns dabei etwas verlorengeht?

Die Antwort scheint beim Pferd zu liegen. Es bittet uns für gewöhnlich darum, es nicht zu stören, ihm zu folgen und es zu unterstützen, anstatt den Tanz, den es anbietet, zu unterdrücken. Das Pferd kann seinen Lehrer annehmen, wenn er logisch unterrichtet und die Anforderungen, die er stellt, den Möglichkeiten des Pferdes entsprechen. Es nimmt direkte Anweisungen vom Reiter an, wenn es sie verstehen und ihnen daher gehorchen kann. Störungen beginnen, wenn der Reiter nicht im Gleichgewicht ist und auf die Bedürfnisse des Pferdes steif und unsensibel reagiert. Das Spannungsbarometer braucht immer einen Zeiger, der die Entwicklung unerwarteter Symptome deutlich macht.

Es ist daher von großer Bedeutung, alle Gangarten des Pferdes vor unnötigen Störungen zu schützen, die aus Überängstlichkeit oder Ehrgeiz des Reiters entstehen.

Die vier Gangarten des Pferdes sind Schritt, Trab, Galopp und Renngalopp. Jede Gangart hat ihren eigenen Raumgriff und ihre eigene Fußfolge, mit der das Pferd den Boden berührt. Sie alle werden in der Ausbildung des Pferdes als ausbalancierende Übungen benutzt. Besonders das Dressurpferd lernt, diese Wechsel sogar innerhalb der Gangarten selber durchzuführen.

Der Schritt

Der Schritt ist eine Gangart im Viertakt. Das Pferd setzt seine Hufe in einer lateralen Abfolge wie bei einem Marsch. Der Schritt wird »die Mutter der Gangarten« genannt, da man im Schritt am besten reiten lernen kann. Es ist eine ruhige Bewegung, und der Reiter kann dabei darüber nachdenken, was er tut. Dem Pferd geht das genauso. In dieser Gangart trainiert man auch am Anfang eines Fitneßprogramms, da das Pferd bewegt wird, ohne an Kondition zu verlieren.

Das Pferd bewegt sich in der Fußfolge: innere Hinterhand, innere Vorderhand, äußere Hinterhand, äußere Vorhand. Beim Anreiten hält es eine Vorhand zurück, um mit der diagonalen Hinterhand zuerst anzutreten.

Abb. 63: Die Fußfolge im Schritt – die innere Hinterhand fußt auf.

Abb. 64: Die innere Vorhand fußt ab.

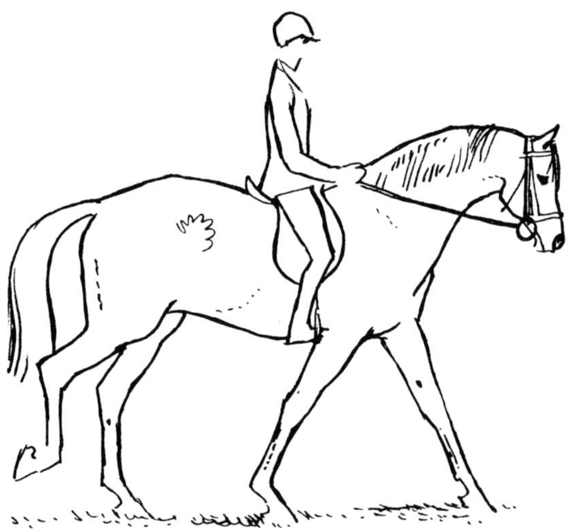

Abb. 65: Die innere Vorhand fußt auf.

Abb. 66: Die äußere Hinterhand fußt ab.

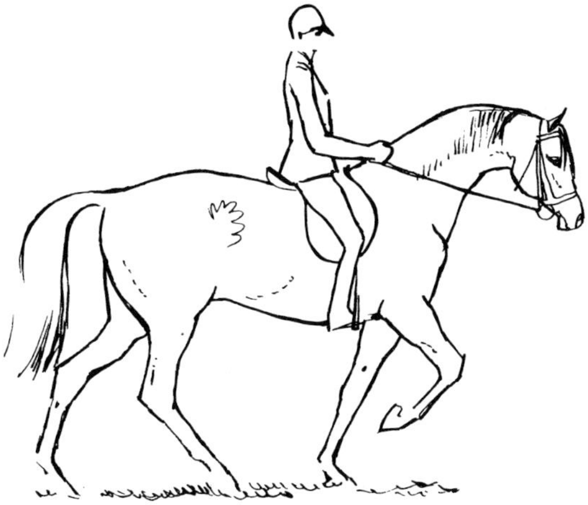

Abb. 67: Die äußere Hinterhand fußt auf.

Abb. 68: Die äußere Vorhand fußt ab.

Abb. 69: Die äußere Vorhand fußt auf.

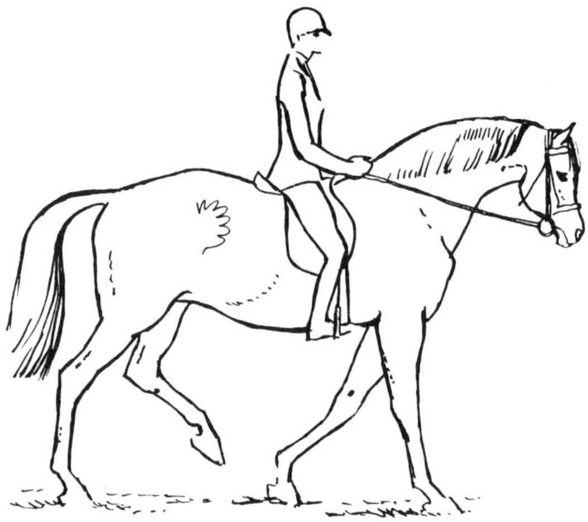

Abb. 70: Die innere Hinterhand fußt ab.

Abb. 71: Die Hüften des Reiters gehen mit der Bewegung des Pferdes mit: Die rechte Hüfte senkt sich, wenn das rechte Hinterbein abfußt . . .

Abb. 72: . . . und hebt sich wieder, wenn das linke Hinterbein abfußt.

Im Schritt können die Reiter am ehesten das Gefühl entwickeln, wann die Hinterhand des Pferdes auf den Boden auffußt, insbesondere wenn sie zur Verbesserung des Bewegungsgefühls ein paar Schritte lang die Augen schließen. Wenn der Reiter der Bewegung folgt, kann sie mehrdimensional durch seine Wirbelsäule hinauffließen und ihn noch mehr entspannen. Wenn das Pferd fühlt, wie der Reiter in der Bewegung mitgeht, kann es seine Schritte verlängern.

Der Schritt hat jedoch auch seine Nachteile. Einer davon ist der Mangel an Schwung. Man bevorzugt allgemein ein Pferd mit freiem, raumgreifendem Schritt. Viele Pferde haben ihn nicht und werden daher ständig von ihren Reitern vorwärtsgetreten. Die Bilder 71 und 72 zeigen, wie die Hüften des Reiters mit der Bewegung des Pferdes mitgehen.

Der Reiter sagt bei jedem Schritt: »Geh, geh, geh!« Vielleicht reagiert das Pferd sofort auf diesen Wechsel von einer Konversation zu einem Monolog. Der nächste Tritt in die Seite des Pferdes wirkt dann wie eine Bestrafung und nicht wie ein Lob. Eine solche Kommunikation ist unsinnig und baut nicht auf den Prinzipien von Frage, Reaktion und Lob auf. Auf diese unlogischen Aufforderungen reagiert das Pferd zum Schluß mit Widersetzlichkeit und völligem Abschalten. Das Pferd wird ablehnend, angespannt und gelangweilt, und der Reiter hält es für faul, anstatt zu sehen, wie verwirrt es ist.

Die Reiter haben mit dem Schritt oft mehr Probleme als das Pferd. Das liegt häufig an den Kommentaren der Richter auf dem Dressurdreieck, die den Mittelschritt beschreiben. Als Ergebnis versucht der Reiter ohne Ende, sein Pferd noch aktiver vorwärts zu treiben, das aber ohnehin schon aus seinem natürlichen Rhythmus gebracht wurde. Dadurch wird der Schritt leicht verspannt und eilig, anstatt fließend und raumgreifend.

Ich fand es sehr interessant herauszufinden, daß der Schritt des Pferdes um so länger wird, je bewußter und entspannter der Reiter mit der Bewegung des Pferdes mitgeht. Und um so langsamer wird das Tempo der Fußfolge. Bei diesen langen Schritten kann das Pferd aus einem natürlichen Engagement der Hinterhand heraus übertreten und vermittelt ein kraftvolles, dabei aber nicht eilendes Gefühl. Ein Pferd, das regelmäßig so ausschreiten kann, hat seinen natürlichen Schrittrhythmus gefunden. Es ist nicht immer einfach, dem Pferd zu helfen, seinen Rhythmus zu finden, besonders wenn Sie versessen darauf sind, Aktivität zu produzieren. Das Pferd antwortet in der Regel darauf, indem es in schnellere Schritte verfällt, auf Kosten seines natürlichen Tempos.

Es liegt in der Verantwortung des Pferdes, im Schritt vorwärts zu gehen, bis es eine neue Anweisung bekommt. Wenn es ohne Ihr konstantes Anklopfen nur ein paar Tritte machen kann, sollten Sie das akzeptieren, indem Sie das Nichtstun als Lob einsetzen. Allmählich wird es dann ohne Unterstützung weiter vorangehen, und es wird in Gang bleiben, wenn Sie es daran erinnern, bis es immer mehr eigenen Antrieb entwickelt. Das Pferd erkennt den Dialog an, durch den es verstanden hat, was Sie von ihm wollen. Doch Sie müssen erst sein Interesse wecken. Wenn Sie dieses Verständnis entwickelt haben, kann es sein, daß Ihr Pferd auf von Ihnen nicht für möglich gehaltene Weise Aufmerksamkeit und Wachheit entwickelt. Das Ergebnis ist eine entspannte und mühelose Gangart, die ein Maximum an Raumgriff mit einem Minimum an Aufwand verbindet.

Wenn Sie die Sprachbarrieren im Schritt überwunden haben, sind Sie schon auf dem langen Weg zu einer echten Partnerschaft mit dem Pferd. Und Sie legen damit eine wertvolle Grundlage für alle Gangarten. Obwohl der Schritt wahrscheinlich die einfachste Gangart ist, kann in bezug auf gegenseitige Verständigung dabei viel schieflaufen. Der Schritt übt eine Faszination ohne Ende auf »bewußte« Reiter aus. Viele von ihnen haben einmal den größeren Teil einer Reitstunde völlig vertieft in diese neue Entdekkung verbracht.

Der Trab

Der Trab ist eine Bewegung im diagonalen Zweitakt und hat einen natürlichen Schwung, der das Pferd über den auffußenden Beinen deutlich bemerkbar ins Gleichgewicht bringt. Nach einem ordentlichen Schwung richtet sich der Reiter beim Leichttraben. Die Bilder 73 bis 76 zeigen dieses

Abb. 73: Die Fußfolge im Trab – die linke Diagonale fußt auf.

Abb. 74: Schwebephase

Abb. 75: Die rechte Diagonale fußt auf.

Abb. 76: Schwebephase

Überschwingen des diagonal auffußenden Beinpaares.

Der Trab ist eine Gangart, in der sinnvoll die physische und geistige Reife des Pferdes gefördert wird. Er animiert als freie Vorwärtsbewegung und macht Pferd und Reiter Freude, wenn sie ihre Balance halten können. Zu Recht wird das Traben als grundlegende Gangart in der Ausbildung bezeichnet, bei der der Handwechsel geübt werden kann sowie das Reiten auf Zirkellinien und Volten und eine Verstärkung und Verkürzung des Tempos.

Jedes Pferd hat seinen eigenen natürlichen Takt im Trab, den wir genausowenig stören sollten wie unseren eigenen Rhythmus. Auf unseren eigenen Takt und auf den Takt unseres Pferdes zu hören, kann die Blockierung auflösen, die entsteht, wenn wir gegen den Strom schwimmen. In diesem Stadium der Ausbildung ist es wichtig, den grundlegenden Takt kennenzulernen, seine Verstärkung und Versammlungen und den Wert des Tempowechsels innerhalb einer Gangart zur Verbesserung derselben. Diese Tempounterschiede nennt man Übergänge, und sie sollten sanft geritten werden, etwa wie ein gelungenes Umschalten in einen anderen Gang beim Autofahren.

Der Takt, der sich am meisten von alleine einstellt, ist der Arbeitstrab mit seinem natürlichen Antrieb und erkennbarem Schwung. Er hat das, was dem Schritt fehlt. Freie Vorwärtsbewegung, ein geradegerichtetes Pferd und Rhythmus sind notwendig, wohin das Pferd auch geht.

Durch den Trabrhythmus findet das Pferd leichter sein Gleichgewicht, während der Reiter Bewußtsein entwickelt über Rhythmus, Vorwärtsdrang und Tempo, die jetzt viel leichter erkennbar sind. Das Pferd ist durch die diagonale Fußfolge im Zweitakt in besserer Balance und tritt daher regelmäßiger und schwungvoller. Das Gleichgewicht des Pferdes hängt wie bei einem Fahrrad sehr stark mit der Vorwärtsbewegung zusammen. Das richtige Tempo im Trab kann man an der Regelmäßigkeit des Auffußens erkennen, und es entsteht nur, wenn man dem Pferd seinen natürlichen Bewegungsrhythmus erhält. Diese Regelmäßigkeit zeigt das verbesserte Gleichgewicht an und übt eine beruhigende und fast hypnotische Wirkung aus. Wenn das Pferd im Trab seine Energie kontrolliert, wird der Bewegungsablauf so mühelos, als brauchte man nie mehr anzuhalten. So wie es eine Schülerin formulierte, die sich fühlte, als sei sie mit ihrem Pferd im Trab verschmolzen: »Ich konnte nicht mehr unterscheiden, wo ich anfing und wo das Pferd aufhörte!«

Der Galopp und der Renngalopp

Der Galopp ist die nächsthöhere Gangart. Da er jedoch so komplex ist, habe ich ihm das ganze nächste Kapitel gewidmet.

Der Renngalopp ist in dem letzten Kapitel dieses Buches beschrieben. Seine Fußfolge ist ein Viertakt, der diagonale Sprung ist in ein zweimaliges Auffußen unterteilt. Die Schwebephase bleibt erhalten, nachdem das vorspringende Vorderbein den Boden berührt hat. In bezug auf das vorgreifende Vorderbein gelten im Renngalopp dieselben Prinzipien wie im Galopp.

6. Gedanken zum Galopp

Der Galopp als komplexere Gangart verdient es, in einem eigenen Kapitel besprochen zu werden. Er beinhaltet unterschiedliche Schwierigkeitsgrade für verschiedene Reiter, Schwierigkeiten, die in allen Ausbildungsstufen auftauchen können. Viele Reitschüler haben nachstehende Liste zusammengetragen. Mit einigen Punkten fühlen Sie sich wahrscheinlich persönlich angesprochen, oder Ihnen fallen eigene Ideen ein, die Sie anfügen können.

Persönliche Ängste beinhalten:

- die Angst herunterzufallen;
- Angst, die Kontrolle zu verlieren;
- Angst, daß das Pferd mit einem durchgeht;
- Angst vor Geschwindigkeit;
- Angst, »heruntergebockt« zu werden;
- Angst, nicht galoppieren zu können;
- Angst, im falschen Galopp zu reiten;
- Angst, den richtigen Galopp nicht erkennen zu können;
- Angst, den Galopp nicht beibehalten zu können;
- die Angst herunterzufallen, wenn das Pferd die Ecken abkürzt;
- sich unbequem zu fühlen und nicht im Sattel sitzen bleiben zu können.

Technische Sorgen beinhalten:

- die Sorge, in den Galopp aus einem immer schneller werdenden Trab hineinzurennen;
- die Sorge, daß das Pferd im Übergang zum Galopp den Kopf hebt;

- die Sorge, aus dem Galopp in einen unausbalancierten Trab zu fallen;
- die Sorge, daß die Fußfolge in einen Viertakt übergeht;
- daß die Hinterhand des Pferdes beim Galoppieren in die Bahn hereinkommt;
- daß das Pferd auf der Vorhand läuft;
- daß Sie fühlen, daß sich das Pferd auf die Zügel legt;
- daß das Pferd seine runde Oberlinie verliert;
- daß der Übergang zum Galopp unbequem ist;
- daß das Pferd zu früh im Galopp anspringt;
- daß das Pferd im Kreuzgalopp läuft, d. h. äußere Hinterhand und äußere Vorhand nach vorne springen;
- daß das Pferd Widerstand leistet, indem es nach dem äußeren verwahrenden Schenkel des Reiters schlägt;
- daß das Pferd das Gebiß nicht annimmt;
- daß es inaktiv und faul ist.

Man wundert sich, warum das Galoppieren so viele Probleme aufwerfen sollte. Die Antwort liegt in seinem schnelleren Tempo und dem plötzlicheren Wechsel in der Fußfolge, wodurch der Reiter sich eher unsicher fühlt.

Technisch gesehen, benutzt das Pferd beim Galoppieren eine komplexere Sequenz in der Fußfolge. Bei den nicht immer vorhersehbaren Variationen kann es geschehen, daß sich der Reiter ganz oder teilweise nicht als »Herr der Lage« fühlt. Für viele Reiter ist der Galopp die Gangart, die sie am wenigsten verstanden haben. Damit er erfolgreich geritten werden kann, müssen wir nicht nur die Probleme des Pferdes kennen, sondern auch mit den eigenen reiterlichen Unsicherheiten umgehen können.

Wir wissen schon, daß der Trab eine diagonale Bewegung im Zweitakt ist. Die einzige Variation im Trab zeigen einige Gangartenpferde, die manchmal Paß gehen, indem sie die lateralen Beinpaare gleichzeitig aufsetzen und nicht die diagonalen. Aber auch sie gehen im Zweitakt. Der Schritt variiert nur in außergewöhnlichen Situationen, wenn zum Beispiel ein Pferd über seine Möglichkeiten hinaus angetrieben wird und seine Fußfolge im Viertakt lateral gleichseitig und gleichzeitig wird. Das passiert jedoch selten.

Der Galopp ist eine Fußfolge im Dreitakt – das Pferd bringt ein Hinterbein nach vorne, gefolgt von der Diagonalen zweier Beine, und springt zuletzt mit dem verbleibenden Vorderbein durch, welches diagonal zu dem zuerst abfußenden Hinterbein liegt. Wenn das Pferd mit der inneren Hinterhand zuerst durchspringt, folgt dann die Diagonale der äußeren Hinterhand mit dem inneren Vorderfuß und dann die äußere Vorhand. Danach gibt es eine Schwebephase. Das Pferd schaukelt also sozusagen von einer Ecke in die diagonal dazu liegende andere Ecke. Danach sind alle vier Füße nicht auf dem Boden wie bei einem Schaukelpferd. Keine andere Gangart verleiht dem Pferderücken soviel Schwung wie diese Bewegung. Wenn Kopf und Hals des Pferdes jedoch eingeengt werden, wird das unmöglich, und diese lebendige Freiheit der Bewegung im Galopp geht verloren.

Weitere Komplikationen im Galopp ergeben sich aus der Fähigkeit des Pferdes, den Galopp zu entwickeln, den es möchte, bis der Reiter die Entscheidung darüber fällt. Viele Pferde ziehen eine Richtung der anderen vor und haben Schwierigkeiten, die andere Hand anzunehmen. Das liegt an der Dominanz einer Körperhälfte, über die wir schon sprachen, und die beide, Pferd und Reiter, gleichermaßen beeinflußt. Durch Mängel in der Ausbildung kann sich ein Pferd sehr einseitig entwickeln.

Die meisten Menschen haben Pferde

Abb. 77: Die Fußfolge im Galopp – die äußere Hinterhand fußt auf.

Abb. 78: Innere Hinterhand und äußere Vorhand fußen auf.

Abb. 79: Die innere, führende Vorhand fußt auf.

Abb. 80: Schwebephase

schon einmal im Galopp beobachtet, entweder im richtigen Leben oder in Filmen oder Videos, und bewußt oder unbewußt ihr Auge auf das führende Vorderbein gerichtet als dem charakteristischen Merkmal eines Galopps. Dieses Vorderbein ist von großer Bedeutung dafür, daß das Pferd auf einem Kreis rechts- oder linksherum das Gleichgewicht halten kann. Um das zu erreichen, müssen sie auf der inneren Diagonale angaloppieren. Dies fällt insbesondere beim Rennpferd auf, das nur auf einer Hand galoppieren kann und dann auf eine Rennbahn kommt, die in die andere Richtung verläuft. Dadurch verliert das Pferd in den Wendungen an Boden, weshalb viele Trainer das Geläuf auswählen, das zu ihrem Pferd paßt. Es gibt andererseits auch Trainer, die ihren Pferden beibringen, beidseitig zu sein – einer von ihnen besucht mit seinem Rennpferd meine Kurse in bewußtem Reiten.

Die Kondition des Pferdes hat sicherlich eine Auswirkung auf seine Balance, aber auch ein gesundes, topfites Pferd kommt aus dem Gleichgewicht, wenn es einseitig gearbeitet wird. Deshalb ist es wichtig für ein Pferd, seinen Körper gleichmäßig zu entwikkeln, indem wir zum Beispiel auf beiden diagonalen Beinpaaren traben und sowohl den Rechtsgalopp als auch den Linksgalopp gleichmäßig reiten.

Es kommt einem Quantensprung gleich, wenn ein Pferd durch Ihre Hilfengebung und Einwirkung verstehen gelernt hat, welches sein linkes und welches sein rechtes Bein ist. Die dem zugrunde liegende Erweiterung des Vokabulars und physische Koordination eröffnet beiden, Reiter und Pferd, erheblich mehr Möglichkeiten.

Die Reiterhilfen veranlassen nicht nur eine Bewegung nach vorne, eine Regulierung des Taktes und der Richtung, sondern können nach einiger Übung auch den Pferdekörper für Seitengänge ausbalancieren. Um sich besser in die Lage versetzen zu können, in die Sie Ihr Pferd bringen, sollten Sie wie in Ihrer Kindheit einfach mal Pferd spielen. Galoppieren Sie auf Ihren eigenen Füßen abwechselnd rechts- und linksherum. Machen Sie dann einige Wendungen, bei denen Sie nur mit dem inneren Bein vorspringen, und danach einige, bei denen Sie mit dem äußeren Bein vorne sind. Dann wird Ihnen klar, wieviel Geschicklichkeit von dem Pferd verlangt wird, insbesondere wenn es obendrein einen Reiter tragen muß, der die ganze Zeit stört.

Im Verlauf der weiteren Ausbildung ist es möglich, ein Pferd dahingehend zu trainieren, daß es eine Wendung im Außengalopp geht. Ein weiterer Quantensprung für die Intelligenz unseres Pferdes und in seiner Behendigkeit. Diesen Bewegungsablauf nennen wir Außengalopp. Er macht das Pferd durchlässiger und bringt es mehr ins Gleichgewicht. Wenn das Pferd umspringen soll, während es galoppiert, nennen wir das den »fliegenden Galoppwechsel«.

Wenn Pferde freilaufen, springen sie in ganz natürlicher Weise häufig um. Ein junges Pferd in der Ausbildung macht das manchmal, wenn es das Gleichgewicht verliert, und springt dann meist nur mit dem Vorderbein um und nicht mit dem Hinterbein. Das nennt man dann Kreuzgalopp. Man kann ihn leicht erkennen, da er für den Reiter sehr unbequem ist. Im frühen Stadium der Ausbildung werden daher nicht so athletische Höchstleistungen gefordert. Der Galopp wird dann gewechselt, indem man das Pferd zum Trab oder zum Schritt durchpariert und von da aus einen freien und deutlichen Übergang zum Galopp vorbereitet. Das nennt man dann »einfacher Galoppwechsel«.

Innerhalb der Ausbildung sollte dem Pferd ermöglicht werden, eine Durchlässigkeit und

Abb. 81: Innengalopp

Losgelöstheit nach allen Seiten hin zu entwickeln. Das mögliche Potential an Flexibilität können wir durch diese Beidseitigkeit zur Entfaltung bringen. Asymmetrie können wir erkennen und tolerieren, aber ein Ungleichgewicht brauchen wir nicht zu akzeptieren. Kraft und Gesundheit eines Pferdes hängen davon ab, ob es seinen Körper insgesamt gebraucht.

Jetzt mag sich bei einigen Lesern, denen sie nicht so vertraut sind, die Frage nach den Galopphilfen stellen. Wie zum Beispiel diese komplexen Hilfen gegeben werden oder was davon Sie sich merken müssen? Ein weit verbreitetes Problem, bei dem Sie jedoch mit etwas Aufmerksamkeit die Schwierigkeiten vermeiden können. Wenn ein Reiter sich übernervös um die technischen Einzelheiten der Galopphilfen bemüht, entsteht in zunehmendem Maße ein Gefühl von Druck.

Diese Gangart können wir leichter verstehen, wenn wir uns mit dem jungen Pferd befassen, das den Galopp lernt. Vielleicht hat es an der Longe schon galoppiert und kennt das Wortkommando. Trotzdem ist der Longezirkel eigentlich nicht groß genug für das junge Pferd; daher hat es wahrscheinlich wenig Galoppiererfahrung, wenn es geritten wird. Aber auch ein langjährig im Training stehendes Pferd kann Schwierigkeiten haben, anzugaloppieren.

Wenn Sie wissen, wie vielfältig die Anforderungen an das Pferd sind, wenn es anfängt, unter dem Reiter zu galoppieren, können Sie Schwierigkeiten vermeiden, indem Sie nicht so unrealistische Erwartungen aufbauen. Sie können Ihr Problem zur Diskussion stellen oder um Hilfe bitten. Das Pferd braucht einen aufmerksamen und bewußten Reiter. Wenn Sie auf alle Möglichkeiten achten, die dem Pferd helfen, seine rechte und linke Seite kennenzulernen, nimmt das Pferd Sie ebenfalls aufmerksamer wahr, und eine echte Kommunikation entwickelt sich.

Abb. 82: Kontergalopp

Wenn die Reiter darüber befragt werden, was sie tun, wenn sie ihre Pferde angaloppieren wollen, fangen sie häufig an, komplizierte Vorbereitungen und Instruktionen zu erklären. Eine solche Komplexität kann sich leicht zur Ablenkung und Störung für Pferd und Reiter entwickeln. Es ist jedoch gar nicht so schwierig, die Fähigkeit des Pferdes zu unterstützen, etwas auszuarbeiten und weiterzuentwickeln. Der Reiter braucht nur stillzusitzen und dem Pferd ausreichend Zeit zu lassen. Denn der Galopp ist die einzige Gangart, bei der schon alleine der Gedanke oder die Absicht die Muskulatur so stimulieren kann, daß die Gangart eingeleitet wird.

Den Reitern ergeht es jedenfalls immer besser, wenn sie den Galopp wollen, anstatt ihn zu forcieren, weil sie denken, sie müßten das tun, oder weil sie veranlaßt werden, etwas zu tun. Sie haben die halbe Hürde geschafft, wenn Sie an dem Punkt sind, wirklich galoppieren zu wollen. Das gilt in demselben Maße auch für das Pferd.

Wenn Sie zu viele Ratschläge bekommen, wie Sie das Pferd angaloppieren können, sind Sie schnell in verzweifelte Bemühungen verstrickt. Vielleicht hilft es Ihnen, es so zu sehen: Wenn Sie einem Pferd das Angaloppieren beibringen, ist es eher so, als würden Sie ihm eine Frage stellen, als ihm eine Aufgabe aufzuzwingen.

Pferde galoppieren gerne. Wenn sie im Gleichgewicht galoppieren, erfahren sie ein Gefühl von Freiheit. Andererseits kann ein Verlieren der Balance beim Pferd, und auch beim Reiter, ein Gefühl von Panik hervorrufen. Die Aufmerksamkeit des Reiters sollte insgesamt auf das Pferd selber gelenkt werden, weg von den Ängsten, herunterzufallen oder falsch anzugaloppieren. Er oder sie sollte alle Sinne auf den Dialog mit dem Pferd ausrichten, einen Dialog, der beginnt, indem wir dem Pferd eine Frage stellen.

Der Reiter fragt das Pferd, ob es genügend ausbalanciert ist, um die Gangart zu wechseln. Wenn es das ist, heißt die Antwort Ja. Wenn es das nicht ist, heißt die Antwort Nein. Es ist wichtig, dieses Nein zu akzeptieren. Das Pferd drückt damit aus, daß es den Galopp noch nicht umsetzen kann oder noch nicht soweit ist. Es ist kein Zeichen von Ungehorsam oder Versagen. Die meisten Pferde mit Galoppschwierigkeiten sind nicht aufsässig.

Es liegt in der Verantwortung des Reiters, die bestmögliche Ausgangssituation für das Pferd zu schaffen, damit es in die neue Gangart wechseln kann. Was also braucht das Pferd? In einem frühen Ausbildungsstadium braucht es Raum und Geschwindigkeit. Jawohl, Geschwindigkeit, entgegen aller gegenteiligen Instruktionen. Ein junges oder untrainiertes Pferd braucht einen Extraschwung (nicht einen sehr zurückgehaltenen Trab), aus dem heraus es den Verlust an Gleichgewicht mobilisieren kann, um sich selber in den Galopp zu helfen. Dazu gehört auch, das Trabtempo zu verstärken, bis das Pferd ganz natürlich in den Galopp fällt.

Das Pferd erfährt dadurch, daß es galoppieren kann. Da der Reiter diese kleine Gleichgewichtsstörung ausnutzt, kann das Pferd eher auf die Hilfe des Reiters reagieren.

Folgende Geschichte möchte Ihnen vermitteln, wie ein Pferd lernen kann zu kooperieren, wenn wir es nicht mit technischen Einzelheiten überfrachten.

Ein vierjähriges, ganz wenig ausgebildetes Pferd besuchte mit seiner Reiterin einen meiner Kurse. Angaloppieren konnte es in den ersten zwei Tagen überhaupt nicht. Am dritten Tag jedoch trabte es so zügig vorwärts, daß es aus einer Verlagerung des Gleichgewichts heraus in den Galopp fallen konnte. In den ersten beiden Tagen hatte seine Antwort geheißen: »Nein, das kann ich nicht!« Im Laufe des dritten Tages galoppierte es auf beiden Händen ganz zufrieden an, ohne dazu in einen schnelleren Trab fallen zu müssen. Seine Antwort war jetzt: »Ja, jetzt weiß ich, wie es geht!« Lassen Sie uns diesen Vorgang noch einmal überdenken. Der Reiter veranlaßt das Pferd anzugaloppieren, indem er es energisch vorwärtstrabt, bis es in den Galopp fällt, wenn es das kann. An diesem Punkt der Ausbildung wird deutlich, ob es in diese neue Gangart überwechseln kann oder nicht. Der Reiter sollte das in beiden Richtungen durchprobieren. Vielleicht fällt dem Pferd eine Hand leichter als die andere. Der Reiter sollte leichttraben, um die Schrittlänge damit zu verstärken. So wird das Pferd gerade soviel aus dem Gleichgewicht gebracht, um angaloppieren zu können.

Die Reaktion des Pferdes auf Ihre Galopphilfen ist ein Maßstab für seine Entwicklung insgesamt. Sie stellen dem Pferd die Frage, ob es körperlich in der Lage ist, anzugaloppieren. Wenn Sie merken, daß Ihr Pferd einen etwas zügigen Trab als Unterstützung zum Angaloppieren braucht, können Sie vielleicht schon bald spüren, daß es ihm auch aus dem Arbeitstrab heraus gelingt.

Wenn Sie die Hilfen zum Angaloppieren gegegeben haben, sollten Sie still sitzen und dem Pferd Zeit geben, darauf zu reagieren. Die Bereitwilligkeit Ihres Pferdes wird Sie überraschen. Ihr Dialog könnte sich etwa folgendermaßen anhören: »Kannst du aus diesem Trabtempo heraus angaloppieren?« Das Pferd antwortet etwa: »Ja, das kann ich, und ich würde gerne galoppieren!« Oder es sagt: »Nein, ich habe nicht genug Schwung.« Natürlich können Sie die Antworten des Pferdes auch anders interpretieren.

Später werden Sie merken, daß Ihr Pferd athletisch genug geworden ist, um aus dem

Schritt anzugaloppieren, ohne in den Trab zu fallen. Die Bereitwilligkeit der Pferde mitzuarbeiten überrascht meistens die Reiter. Irgendwie macht der Gedanke an das Galoppieren viele Reiter so nervös, daß sie auf dem Pferd viel zuviel tun und damit das aufregendste Stadium in der Entwicklung der Zusammenarbeit zwischen Reiter und Pferd stören. Stellen Sie aus der Ruhe heraus Ihre Fragen, und sitzen Sie still, während Sie auf die Antworten warten. Das ist das Erfolgsgeheimnis.

Um Eleganz und Ausdruck im Galopp zu verwirklichen, braucht man Zeit und Geduld im frühen Ausbildungsstadium. Wiederholtes Loben stimuliert immer mehr die verbesserten Fähigkeiten Ihres Pferdes. Es ist wichtig, nach jeder Galoppübung einen gut ausbalancierten Trab zu reiten. Dadurch werden die Grundlagen der Ausbildung gefestigt, und das Pferd hat die Gelegenheit, das nächste, noch verbesserte Angaloppieren vorzubereiten. Vielleicht dauert es einen Tag oder eine Woche oder mehrere, aber das ist es wert. Viele Pferde sind lange Zeit im Trab zurückgehalten worden, während ihre Reiter versuchten, sie anzugaloppieren. Immer haben die Reiter gedacht, sie dürften den Trab nicht verstärken, um anzugaloppieren. Das trifft natürlich für einen späteren Ausbildungsstand zu, bei dem das Pferd angaloppieren kann, ohne Takt und Tempo im Trab zu verändern.

Beschäftigen Sie sich immer nur mit einem Lernschritt zur Zeit: Was ist es, das Sie als nächstes erreichen wollen? Wenn das Pferd Schwierigkeiten mit dem Angaloppieren hat, sollte die oberste Priorität sein, ihm dabei zu helfen. Dabei ist es egal, auf welcher Hand es anspringt oder wie eilig der Trab wird. Wenn das Pferd erst einmal in den Galopp gefallen ist, können Sie es loben, und die Saat ist gesät. Traben Sie vor und nach dem Galoppieren leicht, wenn die Trabschritte lang und unausbalanciert sind. Belohnen Sie das Pferd für alle richtigen Reaktionen mit einer Pause, in der es sich sammeln kann. Latentes Lernen kann sich dann entwickeln, wenn Sie ruhig bleiben und jeweils nur einen kleinen Trainingsabschnitt bearbeiten. Reiten Sie Ihr Pferd gleichmäßig auf beiden Händen, damit sich sein Gleichgewicht insgesamt entwickelt.

Wenn das Pferd angefangen hat, Sie zu verstehen, sollte die Hilfe zum Angaloppieren ein ganz klein wenig anders sein. Legen Sie Ihren äußeren Schenkel ein bißchen zurück, während Sie Ihren inneren Schenkel etwas weiter vorne einsetzen. Dadurch wird der Pferdekopf über das vorspringende Vorderbein gerichtet. Diese Lage der Reiterschenkel wird das Pferd dann mit dem Angaloppieren verbinden. Sie wird später in anderen Lektionen gefestigt. Das Pferd wird dadurch aufgefordert, vermehrt mit der Hinterhand unterzutreten. Zu viele Bewegungen mit dem äußeren Schenkel stören manche Pferde, und sie verspannen sich dadurch. Es ist wichtig, daß Sie darauf achten, was bei Ihrem Pferd am besten ankommt. Die Toleranzschwelle eines Pferdes und seine Interpretation sind ganz individuell.

Versuchen Sie nicht dauernd, den Galopp in Gang zu halten. Wenn das Pferd ausbalanciert ist, wird es im Galopp bleiben, wenn nicht, wird es in den Trab fallen. Es ist viel besser, neu anzugaloppieren, als das Pferd vorwärts zu treiben. Der Galopp verbessert sich nicht, indem Sie immer weitergaloppieren. Dadurch würde das Pferd nur immer weiter auf die Vorhand kommen, je müder es wird. Es ist viel besser, unzählige Galoppübergänge zu reiten. Setzen Sie die anderen Gangarten ein, um das nötige Gleichgewicht wieder aufzubauen. Ich hörte einmal den Rat des alten Captain Edy Goldman an eine

Abb. 83: Hier macht der Reiter zuviel Druck mit dem äußeren Schenkel.

Schülerin. Diese wollte, daß ihr Pferd genauso herrlich galoppieren konnte, wie sie es bei seinem gesehen hatte. Er sagte: »Reiten Sie jeden Tag Übergänge!«

Die Gangart wechseln

Übergänge lehren das Pferd, seinen Schwerpunkt zu finden und aufmerksam zu bleiben. Sie können Trab- und Galoppübergänge reiten, aber auch aus dem Schritt angaloppieren und wieder vom Galopp zum Schritt direkt durchparieren. Das alles sollte so mühelos vor sich gehen wie ein Umschalten in einen anderen Gang beim Autofahren; der Vorgang kann so reibungslos werden wie eine gut synchronisierte Gangschaltung.

Die Einführung in das Angaloppieren ist ein logischer Fortschritt in der Ausbildung von Reiter und Pferd. Jede Gangart beeinflußt die jeweils nächstniedrigere oder nächsthöhere wie bei einer Tonleiter in der Musik, die Sie herauf- und herunterspielen können oder aus der Sie eine Melodie machen können. Nicht alle Gangarten sind gleichermaßen gut ausbalanciert und flüssig. Es ist daher wichtig, die Stärken und Schwächen Ihres Pferdes zu kennen. Es gibt jedoch keinen Zweifel, daß das Wissen, wie sich die Gangarten gegenseitig unterstützen können, den allergrößten Einfluß auf die Ausführung insgesamt hat. Wenn man dem Pferd zuerst die Zeit gelassen hat, sein Gleichgewicht wiederzufinden, kann man den Galopp einsetzen, um damit den Trab zu verbessern, so wie der Trab mit seinem natürlichen Tempo und Schwung den Schritt verbessern kann.

Pferde mit einem natürlichen großen Talent zum Galoppieren können sich in dieser Gangart lösen, bevor sie anfangen zu arbeiten. Dazu sind sie im Galopp dann viel eher bereit, als wenn sie im Trab gehalten würden. Als gymnastizierende Übung kann man den Galopp auch bezeichnen, da er dem

Rücken des Pferdes sehr gut tut. Das gilt allerdings nur, wenn das Pferd Kopf und Hals in die Reiterhand hineinstrecken darf.

Wenn also die Zeit für den Galopp gekommen ist, sollten Sie sich fragen, was das in Ihnen auslöst. Haben Sie eine größere Sorge? Machen Sie sich Gedanken über die technischen Einzelheiten? Haben Sie Angst zu versagen, wenn Ihr Pferd nicht angaloppiert? Wollen Sie wirklich galoppieren? Wenn ja, was ist es, das Ihnen daran so gut gefällt?

Ängste und Sorgen über die technische Perfektion verdunkeln nur die Freude, die Sie in dieser Gangart erfahren können. Daher ist es von vitaler Bedeutung, nur an eine Sache zu denken, realistisch zu bleiben, und vor allem ruhig.

Hier sind einige Übungen, die Ihre Aufmerksamkeit fesseln und damit Ihrem Körper helfen, sich zu entspannen. Reiten Sie wieder mit einem kleinen Ball in der Hand, den Sie bei jedem Übergang in die andere Hand übergeben. Nehmen Sie dann zwei Bälle, einen in jede Hand, und geben Sie dem Pferd die Galopphilfen. Achten Sie auf die Pferdeohren vor dem Übergang in den Galopp, beim Angaloppieren, während des Galopps, beim Durchparieren und schließlich während des darauffolgenden rhythmischen Trabes.

Eine meiner Schülerinnen erzählte folgendes Erlebnis: Sie übte mit ihrem Pferd, das immer wieder falsch ansprang. Sie probierte es aus, in jeder Hand einen kleinen Ball zu halten. Zu ihrer großen Überraschung gab es einen deutlichen Unterschied in ihrer äußeren Hand, wenn sie angaloppierte. Sie hatte erwartet, den Unterschied in ihrer inneren Hand zu spüren. Das ließ darauf schließen, daß sie mit ihrer Reiterhand die innere Diagonale des auffußenden Beinpaares unterstützt hatte und nicht das vorspringende Vorderbein, dem wir meistens so viel Beachtung schenken. Das interessierte sie so sehr, daß ihr Problem, immer falsch anzugaloppieren, dadurch wundersamerweise von alleine verschwand.

Man ist leicht in der Versuchung, Haarspaltereien zu betreiben über die Qualität der Bemühungen des Pferdes mit Kommentaren wie: »Das Pferd war gehorsam, aber es ist in den Galopp hineingelaufen« oder »Es hat seinen Kopf hochgeworfen!« Das Wörtchen »aber« führt von dem ursprünglichen Lob weg und verkehrt es leicht ins Negative. »Aber« ist ein neutralisierendes Wort. Es schwächt die Kernaussage. Im Ergebnis wird dem Pferd häufig die Ermutigung versagt.

Wenn dem Pferd das Angaloppieren dann leichter fällt, können Sie auf seinen Kopf achten. Nehmen Sie aber auch dafür die zwei Bälle in Ihren Händen zu Hilfe, da das Problem von Ihren Händen oder von Ihrem Sitz herrühren kann. Die Bälle können Ihnen helfen, sich zu entspannen, anstatt daß Sie ständig versuchen, dem Pferd etwas aufzuzwingen, wofür es nur ungenügend vorbereitet ist.

Den Einfluß, den die Gedanken des Reiters auf den Galopp haben, habe ich schon erwähnt. Wie effektiv sie sein können, hat sich schon in vielen Quizspielen gezeigt, bei denen es darum ging, Fragen zu beantworten. Man hat herausgefunden, daß der Ratende viel eher die richtige Antwort gibt, wenn er die gestellten Fragen mit ja beantworten kann. Dieser Vorgang wird positive Verstärkung genannt. Das ist auch der richtige Weg, an den Galopp heranzugehen. Das Ziel ist es, in der Lage zu sein, das Pferd galoppieren zu lassen, während es im Gleichgewicht am langen Zügel den Kopf nach vorwärts/abwärts in die Reiterhand hineinstreckt, der Hals lang wird und der Rückem sich wölbt. Wenn Sie das erreicht haben,

Abb. 84: Galopp am langen, fast hingegebenen Zügel.

wird das Vertrauen, auf das die Partnerschaft aufgebaut ist, noch mehr untermauert.

Annes Pferd fand, daß der Galopp die schwierigste Gangart war. Es sprang deshalb mit Vorliebe falsch an. Dieses Problem stellte sich in allen Reitstunden und auch beim Training zu Hause.

Anne befolgte den Leitfaden für ein bewußtes *»Reiten mit Gefühl«* und ritt eine Zeitlang ohne Sattel auf ihrem eigenen Dressurviereck. Sie tat das nachts, da ihre Bahn mit Scheinwerfern beleuchtet war. Ihre erste Entdeckung war das Wechselspiel von Licht und Dunkelheit auf ihrem Pferd, während sie um die Bahn herumritt. Ritt sie auf der rechten Hand, war die äußere Körperhälfte ihres Pferdes im Schatten und die innere Körperhälfte im Licht. Ritt sie jedoch auf der linken Hand, war es genau andersherum.

Seither ist Anne sich der Körperform ihres Pferdes beim Reiten auf der Zirkellinie viel mehr bewußt. Sie spricht jetzt darüber, daß ihr Pferd eine helle und eine dunkle Seite habe. Es sind Schlüsselworte für sie geworden, die ihr helfen, dasselbe gute Gleichgewicht wiederzufinden, das sie in jener Nacht gefühlt hat, als sie ohne Sattel ritt.

Dadurch wurde auch der Galopp besser, den sie wieder ohne Sattel ritt. Mit ihren eigenen Worten gesagt, schien sich das Pferd auf der Vorhand leichter anzufühlen und vor dem Sattel länger und mehr zu werden. (Dieses Pferd hatte in der Tat eine steile Schulter und einen kurzen Hals.) Anne wurde immer interessierter und entdeckte dabei, daß sie das Pferd weniger zu etwas zu zwingen versuchte, da ihre Aufmerksamkeit nicht auf dem »Tun« lag, sondern auf dem »Bemerken«. Und als Ergebnis konnte das Pferd ihr mehr geben.

7. Der Reitlehrer

Vor einigen Jahren schrieb die Schulpsychologin Joyce Bradshaw über ihre Untersuchung, was das Lernen fördert oder behindert:

Die Einstellung des Lehrers beeinflußt die Einstellung der Schüler untereinander, und wenn sie sich erst einmal manifestiert hat, ist es schwierig, sie zu ändern.

Kinder spüren über die geringschätzigen Kommentare von Lehrern, Eltern und anderen Kindern sehr schnell, daß sie nicht viel taugen. Sie nehmen Vorstellungen von sich selber an wie etwa: »Ich bin gut« oder »Ich bin nicht gut!«

Die Reaktionen der Kinder auf Schwierigkeiten und Versagen sind vielfältig: Ausweichen, Entmutigung, Schulschwänzen, Ausreden suchen, dem Lehrer die Schuld geben, damit angeben, daß sie es gar nicht versucht haben oder aufhören, es zu versuchen, und den Erfolg auf einem anderen Gebiet suchen, zum Beispiel in aggressivem Verhalten gegenüber anderen Kindern, in schlechtem Benehmen in der Klasse oder ungezogenem Verhalten. Eine reifere Reaktion auf Schwierigkeiten wäre, es weiterhin zu versuchen, unausweichliche Fehler und Schwächen zu akzeptieren und seine Bemühungen, etwas zu verwirklichen, zu verdoppeln. Viele Lehrer sind vorschnell der Meinung, daß trotz aller Probleme diese letzten beiden Varianten die einzig denkbaren sind. Doch in Wirklichkeit sind die anderen viel wahrscheinlicher.

Wenn wir unsere Schüler dazu ermutigen, alle ihre Sinne zu gebrauchen, können sie lernen, ihre Schwierigkeiten und Fehler und die ihrer Pferde zu diagnostizieren. Da sie an dem Prozeß persönlich beteiligt sind, nehmen sie eine Korrektur bereitwilliger an und können möglicherweise in vielen Fällen Teillösungen selber erreichen. Dadurch vergrößert sich die Aufmerksamkeit für die vor ihnen liegenden Aufgaben, sie werden bewußter und offener für Gefühle und Erfahrungen, die sie beim Reiten machen; außerdem werden sie unabhängiger in ihren Gedanken und in ihren Bewegungen und im Verhalten kooperativer und aufnahmebereiter.

Wenn der Lernprozeß leichter werden soll, müssen die Schüler aktiv und kreativ in die Lernsituation eingebunden werden. Das trifft nicht nur auf die körperlichen Bewegungsabläufe beim Reiten zu, sondern auch mit gleichwertiger Bedeutung auf intellektuelle und emotionale Aspekte.

Bei vielen Menschen weckt das Wort »Lehrer« Erinnerungen an frühere autoritäre Schulzeiten. Die Schüler/Lehrer- Beziehung war von anhaltender Angst geprägt und nicht von Kreativität, wie es der Lehrer beim Reitenlernen mit Gefühl erreichen möchte.

Sollten Sie sich für diese Technik entscheiden, liegt die größte Veränderung darin, wie die Informationen ausgetauscht werden. Statt daß der Ausbilder dafür verantwortlich ist, den Schüler mit Informationen zu versorgen, wird den Schülern geholfen, sie für sich selber zu finden. Das bringt Sie, den Ausbilder, von Ihrer Seite des Zaunes hinüber auf die Seite der Schüler und läßt Sie dadurch für diese viel annehmbarer werden.

Wenn der Reitlehrer einen Trainingsplan entwirft, der dem Schüler eine Entdeckungsreise zu sich selbst ermöglicht, kann er oder sie mit interessanten, denkanregenden Übungen aufwarten, und nicht nur mit technokratischen Ratschlägen. Dazu ist ein kreatives Denken nötig, um immer neue Ideen für das größer werdende Bewußtsein des Schülers entwickeln zu können. Beide Parteien sind aufgerufen, ihre intuitiven Quellen zu finden und zu mobilisieren.

Der Ausbilder wird es anregend finden, von seinem Schüler Informationen aus erster Hand zu bekommen. Das Pferd wird zum Kontrollpunkt für den Fortschritt, da es reflektiert und bestätigt, was der Schüler herausfindet, und dadurch entscheidend beteiligt ist.

Reitschüler, die sich darauf verlassen, alles gesagt zu bekommen, werden sehr passiv. Beim routinemäßigen Lernen vergessen wir etwa zwei Drittel, und daher muß der Ausbilder konstant immer wieder erinnern.

Dazu kommen die Anstrengungen, Informationen weiterzugeben, die Sie gleichzeitig einbleuen müssen. Die Emanzipierung eines Schülers, der mitmacht, kann eine Last von den Schultern des Ausbilders nehmen, was ihn oder sie in die Lage versetzt, seine oder ihre Kenntnisse zum größeren Wohle des Schülers einzusetzen.

Es mag Ihnen merkwürdig vorkommen, sich auf die Schülerseite des Zaunes zu begeben. Wenn jedoch alle Beteiligten sich erst mal mit der neuen Situation vertraut gemacht haben, wird Ihnen der Nutzen bald deutlich werden.

Der erste Unterschied, den Sie bemerken, wird das Selbstvertrauen des Schülers sein.

Das wird aus verschiedenen Gründen nämlich größer, und der erste Grund dafür ist, daß der Reitlehrer ihn als Menschen betrachtet und nicht als seinen Schüler. Das wird schon zu Beginn einer solchen Reitstunde klar, wenn der Reitlehrer die Schüler bei der Ankunft fragt, wie sie sich fühlen.

Schüler und Lehrer finden solche Fragen vielleicht zunächst etwas befremdend. Die Schüler erinnern sich an Schulzeiten, in denen sie lächerlich gemacht wurden, und der Ausbilder soll sich mit einem neuen Unterrichtsstil vertraut machen. Alle Beteiligten können sich auf diesen Prozeß erst nach und nach einstellen.

Wenn die Schüler jedoch erst einmal entdeckt haben, daß sie frei reden können, entwickelt sich im allgemeinen ein Erfahrungsaustausch, der auf jeden der Teilnehmer eine aufbauende Wirkung hat. Je bewußter die Schüler werden, desto kreativer ist der daraus entstehende Dialog. Auch für den Ausbilder wird der Prozeß immer informativer. Das wachsende Selbstvertrauen der Reitschüler zeigt sich in ihrer Fähigkeit, eigenes Potential und das ihrer Pferde zu erforschen. Sie können sich in ihrem eigenen Tempo entwickeln und nicht in dem Tempo, das der Reitlehrer für sie vorgedacht hat.

Der Reitlehrer wird Übungen vorschlagen, die den Schülern helfen, zu merken und zu spüren, wie ihre Gedanken ihre Körper beeinflussen und indirekt die ihrer Pferde. Dazu gehört auch oft, Fragen zu stellen, die den Schüler auf einen bestimmten Punkt bei sich oder seinem Pferd aufmerksam machen. Dieses Interesse wird durch Übungen und Spiele gefördert, wie wir sie in Kapitel 3 beschrieben haben. Diese Tricks zielen darauf ab, dem Reiter zu helfen, Veränderungen bei sich und seinem Pferd Schritt für Schritt aufzuzeigen.

In dieser Hinsicht bewirkt das »Nummernspiel« unzählige Veränderungen beim Reiter, wie die folgende Geschichte zeigt.

Nummernspiel

Heike kam mit einem explosiven kleinen Pferd zur Reitstunde. Es machte ihr einige Probleme mit seinen Widersetzlichkeiten. Es wollte immer durchgehen, und sie versuchte, das nicht zuzulassen.

Der Reitlehrer ließ sie erkennen, daß sie oder ihr Pferd unangemessen reagierte, und veranlaßte sie parallell dazu, die Gefühle in ihren Gedanken und in ihrem Körper zu spüren. Sie antwortete, daß sie sich ängstlich und ungemütlich fühlen würde. Sie wurde dann gefragt, welcher Körperteil sich am ungemütlichsten anfühlen würde und wann sich das am meisten bemerkbar machte. Es stellte sich heraus, daß sie beim Leichttraben zu weit aus dem Sattel geworfen wurde, weil das Pferd sich im Rücken sehr fest machte. Dann sollte sie Nummern vergeben für den Grad, wie hoch sie jeweils aus dem Sattel geworfen wurde. Nachdem sie im Grundsitz ins Gleichgewicht gesetzt worden war, begann sie die Übung.

Am Anfang rief sie die Zahlen mit einer hohen, atemlosen Stimme. Dann, nachdem der Reitlehrer sie ermutigt hatte, weiterzumachen, ohne sich über die Genauigkeit Sorgen zu machen, bekam sie mehr Interesse an dem, was sie fühlte, wodurch sich ihre Anspannung abbaute. Das Pferd beruhigte sich, als es merkte, daß ihre Stimme tiefer wurde. Danach wurde Heikes Bewertung ihrer Gefühle vertrauensvoller und genauer. Der Reitlehrer wußte jetzt, daß sie die Veränderungen bei sich und ihrem Pferd bemerken konnte.

Diese Übung kann auch Mißverständnisse

beleuchten, wenn das Bewerten durch den Reiter nicht identisch mit dem ist, was der Ausbilder sieht. Wenn diese Diskrepanz auftaucht, ist es ratsam, die Schüler darauf anzusprechen, um herauszufinden, ob unbeabsichtigt ein anderer interessanter Punkt ihre Aufmerksamkeit erregt hat. Es gibt natürlich keinen Grund, warum das nicht passieren sollte, denn es ist wahrscheinlich angemessen, aber der Ausbilder sollte wissen, daß es passiert ist, und der Reiter sollte verstehen, daß er sein Interesse verlagern kann, während er sich entwickelt. Er sollte jedoch den Reitlehrer davon in Kenntnis setzen.

Heike konnte diese Übung auch auf andere Punkte anwenden, die ihr bald auffielen. Als das Leichttraben angenehmer wurde und sie weniger übertrieben dabei aufstehen mußte, wurde ihr klar, in welchem Zusammenhang es dazu stand, wie entspannt sie war. Dadurch konnte das Pferd sich mehr lösen und war bequemer zu reiten.

Diese Entwicklungen geben den Schülern mehr Vertrauen in sich selbst, in ihre Pferde und den Ausbilder. Sie verlassen sich dadurch mehr auf sich selber, und der Prozeß beschleunigt sich. Der Reitlehrer erhält die Bestätigung, wenn die Stimme des Reitschülers, seine Körpersprache oder sein Gesichtsausdruck sich verändert, und sieht es an den Reaktionen des Pferdes. Diese Bewußtseinserfahrungen erlauben dem Ausbilder mehr Vertrauen in Schüler und Pferd. Außerdem erkennt er, wie wertvoll es ist, die Aufmerksamkeit immer wieder neu auf das gegenwärtige Geschehen zu richten.

Diese einfache Übung hat viele Vorteile. Sie kann die Aufmerksamkeit des Reiters eine ganze Weile fesseln. Der Reitlehrer sollte nur unterbrechen, wenn es absolut notwendig ist. Wenn die Schüler ein Thema bearbeiten dürfen, so lange sie möchten, verbringen sie überraschend viel Zeit damit, ihre Erfahrungen zu erforschen und zu untermauern. Also haben normale Reitstunden viel zu viele Inhalte und nicht genug Zeit für die Festigung.

Die Schüler wissen viel besser als der Lehrer, wieviel Zeit sie brauchen. Der Ausbilder wird merken, daß das Feedback der Schüler auf Fragen nach ihren Entdeckungen gemäß ihrer fortschreitenden körperlichen Entwicklung immer besser wird.

Der Reitlehrer wird immer mehr merken, wie interessiert der Schüler an seinen eigenen Projekten arbeitet. Dadurch werden auch die Schwierigkeiten mit solchen Schülern behoben, die nicht gut zuhören oder Kritik nicht annehmen können. Die Rolle des Ausbilders ist weiterhin, erhellend zu wirken und Dinge zu klären, indem er den Schülern beibringt, Fragen zu stellen, die deren Gedanken auf körperliche Empfindungen lenken. Außerdem sollte er versuchen, die Aufmerksamkeit durch das Einsetzen von Bewußtseinsspielen leichter zu erhalten. Das daraus sich entwickelnde Feedback ist ein kraftvoller Antrieb für die Schüler, noch mehr darauf zu achten, was zwischen ihnen und ihrem Pferd vor sich geht.

Nach einigen Übungen wird es noch deutlicher, wie sehr das Einfühlungsvermögen sich entwickelt hat, sowohl in der Tiefe körperlicher Erfahrungen als auch in der Art und Weise, wie der Schüler dem Ausbilder diese Erlebnisse verbal mitteilen kann. Zurückhaltende, ängstliche Schüler werden durch ihre Entdeckungen angeregt und sind voller Begeisterung. Ihr verbessertes Selbstvertrauen zeigt sich deutlich in der Art und Weise, Fragen zu beantworten und persönliche, eigene Übungen zu entwickeln. Konzentration in der Entspannung kann sich gelegentlich zu einem völligen Aufgehen in einzelnen Aufgabenbereichen entwickeln.

Wenn die Schüler die ersten Erfahrungen mit dem Konzept »Reiten mit Gefühl« machen, sollte der Reitlehrer unterstützend wirken und Veränderungen beim Schüler und einer Umstellung Zeit und Raum geben. Wenn die Schüler sicher sind, daß Fehler nicht kritisiert werden, ändern sie ihre Einstellung zum Reitlehrer, und sie haben bald genügend Vertrauen, selber Themen auszuwählen, die sie bearbeiten wollen, und die Zeit zu bestimmen, die sie dafür brauchen.

Folgende wahre Geschichte handelt davon:

Die Schülerin Lisa hatte den Ruf, daß es nicht leicht sei, ihr zu helfen. Sie war eine begeisterte Dressurreiterin und hatte einiges Talent, aber aus irgendwelchen Gründen kam sie im Training nicht weiter, und es schien dafür keine Lösung zu geben.

In der Einführungsstunde fand die Reitlehrerin heraus, daß Lisas Körpersprache deutlich Angst ausdrückte. Lisa saß nervös und gekrümmt im Sattel und sprach mit hoher, atemloser Stimme, während ihr Pferd ebenfalls angeschlagen und irritiert aussah.

Als sie nach ihren Erlebnissen gefragt wurde, erzählte sie eine lange Schauergeschichte, die hauptsächlich von sich widersprechenden Ratschlägen handelte, von Mißverständnissen und Gefühlen der Hoffnungslosigkeit.

»Was würdest du dir für diese Reitstunde wünschen?« fragte die Ausbilderin.

In der darauffolgenden Denkpause kehrte etwas Ruhe in Lisas Körper ein.

»Ich hätte gerne, daß mein Pferd seinen Hals fallen lassen und das Gebiß annehmen würde«, sagte sie in einer etwas positiveren Art.

»Reite etwas umher, und versuche herauszufinden, ob dir irgend etwas auffällt. Versuche nicht zu verbissen zu werden, und wenn dir etwas auffällt, dann komm herein«, sagte die Reitlehrerin zu ihr.

Sie kam ziemlich bald zurück. Sie hatte bemerkt, daß ihr Rücken irgendwie steif war. Die Ausbilderin ließ sie dieses unbequeme Gefühl mit der Skala von 1 bis 10 bewerten. Wieder wurde sie angehalten, sich nicht so sehr an der Aufgabe festzubeißen, sondern nur alle paar Sekunden auf das Gefühl zu achten und es einzuordnen. Nachdem sich Lisa nach einiger Zeit mit dieser Technik angefreundet und das sichere Gefühl entwickelt hatte, daß die Nummerierung nicht richtig oder falsch bedeutet, befaßte sie sich sehr ernsthaft mit dieser Übung.

Als die Reitlehrerin sie hereinrief, benannte sie ein besseres Gefühl für ihre Arme, während die Steifheit im Rücken nachgelassen hatte. Sie sagte, sie fühlte sich viel entspannter.

»Ist dir noch etwas aufgefallen?« fragte die Reitlehrerin.

»Nein, ich war zu beschäftigt«, antwortete sie.

Die Ausbilderin ließ sie dann noch einmal einfach auf- und abreiten und dabei darauf achten, ob sich irgend etwas anders anfühlte. Nach einer Runde kam Lisa zurück und sagte: »Mein Pferd hat seinen Hals fallen lassen.« Das stimmte: Ihr Pferd hatte nicht mehr die giraffenähnliche Haltung wie zu Beginn der Stunde.

»Ich habe ein anderes Gefühl für den Zügel«, sagte Lisa. »Kann ich das ebenfalls bewerten?« Die Reitlehrerin hatte natürlich gehofft, daß das geschehen würde.

Jetzt hörte man Lisa die Zahlen genau, vertrauensvoll und regelmäßig ausrufen. Auch das Pferd bestätigte den Erfolg dieser Technik mit einer viel gelösteren Haltung. Lisa bemerkte nicht, daß ihr Ehemann kam und rief: »Großartig! Wie ist das denn gekommen?«

»Lisa hat herausgefunden, was ihr hilft«, antwortete die Reitlehrerin.

An Lisas Beispiel kann man sehen, daß die Aufgabe des Reitlehrers die eines Leiters ist, der die Abfolge der Geschehnisse organisiert, wie zum Beispiel die Ankunft des Schülers. Er sollte das Konzept vorstellen und ausarbeiten, mit dem die Schüler in Sicherheit und Vertrauen auf Entdeckungsreise gehen können.

Einem erfahrenen Ausbilder wird das keine Schwierigkeiten bereiten. Der größte Unterschied wird in der benötigten Zeit liegen, in der die Ausgangslage des Schülers in bezug auf Ängste und körperliche Verspannungen untersucht wird. Er wird außerdem mehr Zeit damit verbringen, zuzuhören und zu beobachten, als selber zu reden. Der Reitlehrer ist der Resonanzboden für die Entdekkungen des Schülers. Er festigt die Ergebnisse und hilft dabei, Pferd und Reiter in ihrer Veränderung zusammenzubringen. Sie werden außerdem sehen, wie viele Inspirationen Sie haben, während Sie ausbilden, und daß Ihr eigenes Bewußtsein immer tiefer wird. Vielleicht wundern Sie sich darüber, aber Ihre Kreativität ist neu stimuliert worden.

Verbesserte Beziehungen

Wie die Schüler zu einem Reitlehrer stehen, der in diesem neuen Stil unterrichtet, kann man an ihren Aussagen dazu erkennen. Manche sehen ihn als verwandte Seele, als Freund, als Enthusiasten, als Menschen, der ihre Gedanken bestätigt und ihnen hilft, Initiative zu entwickeln; als einen Katalysator, jemanden, der einen beruhigenden Einfluß ausübt, als einen sanften Führer in eine neue, aufregende Richtung, als einen Verbündeten, Therapeuten, jemanden, der ihnen bei der Zusammenarbeit mit ihrem Pferd hilft, als einen Menschen, der eine neue Lernmethode in den Reitunterricht bringt, einen Mitreisenden im Lernprozeß, einen Glaubensgenossen, jemanden, der ihnen zeigt, wie Prioritäten gesetzt werden, jemanden, dem man traut und bei dem man sich keine Sorgen zu machen braucht, eine Quelle neuer Kenntnisse.

Diese interessanten neuen Wechselwirkungen zwischen Reitlehrer und Schüler beleuchten auch die Rolle des Pferdes neu. Das Pferd fängt an, sich spürbar zu machen als jemand, der zu sich findet als ein wertvolles Mitglied im Team der Lernenden. In den letzten Jahren habe ich eine wachsende Anzahl von Pferden beobachten können, die zu mir gebracht wurden, als sie durcheinander waren. Solche Pferde scheinen häufig den Dialog zwischen mir und dem Reitlehrer zu verstehen. Oft scheinen sie sich auf alles einzustellen, worüber gesprochen wird. Das geschieht, ohne daß Kommandos fallen oder Gangarten benannt werden und bevor der Reiter bewußt eine Absicht körperlich deutlich machen konnte. Das scheint der Beweis dafür zu sein, daß beim Reiten während des Nachdenkens über eine beabsichtigte Aktion muskuläre Veränderungen stattfinden. Ähnliches kann man auch beobachten, wenn der Reiter einen Durchbruch geschafft hat, der das Pferd durchlässiger und gelöster macht. Das Pferd scheint zu wissen, daß der Reiter als Katalysator wirkt. Das kann man an seinen Augen und Ohren sehen, die Interesse und Aufmerksamkeit anzeigen.

Die Schüler stellen dem Reitlehrer häufig Fragen, die sich auf das Pferd beziehen, zum Beispiel: »Wie kurz muß mein Zügel sein?« Die Antwort liegt häufig beim Pferd. Wenn der Schüler die Fragen dem Pferd direkt stellen kann, antwortet es sehr präzise. Wie viel oder wie wenig Sie verändern, hat eine Wirkung auf das Pferd selber. Das Ergebnis ist also die bejahende oder verneinende Antwort. Wenn eine Hilfe zu grob ist oder eine Anforderung zu schwer, wird das Gleichgewicht von Pferd und Reiter gestört, und Widerstände tauchen auf. Auf diese neue Weise werden die Fragen leichthin und freundlich beantwortet und nicht mit Ausweichen und Ungehorsam. Das Pferd versucht oft, eine generelle Schwierigkeit auszudrücken, wenn es nein sagt.

Viele Schüler fragen den Reitlehrer nach der Zügellänge, die sie benutzen sollen. Das ist eine typische Frage, die das Pferd direkt beantworten kann. Dasselbe gilt auch für das Gewicht und die Spannung auf dem Zügel. Das Pferd sollte auch in der Lage sein, diese Frage so zu beantworten, daß der Schüler es verstehen kann. Eine positive Antwort versetzt Pferd und Reiter in ein Gefühl der Entspannung. Eine negative Antwort sieht so aus, daß Widerstände entstehen. Wenn wir dem Pferd die Gelegenheit geben, sich zu äußern, können die meisten Schwierigkeiten ausgeräumt werden, die entstehen, wenn wir zu viel zu rasch und häufig für eine zu lange Zeit erwarten.

In der neuen emanzipierten Rolle bekommt das Pferd mehr Interesse für den Reiter, für den Ausbilder und die Übungen. Das zeigt sich in mehr Wachheit, besserer Entspannung und Durchlässigkeit in seinem Bewegungsablauf und im Ausdruck schlechthin. Die Pferdeohren sind aufgestellt und spielen lebhaft. Das Pferd wird spürbar als Teilnehmer, der oft etwas Wesentliches zu sagen hat. Von diesem Standpunkt aus gesehen wird das Pferd genauso zum Partner des Ausbilders wie zu dem des Schülers.

Ein solches Klima reduziert die Gefahr, gegenseitig falsche Schlüsse zu ziehen. Denn beide, Reiter und Ausbilder, können Vorurteile über das Pferd haben, und der Reitlehrer kann sehr leicht Vorurteile über den Schüler haben.

Man kann leicht denken, daß ein echtes Verstehen stattgefunden hat, wenn dem in Wirklichkeit nicht so ist. Genauso leicht kann man annehmen, daß der Reiter ein Pferd als unangemessen für seinen Leistungsstand empfindet, wenn sie in Wirklichkeit recht gut zusammenpassen. Nur in einer offenen Auseinandersetzung kann man diese Tatsachen aufdecken. Ich erinnere mich an eine Schülerin, die den Mittelschritt falsch einschätzte. Sie dachte, ihr Pferd müsse ihn ausführen können. Dieser Fehler führte dazu, daß das Pferd schließlich in jeder Gangart durcheinander war. Außerdem wurde dadurch ihre Fehlinterpretation der Richterprotokolle im Dressurviereck auf dem Turnier deutlich.

Menschen und Tiere brauchen beide Zeit, um neue Erfahrungen zu machen. Und die Reitlehrer lernen mit ihren Schülern. Jedermann in einem lehrenden Beruf kommt in die Versuchung, zu viele Inhalte in eine bestimmte Zeitspanne pressen zu wollen. Beim Reiten erwartet jeder etwas für sein Geld und möchte deshalb so schnell wie möglich galoppieren und springen.

Diese Erwartung wird meistens erfüllt, aber sie hat ihren Preis. Die Schüler der »Reiten mit Gefühl«-Kurse erhalten die Gelegenheit, ihren Unterricht selber zu strukturieren. Dabei entscheiden sie sich oft für einen simplen Vorgang und arbeiten sehr lange daran. So als begäben sie sich in ein Zeitlupentempo, während sie interessiert in ihre Körper und in die ihrer Pferde hineinspüren. Dieses organisch wachsende Interesse ist der Schlüssel zu allen Lernprozessen. Statt dessen finden in normalen Kursen häufig hektische Aktivitäten statt, die die Zeit vergehen lassen, ohne daß der Schüler richtig weiß, wie ihm geschieht.

Wenn ein Schüler sich auf die körperlichen Veränderungen konzentriert, die er wahrnimmt, scheint die Zeit oft stillzustehen. Es kommt häufig vor, daß Schüler eine bezahlte Reitstunde damit verbringen, ausschließlich Schritt zu reiten, und dabei total damit beschäftigt sind, ihren Körper im Raum zu spüren und die Muskelaktivitäten, die ihn dort halten.

Der Ausbilder, der sich zum erstenmal in diese Lage versetzt sieht, schämt sich manchmal, weil er denkt, daß die Schüler zu wenig für ihr Geld bekommen. Beim erstenmal war niemand überraschter als ich, als mein Schüler glücklich lächelnd vom Pferd stieg und sagte: »Vielen Dank für diese wundervolle Erfahrung!«

Wir werden immer wieder von falschen Vorstellungen befreit durch das, was die Schüler über ihren Lernfortschritt aussagen. Vielleicht haben wir irgend etwas falsch verstanden, wenn wir glauben, daß die Reitschüler immerzu aktiv sein müssen, um ihren Spaß zu haben. Schließlich hängt es von ihren Motiven und ihren Zielen ab, die sie sich gesetzt haben. Es besteht kein Zweifel daran, daß ein so aktives Reiten das Pferd meistens unnötig abarbeitet. Man kann das auch als Verschwendung von jedermanns Energie bezeichnen. Die große Kunst des Ausbilders liegt darin, Interesse zu wecken. Wenn Sie können, tun Sie dies, ohne viele Worte zu machen, damit der Schüler die Gelegenheit erhält, sich zu konzentrieren und Neues zu lernen.

Eine zehn Jahre alte Schülerin übte das Nummernspiel, während sie ihr Pony ritt. Sie war emsig damit beschäftigt und völlig davon gefangengenommen, gebogene Linien zu reiten, als ihre Mutter die Stunde unterbrach, was das Kind sehr wütend machte.

»O Mama«, sagte sie, »warum hast du das getan? Ich wollte meinem Pony gerade eine Acht geben!« Erwachsene fühlen sich genauso irritiert, wenn sie durch Ratschläge von außen gestört werden. Es gibt Zeit und Stunde, den Reiter zu beraten, aber Schweigen bringt oft mehr. Die Entscheidung darüber, was wann angeraten ist, gehört zu dem Taktgefühl, das der Reitlehrer beim Unterrichten im »Reiten mit Gefühl« entwickeln muß.

Gruppengröße

Die Anzahl der Reitschüler in einer Gruppe kann sehr unterschiedlich sein, genauso wie der Standard der einzelnen Schüler. Kommerzielle Gesichtspunkte lassen die Gruppengröße häufig so unbefriedigend ansteigen, daß ein konstruktives Unterrichten unmöglich wird. Die ideale Anzahl von Teilnehmern hängt von ihrem Können ab, von der Größe der Reithalle und dem Ausbildungsstand der Pferde. Manchmal stören sich schon vier Reiter gegenseitig, und manchmal können sechs Reiter ganz individuelle Aufgaben reiten und dabei den zur Verfügung stehenden Raum optimal ausnutzen.

Aus Sicherheitsgründen lassen die meisten Reitschulen jedes Pferd mit einer Pferdelänge Abstand zum nächsten Pferd arbeiten. Ein kontrolliertes Einhalten von Abständen ist in jeder Gruppe von großer Bedeutung und wird in der Praxis nicht immer umgesetzt. Tatsächlich verursacht es am Anfang einer Reitstunde einige Probleme, wenn Schüler und Pferd noch keine Zeit hatten, sich zu beruhigen und zu konzentrieren.

Das Bestreben des Reitlehrers, den Schülern beizubringen, untereinander die richtigen Abstände einzuhalten, endet oft im ständigen Wiederholen von Ermahnungen, einem sicheren Zeichen dafür, daß einige Schüler noch in der passiven Lernphase sind. Den richtigen Abstand einzuhalten ist eine viel komplexere Aufgabe, als es oberflächlich scheint. Dazu gehört ein Abschätzen der Gangart und der Entfernung, bevor viele Reiter überhaupt in der Lage sind, ihre Pferde zu kontrollieren.

Markierungsübungen

Beim »Reiten mit Gefühl« kann aus diesem Problem eine Bewußtseinsübung werden, indem jeder Reiter auf seinem Rücken mit einem farbigen Isolierband markiert wird. Jeder, außer dem ersten Reiter, hat dann einen Bezugspunkt für seine Wahrnehmung. Um den ersten Reiter mit einzubeziehen, geht jeder mal an dessen Stelle. Jeder Teilnehmer der Gruppe soll dann die Markierung beachten, wenn er umherreitet, und alles in Erinnerung behalten, was ihm auffällt. Dadurch entsteht sofort eine größere Aufmerksamkeit und eine aktive Teilnahme. Wenn die Reiter auf die Mittellinie einreiten und eine Pause machen, kann man sie fragen, was sie bemerkt haben.

Diese Übung bringt besonders gute Ergebnisse in Kinderreitstunden. Der gelangweilte Gesichtsausdruck einiger Schüler verflüchtigt sich, da jeder einmal markiert wird. Mit dem ansteigenden Interesse verbessern sich auch die Ergebnisse.

In großen Gruppen müssen die Spiele allgemeiner gehalten werden, um die Sache ins Rollen zu bringen. Mit Rücksicht auf die eingeschränkten Platzverhältnisse muß man die Übungen wahrscheinlich in Gruppenformationen spielen lassen. Die sich daraus ergebenden Diskussionen versorgen den Reitlehrer mit einzelnen Informationen, über die dann jeder einzelne Schüler Korrekturen vornehmen kann.

Eine Variante der Markierungsübung wäre, das Isolierband auf den Halsmuskel des Pferdes zu kleben und die Schüler zu veranlassen, es zu beobachten und dabei den Abstand zu halten. Das Interesse wird geweckt, und die Reiter können sich entspannen. Außerdem bietet diese Übung ein erstes Thema für ein gemeinsames Gespräch. Aufgrund dieser Informationen kann der Ausbilder die nächste Übung kreieren, entweder für die ganze Gruppe oder für jeden einzelnen Reiter. Während sich der Unterricht so entfaltet, kann der Reitlehrer die Wahl der Inhalte an die Schüler selber übertragen.

Isolierband kann man mit guten Ergebnissen auch auf den Zehen der Reiter anwenden, auf dem Sattel vor dem Knie, auf dem Handrücken, auf dem Zügel, auf der Schulter des Pferdes beim Reiten von Diagonalen und an anderen Stellen, die Ihnen oder Ihren Schülern einfallen (siehe auch Seite 48).

Die richtigen Fragen stellen

Es ist wichtig, den Schülern klarzumachen, daß ihre Fragen nicht bewertet werden. Es ist zum Beispiel sehr leicht für einen Schüler festzustellen, daß eine Übung sich besser anfühlt, aber was genau heißt »besser«? Darüber nachdenken zu müssen, was nun eigentlich das bessere Gefühl verursacht, unterstützt die Festigung des Ergebnisses im körperlichen Bereich. »Das war furchtbar« ist ein weiterer Kommentar, der für sich selber nichts aussagt. Wenn wir die Schüler danach fragen, was geschehen ist, und eine sachliche Antwort bekommen, haben wir eine nutzbringende Erfahrung gewonnen. Der Schüler sucht sich aus, worauf dann im weiteren geachtet werden soll. Der Ausbilder sollte diese Wahl akzeptieren.

Es kann sein, daß gegen Ende jeder Reiter

an einem eigenen Thema arbeitet, ohne die anderen zu stören und ohne die ständige Unterstützung durch den Reitlehrer zu brauchen. Es kann längere, mit Diskussionen angefüllte Unterbrechungen geben. Die Pferde können sich dabei ausruhen, und die Reiter aktivieren ihre geistigen Kapazitäten. Alle können an diesen Diskussionen teilnehmen und sich gegenseitig unterstützen und ermutigen. Wenn sie dann einige Fortschritte gemacht haben, können sie vielleicht durcheinander reiten und nicht mehr nur in einer Abteilung. Sie sollten dabei alle auf einer Hand sein, bis sie in der Lage sind, die Richtungen zu ändern, ohne sich dabei zu behindern. Auch das Ballspiel kann genauso in einer Abteilung eingesetzt werden. Wenn Sie nicht genügend Bälle für alle zur Verfügung haben, können die Reitschüler in Zweiergruppen arbeiten und sich gegenseitig beobachten. Das geht auch sehr gut mit dem Nummernspiel. Die Teilnehmer lernen dabei zu sehen, was bei anderen geschieht.

Die richtigen Eingebungen machen den Erfolg des Reitlehrers beim »Reiten mit Gefühl« aus, aber auch die Schüler entwickeln oft eigene Ideen auf dem Weg einer kreativen Annäherung an eine verbesserte Leistung. Im Endergebnis macht der ganze Prozeß viel Freude. Er ist informativer und körperlich weniger anstrengend. In dem Maße, in dem das Vertrauen von Pferd und Reiter wächst, können sie den Raum um sich herum bewußter wahrnehmen und ihr verbessertes Einfühlungsvermögen leben.

Folgende Punkte sollte sich ein Reitlehrer für ein »Reiten mit Gefühl« merken:

- Stellen Sie eher Fragen, als zu dozieren – informieren und demonstrieren Sie nur auf Nachfrage.
- Erklären Sie, daß es keine richtigen oder falschen Antworten gibt, sondern unterschiedliche Vorstellungen und Erfahrungen.
- Lernen Sie, nicht zu bewerten.
- Machen Sie solche Vorschläge, die die Aufmerksamkeit des Schülers dahin lenken, wo sie anscheinend gebraucht wird. Zwingen Sie ihn nicht dazu, diese Vorschläge anzunehmen, wenn er Widerstand leistet, da er sonst vorsichtig wird.
- Versuchen Sie, Ihre Reitschüler nicht mitten in der Konzentration auf eine Übung zu stören.
- Überprüfen Sie, ob die Versuche verkrampft oder verbissen geworden sind.
- Überprüfen Sie, ob der Schüler jetzt mehr als einen Punkt auf einmal wahrnehmen kann.
- Vertrauen Sie darauf, daß die Reitschüler selbst auswählen, woran sie arbeiten wollen. Die Zeit gibt ihnen meistens recht. Wenn nicht, sollten Sie ihnen erlauben, sich einem anderen Gebiet zuzuwenden.
- Lernen Sie, auf die Auswahl der Schüler zu vertrauen, auch wenn Sie spüren, daß sie falsch sein könnte.
- Lernen Sie zu sehen, was das Pferd aussagt, und reflektieren Sie ebenso Ihre eigenen Reaktionen, wenn Sie sich manchmal überflüssig vorkommen.
- Akzeptieren Sie es, wenn die Reitschüler sagen, daß Sie eine bedeutende Funktion in ihrem Lernprozeß haben. Hören Sie auf Ihre Intuition und bemerken Sie, wie sie tiefer wird.

Die Reaktionen der Schüler

Die Schüler haben ihren Beitrag geleistet, indem sie zugegeben haben, in neuen Situationen sehr verspannt zu sein und daß diese Anspannung sie meistens begleitet, sogar vor dem Reiten. Oft gibt es dafür gute Gründe, oft sind diese auch nicht direkt zu erkennen. Sie sagen alle, daß diese Gefühle nachlassen, wenn sie sie zeigen und ihren körperlichen Ausdruck lokalisieren können.

Es ist immer wieder wichtig, dem Schüler mehr Zeit zu lassen, seine Ziele zu suchen und zu festigen. Zu viele Themen in einer Reitstunde zu bearbeiten, ist verwirrend. Manchmal hat ein Thema, das von allen Seiten bearbeitet wird, die Aufmerksamkeit des Schülers für die Dauer der ganzen Reitstunde. Dabei wird die Tatsache bestätigt, daß Lernen ohne Streß bedeutet, sich einer Sache zur Zeit zuzuwenden. Es steht in Beziehung dazu, daß der Schüler lernt, sein Tempo selbst zu bestimmen. Dann kann er auch die an ihn durch die Pferde gestellten Anforderungen besser verstehen, auch in bezug auf Zeit und Rhythmus. Das ist die Bedeutung davon, sich die Zeit für etwas zu nehmen. Man hört das oft in einer Reitstunde als Vorbereitung für einen Tempo- oder Richtungswechsel oder vor einer Lektion. Jetzt wird das vielleicht deutlicher und reduziert daher die Versuchung, das Tempo zu forcieren, indem wir die Schüler mit Instruktionen überfrachten.

Wenn die Schüler ihr eigenes Unterrichtsthema entwerfen, kann der Schwerpunkt ihres Interesses, der ihre Aufmerksamkeit hält, gleichzeitig die Lösung für andere Schwierigkeiten sein. Das heißt also, daß sie intuitiv das Hauptproblem ausgesucht haben. Ein Schritt in die richtige Richtung zieht weitere nach sich. Und obwohl der Prozeß am Anfang nur allmählich in Gang kommt, gibt es am Ende viel eher ein gutes Ergebnis. Die Schüler wissen jetzt, daß Interesse und hektische Aktivität in einer Reitstunde nicht dasselbe sind.

Einige Reitschüler haben zu ihren Erfahrungen folgendes gesagt:

- Es ist ein einfühlsamerer und entspannterer Einstieg.
- Man kann sich und anderen helfen, egal welchen Ausbildungsstand man hat.
- Ich habe begriffen, daß es einen Unterricht gibt, in dem die Begriffe »Tue dies« und »Tue das« fehlen.
- Ich fand es sehr effektiv und betrachtete es als eine fundierte Grundlage für die Freude, die ich jetzt beim Reiten empfinde. Ich hatte vorher ernsthaft darüber nachgedacht aufzuhören, da ich kein Vertrauen mehr hatte und keine Freude mehr an den Pferden. Das ist anders geworden.
- Der positive Ansatz bedeutet, aus jeder Situation die guten Ergebnisse herauszuarbeiten.
- Ich habe gelernt zu verstehen, wann ich das Pferd störe.
- Ich habe den Wunsch überwunden, angeben zu wollen.
- Ich habe nicht gedacht, daß mein Pferd verändert werden könnte, nachdem es so viele Jahre angespannt und leicht erregbar war.
- Ich kann mit Streß jetzt besser umgehen.
- Die Beziehung zwischen Pferd und Mensch ist besser geworden.

Diese Aufzählung von Faktoren, die in einer Reitstunde auffallen, muß zusätzlich noch die Aussagen des Pferdes berücksichtigen, denn es ist letztendlich der Spiegel des Reiters und gibt als solcher dem Ausbilder die wahre Sachlage wider.

Die Reaktionen der Pferde

Das Pferd bestätigt die körperliche und geistige Haltung von Reiter und Reitlehrer. Es entwickelt ebenfalls sein Bewußtsein, indem es zum Beispiel die kleinen Veränderungen während des Nummernspieles registriert. Das Pferd ist das Barometer, mit dem das wachsende Einfühlungsvermögen des Reiters gemessen wird.

Das Pferd reflektiert natürlich nicht nur die Verspannungen des Schülers, sondern entwickelt auch seine eigenen Symptome als Reaktionen auf Unbequemlichkeiten, wenn zum Beispiel der Sattel nicht richtig paßt oder es sich im Rücken festmacht. Es ist von Bedeutung, unterscheiden zu können, ob der Körper des Reiters Einfluß auf den Körper des Pferdes hat oder ob es aus sich heraus Mängel oder Krankheiten entwickelt hat. In dieser Art erzählt uns das Pferd die ganze Zeit etwas über sich, während wir es beobachten.

Der Reitlehrer muß die Pferde davor schützen, zum Blitzableiter für die Probleme der Schüler zu werden. In einem »Reiten mit Gefühl«-Kursus passiert das jedoch seltener. Der Ausbilder wirkt statt dessen wie ein Katalysator, mit dessen Hilfe der Reitschüler Informationen und Antworten herausfindet, so daß die Verbindung zwischen Pferd und Reiter besser wird. Der Ausbilder/die Ausbilderin kann sehen, daß er/sie selber in diese Situation einbezogen wird. Das Pferd scheint die neue Rolle des Reitlehrers auch wahrzunehmen. Es fühlt sich sicherer und zeigt mehr Interesse. Das sieht man insbesondere in den Ruhephasen, während diskutiert wird.

Nicht nur der Gesichtsausdruck des Reiters verändert sich, wenn er sich entspannt, sondern auch der Ausdruck des Pferdes. Sein ganzer Körper entwickelt sich hin zu runden sanften Linien, und es nimmt das Gebiß gerne an. Das ist die Art des Pferdes, sich hinzugeben.

Folgende Geschichte zeigt, wie ein Pferd seinen gesamten Ausdruck verändern kann. Rupert gehörte einem Besitzer, der ihn sehr stark forderte, da er an allen Sparten des Turniersportes seine Freude hatte. Zu dieser Zeit arbeitete er an einer Lektion zur Vorbereitung eines Wettbewerbes. Das Pferd sah gelangweilt und desinteressiert aus, was oft der Fall war. Ihm fehlte die Ausstrahlung, die es gebraucht hätte, um den Richtern aufzufallen. Der Reitlehrer schlug dem Reiter vor, er sollte die Ohren des Pferdes beobachten und erzählen, was ihm auffiel. Nach einer Runde hatte sich die Ohrenstellung verändert. Rupert legte sich nicht mehr ganz so flach zurück, wie er es für gewöhnlich tat. Nach und nach bewegten sich die Ohren auch zur Überraschung des Reitlehrers mehr und mehr. Der Reiter kam in die Mitte, um das, was er gesehen hatte, zu besprechen.

»Was haben Sie gemacht?« wurde der Reiter gefragt.

»Oh, nichts«, antwortete dieser. »Ich habe nur beobachtet. Aber ich sehe jetzt, daß es genau dieses Nichtstun war, wodurch sich Ruperts Ohrenspiel geändert hat. Ich tue so selten nichts!« Das war natürlich genau das, was das Pferd versucht hatte, ihm mitzuteilen!

Nicht jede Idee ist für alle gleichermaßen hilfreich. Jeder von uns sollte die Methode aussuchen, die am besten zu ihm paßt und die den meisten Erfolg bringt. Der Reitlehrer muß sich damit abfinden, daß er nicht jeden die ganze Zeit zufriedenstellen kann. Sie können Vorschläge machen und sollten offen sein für neue Ideen. Es zählt alles, was wirkt.

8. Harmonie und Raum

Eine erfolgreiche Partnerschaft zwischen Pferd und Reiter zeigt sich darin, wie fließend sich das Pferd bewegt. Diese Qualität integriert sich in die gesamte Ausstrahlung von Pferd und Reiter. Sie ist nicht nur das Merkmal des erfahrenen Turnierreiters, sondern auch der weniger ambitionierte Reiter kann sich an dieser Harmonie erfreuen.

Das Wort Harmonie meint »in Übereinstimmung«. Eine harmonische Vorstellung ist erfreulich und im guten Einklang. In der Musik besteht die Harmonie aus Noten, die einen Akkord erklingen lassen, den erfreulichen Effekt eines passenden Arrangements. Harmonie beim Reiten ist der Widerklang der Energien von Pferd und Reiter, deren natürlicher Fluß der grundlegende Rhythmus des Lebens ist. Wenn wir uns in diese Muster einfühlen können, verhelfen wir dem Pferd dazu, sein ererbtes Bewegungspotential zu entfalten. Dann bewegen sich Pferd und Reiter mit natürlicher Leichtigkeit und Einstimmigkeit, und das Pferd kann in allen Gangarten taktmäßig gehen.

Wenn wir eine Dressurprüfung als eine wohlklingende musikalische Komposition auffassen, ist eine fließend und harmonisch gerittene Aufgabe viel befriedigender als eine korrekte Vorstellung ohne jede Ausstrahlung. Ein Pferd, das diesen Grad von Gleichgewicht und Bewegungsfreiheit erreicht hat, entwickelt auch mehr Durchhaltevermögen. Es kann seine Energien ökonomischer einsetzen und besser mit Versammlungen und Verstärkungen umgehen. Wenn Sie Harmonie und Bewegungsfluß in Ihrem Reiten und eine gute Beziehung zu Ihrem Pferd entwikkelt haben, werden Sie bald alles erreichen können.

Wohin immer Sie auch wollen, während Sie Ihre reiterlichen Möglichkeiten erforschen, Sie haben dabei mit dem Ausnutzen von Raum zu tun. Heutzutage haben viel mehr Menschen die Möglichkeit, Reitbahnen oder sogar Reithallen zu benutzen. Es gibt jedoch immer noch Reiter, die unter provisorischen Bedingungen trainieren. Das kann dann manchmal schwierig sein, wenn keine ebene Fläche zur Verfügung steht, um grundlegende Übungen reiten zu können.

Was bedeutet das Wort Raum für Sie als Reiter? Vermittelt es Ihnen ein hochwillkommenes Gefühl von Freiheit, oder ist es mehr eine beängstigende Ausdehnung, bei der jedes Gefühl von Sicherheit schwindet? Reitschüler, die das Reiten in einer Reithalle gelernt haben, müssen von dieser sicheren Umgebung langsam entwöhnt werden. Wenn sie in einem Außenviereck reiten sollen, sind sie oft sehr nervös. Viele Reiter haben jedesmal Angst, wenn sie Schritt für Schritt in eine offenere Umgebung geführt werden, bis sie dann mehr Vertrauen entwikkeln, auf großen Plätzen zu reiten. Als ich Schüler für die Britische Reiterliche Vereinigung (British Horse Society) trainierte, mußte ich Reitern, die das Reiten in einer Reithalle gelernt hatten, helfen, das nötige Selbstvertrauen und die dazugehörigen Fähigkeiten zu entwickeln für das Reiten im Jagdfeld oder auf einem Geländeritt.

Das Pferd geht mit der Erfahrung von Raum anders um. Eine offene Weite ist seine natürliche Umgebung. Plötzlich damit konfrontiert zu werden, steigt ihm manchmal zu Kopf. Dieses plötzliche Gefühl von Freiheit kann einfach zu viel sein, und man sollte einen nervösen Reiter und ein aufgeregtes Pferd nicht zusammen in diese Lage bringen.

Ihre eigene Freude am Reiten steht ebenfalls in Beziehung mit Ihrer Erfahrung im Raum. Wenn wir uns alle verschiedenen reiterlichen Disziplinen ansehen, haben wir auch unter diesem Gesichtspunkt viele Wahlmöglichkeiten. Was immer Sie als Reiter auswählen, die Erziehung des Pferdes beginnt immer am besten und leichtesten in einer umzäunten Reitbahn, und alle dort verbrachte Zeit wird Ihre Freude vergrößern und Ihre Möglichkeiten verbessern. Wenn Sie in einer Reitbahn arbeiten, können Sie von dem Pferd mehr Kontrolle und Aufmerksamkeit fordern, und der Reiter kann sich dabei sicherer fühlen. Später, auf einem höheren Ausbildungsniveau, können Sie dann die Anforderungen erhöhen, aber beginnen tut jede Ausbildung in der Reitbahn. Dort lernt das Pferd die Gangarten, die Richtung zu wechseln und aufmerksam und gehorsam die Hilfen des Reiters anzunehmen beim Durchparieren, in den Verstärkungen oder bei der ganzen Parade zum Halten. Diese Routineübungen sind es, die die Schubkraft und die Tragkraft des Pferdes und seine Fähigkeit, den Schwerpunkt zu verlagern, entwickeln und es durchlässiger machen.

Diese Übungen setzen ein größeres Vokabular des Pferdes voraus. Und der Reiter muß noch klarer einschätzen können, wozu das Pferd körperlich in der Lage ist. Dazu braucht er Gefühl für das Pferd und Körperbewußtsein. Während dieser gemeinsam gemachten Erfahrung verbinden sich Zeit und Raum. Wenn Sie Figuren und Formen in einer Bahn reiten, die denen gleichen, die wir beim Eislaufen sehen, verbessern beide, Pferd und Reiter, ihre Haltung und erarbeiten sich gemeinsam die Einzelheiten in den Übungen.

Vor ein paar Jahren hatte ich ein Pferd erfolgreich auf der lokalen Landwirtschaftsschau vorgestellt. Nach der Plazierung schlug eine Freundin vor, ich sollte gemeinsam mit ihr an den Wettspielen teilnehmen. Trotz meiner widerstrebenden Gefühle stimmte ich einer Teilnahme an den ziemlich wilden Wettbewerben zu, bei denen fast nur die Bauernjungen und ihre Freunde teilnahmen. Zu meinem Erstaunen gewann ich jeden Wettbewerb, da mein Pferd durchlässig und gehorsam war und das Erlebnis gründlich genoß. Das macht deutlich, wie viele wundervolle Fähigkeiten nach einem mit Geduld und Logik aufgebauten Training zu Tage treten können.

Alle die Dinge herauszufinden, die Sie mit Ihrem Pferd nach einem langen gemeinsamen Grundtraining tun können, ist viel einfacher, wenn Sie den Weg dafür vorher mit leichten Anforderungen geebnet haben. Dazu gehört das Training in einer Bahn von 20 × 40 Metern oder mehr. Dort können Sie den Handwechsel üben, die Größen einer Volte, die Ihr Pferd ausführen kann, und die Schlangenlinien für eine ständige Biegung und Richtungsänderung.

Der Reiter sollte verstehen lernen, was alles dazugehört, damit das Pferd sich ausbalancieren und auf den Reiter hören kann. Der Reiter braucht eine »mentale Landkarte«, um alle Varianten zu kennen, die in einem begrenzten Raum geritten werden können. Diese Landkarte steht jedoch nicht immer zur Verfügung, oder der Reiter hat sie nicht ganz klar verstanden. Deshalb reden wir an dieser Stelle zuerst über Form, Raum und Richtung einer Hufschlagfigur.

Handwechsel

Wir beginnen mit den verschiedenen Möglichkeiten, die Hand zu wechseln, da oft nicht nur die Pferde Probleme haben, diese genau auszuführen. Auch die Reiter können ihre Orientierung und damit den Weg verlieren. Die Reitbahn kann in vielen Richtungsvariationen und verschiedenen Formen genutzt werden, und der Reitlehrer kann die Fähigkeiten des Schülers, alle zu behalten, leicht überschätzen. Deshalb brauchen wir Bahnpunkte, die uns helfen, die Wege zu bezeichnen.

Reiten Sie am Anfang Ihr Pferd auf dem Hufschlag außen um die Reitbahn herum. Beobachten Sie selber bewußt, wie Sie durch jede Ecke reiten. Einmal um die Bahn herum bis zu Ihrem Ausgangspunkt zurück bedeutet, vier Ecken zu durchreiten. Jede Ecke ist der Teil eines Zirkels. Für das junge oder weniger durchlässige Pferd hat der Zirkel einen Radius von etwa fünfzehn Metern, während ein ausgebildetes Pferd auf eine Volte von zehn Metern Durchmesser abwenden kann.

Bei jeder Richtungsänderung reiten wir auf dem Teil eines Kreises – einem Bogen –, um zwei gerade Linien verbinden zu können. Auch die Gangart, in der sich das Pferd bewegt, verändert die Größen des Bogens. Wenn Sie in die entgegengesetzte Richtung hineinreiten wollen, müssen Sie den Weg wählen, der Ihrem Pferd am leichtesten fällt. Die leichteste Stelle für den Handwechsel ist nach der zweiten Ecke der kurzen Seite. Sie führt nach einer sanften Kurve in eine Diagonale quer durch die Halle, um in einer leichten Winkelung auf der gegenüberliegenden Seite anzukommen. Handwechsel können auch durch die Länge der Bahn durch den Mittelpunkt hindurch geritten werden; das ist jedoch schwerer, weil jede Wendung wirklich in einer Ecke ist und das Pferd von einer geraden Linie leicht ausfallen kann.

Den diagonalen Wechsel durch die ganze Bahn kann man irrtümlich aus der ersten Ecke der kurzen Seite heraus reiten. Dazu muß man dann eine Wendung machen, die nur ein sehr elastisches Pferd ausführen kann. Derselben Einschränkung begegnet man dann am anderen Ende der Diagonale. Das ist kein so selten vorkommender Fehler. Er passiert manchmal sogar auf Dressurprüfungen in Momenten geistiger Abwesenheit. Das ist nur eine Möglichkeit, in einem eng umgrenzten Raum seinen Weg zu verlieren. Der Platz ähnelt dann einem Irrgarten, in dem zu viele Wege sind.

Das ist natürlich ein Problem des Reiters. Der Reiter als der Führende muß den Weg genau ausplanen. Nur dann besteht die Möglichkeit, auch da anzukommen, wo man hinwill. Aber das Pferd kann auch Probleme haben. Sein größtes Problem liegt meistens darin, im Gleichgewicht bleiben zu können, während es den Weg sucht, dem es folgen soll. Für die genaue Ausführung beim Durchreiten eines Zirkels von zwanzig Metern Durchmesser benötigt das Pferd das Balancegefühl eines Eiskunstläufers. Auch gerade Linien können zu einer wackeligen Prozedur werden; jeder, der junge Pferde geritten hat, kann das bestätigen. Das schwimmende, steuerlose Gefühl in dieser Situation ist deutlich zu spüren.

Wenn die Reiter trainieren, verstehen sie nicht immer, wohin sie reiten sollen und warum. Wenn die Übungen schwieriger werden, steigt die Anspannung entsprechend den an sie gestellten Anforderungen. Wenn dem Reiter nicht mehr genau klar ist, was er machen soll, wird die Angst größer, da er versucht, sich an viel zu viele Sachen auf einmal zu erinnern, und im Ergebnis keiner Einzelheit genügend Aufmerksamkeit widmet.

Zwei Fragen tauchen auf, wenn wir uns im Raum bewegen. Zum einen müssen wir wissen, wohin wir gehen, und zum anderen müssen wir das auch verwirklichen können. Diese beiden Punkte sind nicht identisch. Daher muß der Reitlehrer sehr klare Anweisungen geben und dann überprüfen, ob der Schüler verstanden hat, was er tun soll. Auch an dieser Stelle können Spiele und Übungen zur Entwicklung des Bewußtseins hilfreich sein. Sie richten die Aufmerksamkeit des Schülers auf die eigentliche Erfahrung und weg von den negativen Reaktionen, die sich aus Mißverständnissen leicht entwickeln.

Wenn zum Beispiel der Reiter unsicher ist, aus welcher Ecke heraus er den Handwechsel vornehmen soll, gibt man ihm die Erlaubnis, aus der ersten Ecke der kurzen Seite heraus abzuwenden und dann aus der zweiten. Dann kann man Fragen dazu stellen, was der Reiter jedesmal bemerkt hat und welche Wendung ihm und dem Pferd leichter gefallen ist. Durch dieses Vorgehen braucht der Reiter sich in Zukunft keine Sorgen mehr darüber zu machen, daß er den Weg verlieren könnte.

Einen Kreis reiten

Die Ausführung eines Kreises hängt sehr von der körperlichen Entwicklung eines Pferdes ab, insbesondere wegen der Anforderungen, die an sein inneres Hinterbein gestellt werden in bezug auf Gleichgewicht und Schubkraft. Wenn wir in beiden Richtungen arbeiten, kann jedes Hinterbein abwechselnd aktiviert werden.

Während dieser Übungen sollte das Pferd ruhig bleiben. Ein ruhiges Pferd ist aufmerksam und entspannt. Das Pferd sollte willig vorwärts gehen, wenn der Reiter es antreibt, ohne dabei zu eilen oder sich auf das Gebiß zu legen, wobei es schnell ermüden würde. Der Körper des Pferdes sollte auf der gerittenen Linie geradegerichtet sein. Man kann das am Beispiel eines Zuges erklären, der sowohl geradeaus als auch in den Kurven auf Schienen gehalten wird. Jede Abweichung davon brächte den Zug zum Entgleisen. Damit das Pferd im Gleichgewicht bleibt, muß seine Hinterhand genau in die Spuren der Vorhand treten, wohin es auch geritten wird. Ein wiederholtes Kombinieren der Hufschlagfiguren wird nach einiger Zeit diese Qualitäten produzieren und damit die Freude am Reiten erhöhen, in welche Richtung auch immer es geht.

Es ist sehr sinnvoll, daß der Reiter in der Lage ist, sich vorzustellen, wie ein Zirkel von zwanzig Metern Durchmesser aussieht. Das kann schon ein Problem in einer Reitbahn sein, aber noch viel eher in einem offenen Gelände mit viel weniger Anhaltspunkten.

Dafür habe ich in einem Ponyclub die folgenden Übungen entwickelt. Ich stellte in einem Radius von zehn Metern vier Kegel um einen Kegel im Mittelpunkt herum auf. Ich versuchte dabei, den Zirkel so genau wie möglich in vier gleiche Teile aufzuteilen. Vier weitere Kegel stellte ich dann hinter den ersten Kegeln auf und ließ gerade soviel Platz, daß die Reiter hindurchreiten können.

Die Abmessungen waren am Anfang nicht sehr genau. Nach einiger Zeit kannten die Reiter die Anzahl der Schritte zwischen jeder Tangente, und dann wurden die Markierungen korrigiert. Die Pferde gewöhnten sich mit etwas Mühe nach und nach an die Biegung des Kreises, obwohl nicht viele vorher auf diese Weise geritten worden waren. Es war notwendig, für diese untrainierten Pferde die Übung zeitlich zu begrenzen. Ruhepausen ergaben sich, wenn die Übungen aufgeteilt wurden und ich den Zuschauern erklärte, wie viele verschiedene Kreise um die Kegel geritten werden konnten.

Die Übungen entwickelten sich immer mehr. Die Kegel wurden allmählich einer nach dem anderen weggenommen, und man konnte sehen, daß die Pferde sich nach einiger Zeit selber tragen konnten. Die Kegel stellten sich als ein konstruktives Hilfsmittel heraus, um eine geometrische Präzision zu erreichen, und waren so viel sinnvoller eingesetzt, als wenn man sie nur als Eckpunkt eingesetzt hätte, um die Bahn abzustecken.

Die genaueste und einfachste Methode, einen Zirkel zu planen, ist, eine Longe an einem Ende anzufassen, während jemand in der Mitte steht wie beim Longieren eines Pferdes, und dann den gewünschten Radius abzulaufen. Als die Schüler das selber durchführen durften, konnten sie sich die Zirkellinie wirklich visuell und gefühlsmäßig einprägen.

Es gab noch eine Steigerung in dieser Übung. Acht Stangen wurden als ein Kreuz ausgelegt, zwei Stangen für jede Linie. Zwischen ihnen wurde jeweils Platz gelassen für den benötigten Radius. Am Ende jeder Stange wurden wieder Kegel aufgestellt, die wieder eine Lücke ließen, durch die Pferd und Reiter passieren konnten. So waren die Abmessungen genauer, da der rechte Winkel zwischen den Stangen den Zirkel gleichmäßig in vier Teile aufteilte. Nach dem Durchreiten dieser Übung wollte ein Teilnehmer noch mehr Kegel zwischen die Stangen pla-

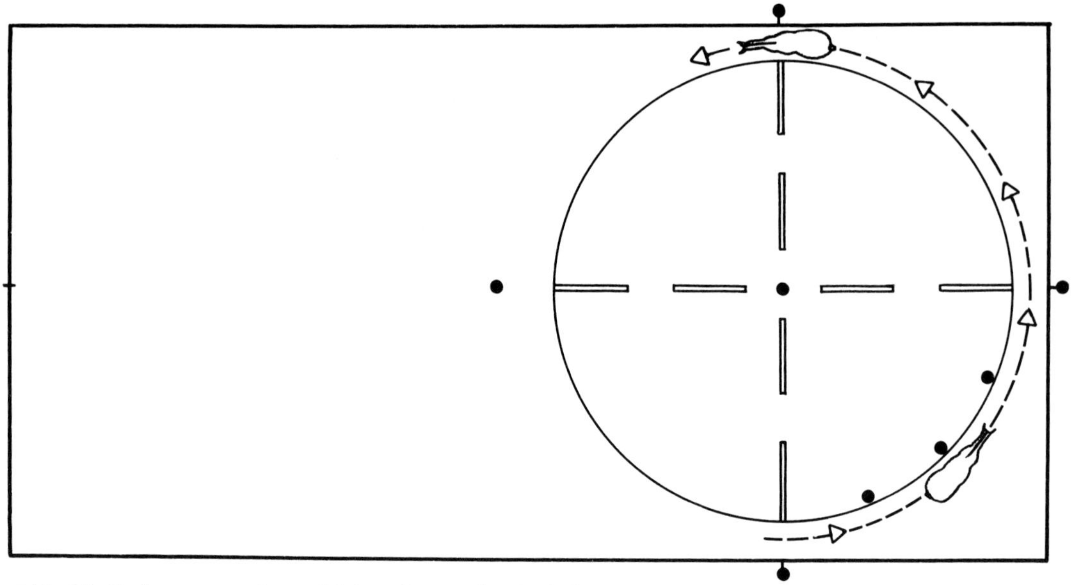

Abb. 85: So kann man einen gleichmäßig runden Zirkel reiten.

Abb. 86: Reiten um die Stangen und Kegel.

zieren, um die Kreislinie zu markieren. Das veranschaulicht, wie wichtig es ist, daß die Schüler an dem Abstecken des Kreises teilnahmen. Jeder konnte nun sehen, wie groß die Gefahr ist, am Ende einer Tangente geradeaus aus der Zirkellinie hinausgetragen zu werden.

Diese Anordnung von Kegeln und Stangen ließ viele Variationen zu. Durch die Lücken zwischen den zwei Stangen konnte man einen kleineren Kreis reiten, zuerst im Schritt und danach auch im Trab. Auch über die Stangen zu reiten war eine nützliche Übung für Pferd und Reiter. Die Sinne der Reiter zu beteiligen, indem sie die Stangen ansahen und die Wege körperlich spürten, ergab eine viel zuverlässigere visuelle und physische Erinnerung als beim oberflächlichen Reiten einer Figur.

Als wir die Stangen zum erstenmal so ausgelegt hatten, war ein Schüler, der nie zuvor einen Kreis geritten hatte, fast die ganze Stunde über mit sehr guten Ergebnissen damit beschäftigt. Eine Woche später brauchte er diese Unterstützung nicht mehr, da das Reiten eines Kreises ihm nun auch so gelang.

Die Schüler des alten Captain Edy Goldman stellten fest, wenn sie erst einen zu seiner Zufriedenheit perfekten Zirkel ritten, konnten sie sich woanders jeder Anforderung stellen. Aus seiner Ausbildung gingen ganz sicher wundervoll ausbalancierte und rittige Pferde hervor. Er markierte die vier Zirkelpunkte an der Wand mit einem Kreuz, und um zu veranschaulichen, daß der Kopf des Pferdes zuerst am Hufschlag ankam, machte er an diese Stelle noch ein Kreuz. Wenn das Pferd dort ankam, war der Oberkörper des Reiters hinter dem mittleren Kreuz, während das Pferd schon wieder abwendete. An diesem Punkt machte er ein drittes Kreuz. Wenn die Reitschüler die drei Kreuze an der Bande sahen, konnten sie feststellen, wieviel Platz das Pferd in der Länge tatsächlich benötigte. Sie ruinierten dann den Zirkel nicht mehr, indem sie lauter gerade Linien miteinander verbinden wollten. Diese Übung entwickelte die visuellen Sinne der Reiter, ihre allgemeine Wahrnehmung und ihr Gehör, da Captain Goldman an jedem Markierungspunkt »an« oder »ab« rief. Diese Übung ist die beste Erklärung dafür, warum alle seine Schüler so besonders gut und beständig gebogene Linien reiten konnten.

Wenn Sie erst einmal einen Zirkel auf diese Art reiten können, ist es viel leichter, eine gerade Linie zu reiten – mit dem sicheren Gefühl, wie ein gerade abgeschossener Pfeil zu fliegen. Dann zeigt sich, wieviel kontrollierter Sie und Ihr Pferd jetzt schon reiten können.

Kinder sind oft noch eingeschüchterter als Erwachsene, wenn sie zum erstenmal solche Übungen durchführen sollen. Für ein kleineres Kind sind alle diese Variationen von Zirkeln und Kreisen sicher schwer zu begreifen. Da die Kinder in einer Abteilung meistens blind hintereinander herreiten und nur der führende Reiter den Weg kennt, ist die Verwirrung verständlich. Die Schüler reiten zum Beispiel sehr gerne Schlangenlinien, wenn sie sie erst einmal begriffen haben, aber es ist unrealistisch zu erwarten, daß der Schüler weiß, wie sie gehen, wenn der Reitlehrer sie nicht extrem gut erklären kann. Ein blindes Hintereinanderherreiten ohne jegliches Verstehen geschah in der Reitstunde eines Ponyclubs, in der die Kinder den ganzen Nachmittag Schlangenlinien geübt hatten. Bei einem anderen Reitlehrer wurde schnell deutlich, daß sie nicht wußten, was sie taten. Wieder wurden die Wege mit Kegeln markiert, so daß die Linienführung deutlich wurde. Es wurden Kegel an der

Stelle postiert, wo die Reiter die Mittellinie kreuzten, so daß sie wußten, wohin sie reiten sollten. Jeder Reiter ritt einmal am Anfang, und so hatte nach kurzer Zeit jeder verstande, was sie vorher versucht hatten zu reiten.

Wenn Sie mit Übungen wie dieser herumexperimentieren, werden Sie bald mehr Raum und Zeit spüren können, da Sie und Ihr Pferd immer mehr ins Gleichgewicht kommen und dadurch mehr Beweglichkeit und Selbsthaltung erreichen. Eine Teilnehmerin an dem Wettbewerb stellte fest, nachdem sie ihr Pferd zu seinem natürlichen Tempo zurückfinden ließ: »Ich fühle jetzt, wieviel Platz ich in der Bahn habe und wieviel mehr Zeit, darüber nachzudenken, was ich als nächstes tun will.«

Mit fortschreitender Übung werden die Anforderungen höher. Jetzt fällt es dem Reiter leichter, seine Aufmerksamkeit auf viele Dinge gleichzeitig zu lenken, um ein gutes Ergebnis zu erzielen. Und wieder ist es sehr gut, die Prinzipien des Bewußtseins zu beachten, die Sie in eine entspannte Aufmerksamkeit bringen.

Pferde haben manchmal Schwierigkeiten, sich im Gleichgewicht zu bewegen. Deshalb legen sie sich manchmal wie ein Motorrad in der Kurve nach innen, um die Biegung zu bewältigen. Die Pferde müssen lernen, die Kurven unter Ausnutzung der Zentrifugalkraft zu bewältigen. Dann können sie aufrecht bleiben und sich an den äußeren Schenkel und äußeren Zügel des Reiters als ihre »Wand« anlehnen und dort Unterstützung suchen. Ein Pferd, das sich nicht geraderichtet, hat eine mangelhafte vertikale Balance. Um das zu kompensieren, versetzt es die Hinterhand oder die Vorhand. Der Reiter hat dann das Gefühl, als würde das Pferd hin- und herschaukeln und ließe sich schwer lenken. Er fühlt sich durch diese Situation ge-

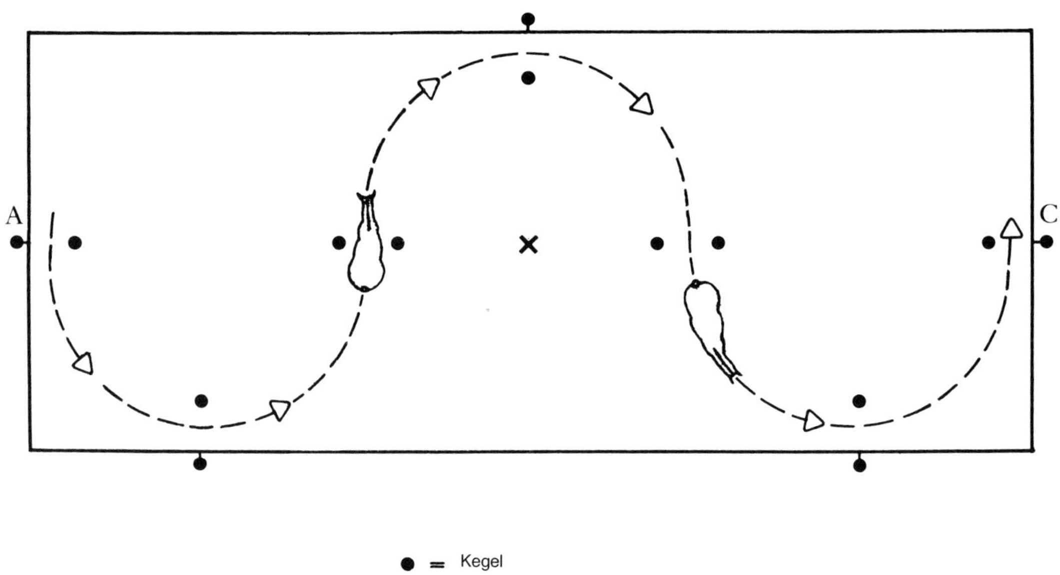

Abb. 87: Schlangenlinien durch die ganze Bahn: Man kann die exakte Hufschlagfigur mit Kegeln markieren.

nauso gestört, wie er selber das Gleichgewicht des Pferdes stört, wenn er nicht in der Mitte sitzt. Es ist wichtig, daß der Reiter sich dessen bewußt ist, obwohl ein Gefühl für Schiefe ohne die Hilfe eines Betrachters vom Boden aus nicht leicht zu entwickeln ist.

Schenkelweichen

Bis jetzt bewegt sich das Pferd nach vorne, wenn die Beine des Reiters es dazu veranlassen. Nun sind wir an dem Punkt, wo es die einseitige Anwendung eines Schenkels verstehen lernen soll.

Indem wir einen Schenkel einsetzen, sagen wir zum Pferd: »Beweg dich seitwärts.« Wenn das Pferd diese Aufforderung versteht, setzt es gleichzeitig mit der Hilfe die Hinterhand auf derselben Seite tiefer unter seinen Körper. Dann kann es den Schwung ausnutzen und sich vorwärts/seitwärts bewegen. Wenn Sie das Pferd zum erstenmal dazu auffordern, wird es schneller werden wollen. »Schenkel«, denkt es, »bedeuten vorwärts gehen.« So muß also die Hand des Reiters diesen Impuls taktvoll aufhalten und sagen: »Nein, nicht schneller!« Nach einiger Übung wird diese kombinierte Hilfengebung den Vorwärtsimpuls umwandeln in einen leicht seitlichen Impuls. Seien Sie nicht enttäuscht, wenn das Pferd Schwierigkeiten hat, Sie zu verstehen, und seine Antwort auf der weniger dominanten Seite schwerer koordinieren kann. Dort hat es im allgemeinen ein schlechteres Körpergefühl und daher weniger Orientierung.

Wenn es anfängt, die Botschaft zu verstehen, ist es einfacher, den Kopf des Pferdes in die neue Richtung zu lenken, auch in den Ecken und auf dem Zirkel. Dem Pferd zu helfen, die geraden Linien und Bögen mitzumachen, die Sie reiten wollen, ist nicht einfach, und wenn das Pferd einen Fehler macht, kommt man leicht in Versuchung, mit dem äußeren Zügel zu lenken. Wenn es die Ecken abkürzt, passiert das nur zu oft. Wenn Sie aber am äußeren Zügel ziehen, bringen Sie das Pferd nur aus dem Gleichgewicht. Dabei verstärken Sie das Gewicht auf seiner inneren Schulter und machen es ihm schwerer, sein Gleichgewicht zu behalten. Diese Erfahrungen sind auch beim Scheuen des Pferdes anwendbar, und vielleicht können Sie dieses Wissen noch bei anderen Vorfällen mit ähnlichen Reaktionen innerhalb der Ausbildung anwenden.

Das Einsetzen des inneren Schenkels ist eine wichtige Hilfe zur Ausbalancierung des Pferdes, aber viele Reiter neigen dazu, es viel zu verbissen zu üben. Sie verlagern manchmal ihr Gewicht einseitig und blockieren damit die Botschaft, die sie vermitteln wollen. Eine zu große Anstrengung mit dem inneren Schenkel verschiebt ihr Gewicht ungewollt in die entgegengesetzte Richtung. Was sie dann tatsächlich von dem Pferd verlangen, widerspricht der Anweisung, die sie geben.

Um dem Pferd zu helfen, Sie zu verstehen, können Sie in derselben Weise vorgehen wie beim Angaloppieren. Fragen Sie zuerst nach, ob das Pferd die Hilfen verstanden hat und sie umsetzen kann. Sie werden es durch seine Reaktionen bald wissen.

Am leichtesten kann das Pferd die Lektionen lernen, wenn Sie auf den zweiten Hufschlag gehen oder entlang einer Straße etwas weiter innen reiten. Halten Sie den Kopf des Pferdes gerade, und drücken Sie es sanft auf den ersten Hufschlag, wo es ohnehin gerne gehen will. Wenn Sie auf der Straße sind, können Sie das Pferd mit dem linken Schenkel nach rechts herüberdrücken. Da Sie das in beide Richtungen üben sollten, suchen

Abb. 88: Das Pferd ist auf die Zirkellinie gebogen.

sich die auf der Straße Übenden einen ruhigeren Weg, damit Sie bei den Bewegungen von einer Seite zur anderen weniger gefährdet sind. Es kann hilfreich sein, diese Idee dem Pferd vom Boden aus zu vermitteln. Dabei drücken Sie es mit der Hand an derselben Stelle, wo Sie auch den Schenkel einsetzen. Dasselbe können Sie mit Ihrem Pferd kurz vor dem Aufsitzen tun.

Eine Schülerin wollte ihre Ausführungen beim Durchreiten von Wendungen und Zirkellinien verbessern. Der Reitlehrer sah, daß sie sich dabei nach innen lehnte. Sie wurde aufgefordert, darauf zu achten, was sie während der Übungen tat. Sie machte die interessante Entdeckung, daß sie dazu neigte, ihren Körper auf der Innenseite zu verkürzen. Sie entschied, daß es dadurch ausgelöst

Abb. 89: Dieses Pferd ist nach außen gestellt und fällt mit der Schulter in die Biegung.

Abb. 90: Der innere Schenkel des Reiters liegt zu weit zurück, dadurch kommt sein Gewicht nach außen.

wurde, daß sie ihren Körper zusammenpreßte, wenn sie die Übungen begann. Durch diese Information löste sich die Verspannung auf, und die Schülerin konnte die Wendungen ohne jeglichen Verlust von Gleichgewicht reiten.

Der innere Schenkel des Reiters bewirkt die Bewegung des Pferdes nach vorne, während der äußere Schenkel die Hinterhand kontrolliert und dabei hilft, sie in einer Linie mit der Vorhand zu halten. Außerdem bestimmt er die Position der Hinterhand in den lateralen bzw. seitlichen Bewegungsabläufen. Das bedeutet, daß verschiedene Körperteile des Reiters in Beziehung stehen zu bestimmten Partien im Körper des Pferdes. Dadurch entsteht ein hochdifferenziertes Signalsystem, das eine Kombination eleganter und fließender Bewegungsabläufe produzieren kann, die den Reiter und das Auge des Betrachters erfreuen.

Bewußtseinsübungen tragen auch zur Entspannung bei, ohne die so etwas wie Durchlässigkeit nicht erreicht werden kann. Eine Übung, die Ihnen hilft, wenn Sie Zirkellinien und Ecken durchreiten, geht folgendermaßen: Schließen Sie immer wieder Ihre Augen so lange wie möglich, um Ihr Gefühl für das Reiten eines Bogens zu erhöhen. In einer weiteren Übung können Sie bei beiden Hälften des Zirkels die Schritte zählen. Eine Bewertung Ihres Gefühls mit den Punkten von 1 bis 10 kann Ihnen ebenfalls helfen. Tragen Sie wieder einen Ball oder Bälle in Ihren Händen, um Ihr Gefühl für die Zügel zu untersuchen. Manche Menschen haben herausgefunden, daß ihnen das dabei hilft, die Hinterhand des Pferdes zu spüren.

Abb. 91: Der Reiter gibt mit dem äußeren Zügel nach.

Der Zügel

Es gibt auch eine Übung für das Nachgeben mit den Zügeln, welche Ihr Vokabular der Hilfen erweitert und eine nützliche Aussage darüber macht, inwieweit Pferd und Reiter im Gleichgewicht sind.

In dieser Übung schieben Sie die innere oder die äußere Hand langsam nach vorne, als wären Sie im Begriff, einen Ball in Richtung der Pferdeohren zu werfen. Das führt zu einem vorübergehenden Verlust von Kontakt über den Zügel. Wenn die äußere Hand vorgeht, befreit sie diesen Zügel von überflüssiger Spannung. Sie wurde vielleicht verursacht, indem der Reiter versucht hat, das Pferd außen auf der Zirkellinie zu halten, anstatt eine Antwort auf den inneren Schenkel zu erhalten. Die Hand schlägt dem Pferd vor, seinen Kopf nach außen zu wenden, und, ob es das nun tut oder nicht, gibt einen Hinweis darauf, wie angespannt der Arm des Reiters ist oder wie steif das Pferd.

Wenn das Pferd seine Balance auf der Zirkellinie erst einmal gefunden hat, kann die innere Hand in derselben Weise vorgehen, taktmäßig – eins – zwei – in der Bewegung. Dabei sollte die Biegung des Pferdes nicht verlorengehen, sondern nur das Gefühl dafür entstehen, wie das Pferd sich im Vertrauen auf den äußeren Zügel im Kreis bewegt und dabei weiter in Bewegungsrichtung sieht. Wenn das geschieht, wird dabei die Gleichmäßigkeit und Durchlässigkeit des Pferdes noch verstärkt. Das Vorgehen der Hände bedeutet sofortige Entspannung für Pferd und Reiter, es stellt die Zufriedenheit im Pferdemaul wieder her und ist eine weite-

Abb. 92: Der Reiter gibt mit beiden Zügeln nach.

re Möglichkeit zu loben. Es vermittelt tatsächlich so ein erfreuliches Gefühl von Anmut und Selbsthaltung, daß einige Reiter davon so hingerissen sind, daß sie es zu oft einsetzen. Wenn Sie mit beiden Händen gleichzeitig vorgehen, sollte das Pferd seinen Kopf etwas vorwärts, abwärts in die Hand hineinstrecken wollen, ohne seinen Takt und Schwung zu verlieren. Es zeigt damit seine Balance, sein Vertrauen in die Hand des Reiters und daß es sich nicht auf dem Zügel abstützen muß. Deshalb kommt diese Übung auch in manchen Dressuraufgaben vor. Sie heißt dort »Überstreichen«.

Wenn wir bei einem steifen Pferd mit dem äußeren Zügel vorgehen, helfen wir ihm, sich nach innen zu stellen. Wenn es das tut, sollten Sie sich fragen, ob Sie das Pferd mit dem äußeren Zügel davon abgehalten haben. Stellt das Pferd sich nach außen, wenn Sie mit der inneren Hand vorgehen? Wenn es das tut, ist es nicht genügend im Gleichgewicht oder nicht durchlässig genug, um sich zu biegen, während Sie für einen Augenblick nachgeben. Das bedeutet, daß es lernen muß, Ihren inneren Schenkel der jeweiligen Richtung mehr zu beachten. Ein weiterer Pluspunkt, den wir mit dem Überstreichen bewirken, ist die Entspannung, die es im Pferdemaul bewirkt, hauptsächlich weil der Reiter seinen Arm entspannt und damit unnötige Spannung vom Zügel wegnimmt.

Hilfen wirken nicht isoliert. Jede Bewegung zwischen Pferd und Reiter muß im Kontext der ganzen Beziehung interpretiert werden. Der ganze Körper des Reiters spricht zu dem Pferd und nicht nur die Beine, deren Kommunikation deutlich sichtbar ist. Jede Bewegung wird am Ende der Knochen deutlicher, wie der Bogen, in dem ein Pendel schwingt, obwohl sein Ausgangspunkt sich nur wenig bewegt. Jede Bewegung beginnt mit einer Intention, wie fein diese auch sein mag. Je bewußter Sie sich dessen werden, desto eher können Sie sehen, daß das so ist.

Die grundlegende Verständigung mit dem Pferd ist in Europa ziemlich standardisiert und basiert auf den Traditionen der klassischen Reitkunst wie etwa der der Spanischen Hofreitschule in Wien. Dadurch gibt es eine gemeinsame Sprache zwischen allen Reitern und Pferden. Das heißt nicht, es gäbe keine Variationen. Jeder Reiter hat seine eigene Interpretation der grundlegenden Anweisungen für das Pferd. Reiter müssen ihre Hilfen also anpassen, wenn sie ein fremdes Pferd zum erstenmal reiten. Die Pferde sind ebenfalls unterschiedlich in ihrer Sensibilität und reagieren empfindlich auf Veränderungen. Es ist wichtig, sie nicht durcheinanderzubringen.

Wenn es für die Reiter an der Zeit ist zu lernen, mehr Einfluß auf das Pferd zu gewinnen und ihr Repertoire an Bewegungen zu vergrößern, kann es eine deutliche Anspannung verursachen, sich an alles zu erinnern, was sie mit dieser Hand oder jenem Bein tun sollen. Wenn die anderen Anforderungen an ein gutes Reiten noch dazu addiert werden, wie zum Beispiel der richtige Sitz des Reiters und die korrekte Haltung des Pferdes, entsteht auf einmal ein Berg von Informationen, die der Reiter beachten soll.

Oft verursacht die erste Begegnung mit der Komplexität der Reitersprache die Tendenz, zu »zielorientiert« zu werden. An dieser Stelle brauchen wir Ruhe und Entspannung am meisten. Eine Sprache zu lernen heißt, sich an das Wesentliche zu erinnern und nicht an die Einzelheiten mit dem Wissen, daß, wenn Sie mit dem Pferd kommunizieren können, alles andere ganz natürlich an der richtigen Stelle mit hineinwirkt.

Lassen Sie uns die Galoppwechsel als Beispiel für die Hilfengebung durch den Reiter genauer ansehen. Ein ausgebildetes Pferd kann verstehen, ob es rechts oder links angaloppieren soll. Die Aufforderung kommt durch den Reiter über den linken Zügel, der das Pferd etwas nach links stellt, wenn es links angaloppieren soll. Der äußere Zügel unterstützt diese Position. Gleichzeitig wird der rechte (äußere) Schenkel nach hinten gelegt, um die Hinterhand in der Position und im Gang zu halten, während der linke Schenkel den Impuls zum Wechsel gibt und den Galoppsprung herausläßt. Von oben gesehen könnte man den Eindruck bekommen, das Pferd sei leicht um den linken Schenkel des Reiters gebogen.

Wir benennen »innen« und »außen« in bezug auf die Haltung des Pferdes in einer Biegung. Man sagt, das Pferd steht am »linken« Zügel, wenn es sich entgegen dem Uhrzeigersinn bewegt, und es steht am »rechten« Zügel, wenn es sich im Uhrzeigersinn bewegt. In dieser Situation sind die Begriffe »innen« und »außen« ziemlich klar. Wenn man jedoch dieses grundlegende Konzept der Position des Pferdes verstanden hat, kann man es in jeden anderen Kontext übernehmen, nicht nur in bezug auf die Richtung in der Reitbahn, sondern auch auf die Position des Pferdekörpers in jedem Bewegungsablauf. Es scheint ein Widerspruch zu sein, wenn das Pferd auf dem Zirkel Außengalopp geht, doch dabei ist es ausschließlich die Position des Pferdes, auf die sich die Worte »innen« und »außen« beziehen, da ein Pferd in der Kontergalopphaltung ganz leicht um den äußeren Schenkel des Reiters gebogen ist.

Das scheint unlogisch zu sein, aber wenn Sie auf diesem reiterlichen Niveau angekommen sind, klären sich auf praktische Weise die Begriffe »innerer« und »äußerer« Pferdekörper und die richtige Hilfengebung dazu. Für den Enthusiasten im »Reiten mit Gefühl« scheint das alles ziemlich kopflastig zu klingen. Sie haben keinen Grund zu übertriebener Sorge, denn ein Schritt folgt auf den nächsten. Wenn Sie auf einen Teil des Prozesses achten, stellt sich der Rest von alleine ein.

Bei einer Gelegenheit hatte eine Schülerin ein Problem im Galopp mit ihrem L-Dressurpferd. In diesem Fall waren der Reiterin die Übergänge nicht prompt und fließend genug. Sie wurden im Gegenteil immer ungleichmäßiger und zögernder. Die Reitlehrerin fragte sie, was sie da zu tun versuchte. Sie antwortete mit einer Serie von Instruktionen, auf die das Pferd hatte hören sollen.

»Welche Anweisung ist am wichtigsten, und wie soll sie sich anfühlen?« wurde sie gefragt. Sie suchte sich aus, die Zügelführung bewußt zu spüren, während sie das Pferd angaloppieren ließ, und sie wählte das Wort »sanft«, um sie zu beschreiben. Sie benutzte die Zahlen von 1 bis 10, um sie benennen zu können, und fand dabei heraus, daß jetzt die Übergänge fließender wurden. Ihr wurde klar, daß sie viel zu verbissen versucht hatte, zu viele Dinge gleichzeitig zu verwirklichen. Jetzt hatte sie über ihr Bewußtsein neu entdeckt, daß alle ihre Sorgen sich auflösten, wenn sie auf das Wesentliche achtete.

Bis hierher haben wir die meiste Aufmerksamkeit der Richtung und dem Vorwärtsimpuls des Pferdes gewidmet. Jetzt ist es an der Zeit, Takt und Tempo des Pferdes zu regulieren und zu kontrollieren.

Die Kontrolle des Tempos

Ein junges Pferd reagiert auf die Zügelführung des Reiters nicht intuitiv. Ihm muß beigebracht werde, was die Hilfen bedeuten, bevor es auf Zügeleinwirkung hin anhält und

Abb. 93: Pferd und Reiter ziehen beide am Zügel.

sich nicht widersetzt. Wenn es sich diese Widersetzlichkeiten angewöhnt, kann leicht ein Krieg mit dem Reiter entbrennen. Das Pferdemaul als sehr sensibler Teil seiner Anatomie kann auch leicht mißhandelt werden. Einfühlsame Hände sind einigen glücklichen Reitern angeboren, aber Sie brauchen keine außergewöhnliche Begabung zu haben, denn Sie können sich mit wachsendem Bewußtsein entwickeln. Eines der Ballspiele kann dabei helfen, da es Gefühle unterschiedlicher Anspannung widerspiegelt, die der Reiter dann erkennen kann. Als Ergebnis entwickeln Pferd und Reiter vertrauensvoll eine weiche Zügelverbindung.

Wenn einer der Partner die Spannung verstärkt, entsteht Widerstand. Das Pferd protestiert gegen die Hand des Reiters, indem es die Zähne zusammenbeißt, und der Reiter reagiert darauf, indem er noch mehr zieht. Da das Pferd so viel stärker ist, kann diese Konfrontation nur zu seinen Gunsten ausgehen.

Keinen Widerstand anbieten hat mehr Erfolg, da ein Pferd nicht gegen sich selber ziehen kann. Das Vertrauen zu haben, in manchen Situationen nachzugeben, erfordert etwas Mut, aber nach einiger Erfahrung zeigt es sich, wie effektiv es ist, den Zügel anzunehmen und auch wieder nachzugeben.

Das Halten

Wenn der Reiter das Tempo verlangsamen oder anhalten möchte, gibt er diese Aufforderung über den äußeren Zügel, während der innere Zügel dem Pferd die Richtung angibt. Alle Hilfen aus der Reiterhand brauchen die Unterstützung vom Schenkel des Reiters. Als Ergebnis wird die Energie des Pferdes zurück in die Hand des Reiters geführt und hält das Pferd so im Gleichgewicht, daß Gehorsam möglich wird. Je weiter das Pferd seine Hinterhand unter den Körper bringen kann, desto leichter wird es in der Vorhand, und so bekommt das Zurücknehmen des Tempos oder Anhalten nicht den Schubkarreneffekt, der es dem Pferd so schwer macht. Wenn das Pferd zu seiner Unterstützung an den Zügel herantritt, kann das nicht mehr passieren.

Anweisungen an den Reiter, den Zügel einzusetzen, um anzuhalten, können oft fehlinterpretiert werden, aber die Ballübung bringt bald die gewünschten Ergebnisse. Es ist ein interessantes Phänomen, wenn die Reiter die Zügel unnatürlich aufnehmen. Irgendwie produziert das dünne, harte Material ein schlechtes Gefühl, das aber ganz verschwindet, wenn der Reiter den Ball halten oder in die andere Hand übergeben soll. Die Zügel scheinen den Gebrauch der Hand so zu verkünsteln, wie es bei anderen Gelegenheiten nicht geschieht. Wenn wir einen Ball in die andere Hand übergeben wollen, sind beide Hände in ganz natürlicher Weise in der richtigen Höhe und der richtigen Haltung für die Zügelführung. Das kann man an der geraden Linie sehen, die vom Ellbogen des Reiters zum Pferdemaul führt. Der Ellbogen ist das Gelenk, das die Aufhängung bildet, die die Elastizität ermöglicht, mit der der Reiter mit dem Nicken des Pferdekopfes mitgehen kann. So wird die Hand überhaupt in alle Bewegungen integriert. Reiter sollten denken, sie gäben ihren Pferden die Hände. Wenn die Ballübung erst einmal die mögliche weiche Verbindung zwischen Reiterhand und Pferdemaul vermittelt hat, kann der Reiter viel eher entspannen und sie zulassen.

Wie wir gesehen haben, genügt meistens alleine die Absicht, um sich dem Pferd mitzuteilen. Sie kann also bei jeder Veränderung nützlich sein. Beim Verlangsamen des Tempos oder Anhalten zum Beispiel ist es oft der Körper des Reiters selber, der eigentlich langsamer wird und das Pferd warnt. Sollte der Reiter gerade leichttraben, wenn er sich entschließt, langsamer zu reiten, sollte er vor dem Einsitzen etwas leichter aufstehen, um sich dem Pferd mitzuteilen. Sie sollten dafür beide Schenkel anlegen, um das Pferd im Gleichgewicht zu halten, und die Richtung mit Hilfe des inneren Zügels stabilisieren. Das Durchparieren findet dann über den äußeren Zügel statt mit einer Abfolge von etwas Druck und Nachgeben. Wenn Sie dem Pferd Zeit lassen, um sich auf Richtungs- und Tempowechsel vorzubereiten, wird es ruhiger und entspannt bleiben. Erinnern Sie sich daran, daß Pferde eindimensional denken und bereitwillig auf eine klare Aussage reagieren. Jede Aufforderung braucht ihre Zeit in bezug auf die Reaktionen des Pferdes, und es ist wichtig, nicht nachzugeben, wenn das Pferd den Zügel braucht, und nicht am Zügel zu ziehen, wenn das Pferd nachgibt. Die Fähigkeit, jeweils das Gegenteil zu tun, macht den fortgeschrittenen Reiter aus.

Wie das Pferd anhält, zeigt seinen Ausbildungsstand an oder Ausbildungsmängel auf. Die Art und Weise, wie der Reiter anhält, sagt dasselbe aus und auch wie beide sich dabei fühlen, insbesondere wenn Widerstände auftauchen bzw. das Pferd die Hilfe einfach ignoriert. Diese Situation kann in einer Dressurprüfung entstehen, wenn der Reiter sein Bestes gibt und als erstes zum Halten durchparieren soll. Unnötige Hast oder Härte an dieser Stelle der Prüfung kann Widerstände beim Pferd aufbauen. Das zeigt sich, wenn es den Kopf hochwirft, das Maul öffnet, seinen Körper von Kopf bis Schweif festmacht und vielleicht sogar mit dem

Abb. 94: Das Halten

Schweif schlägt, um auszudrücken, wie irritiert es ist.

Wenn der Reiter diesen Teil der Aufgabe zu forciert geübt hat, assoziiert das Pferd das Halten mit unbequemen Gefühlen. Wenn das Pferd andererseits die Erfahrung gemacht hat, daß es durch Kooperation einen Moment freier Ruhe erlebt, wird es die Wünsche des Reiters freiwillig erfüllen.

Die Art, wie Sie das Halten einleiten, ist wichtiger als der Ort, wo Sie anhalten. Um die Übungen in der ganzen Parade zu entspannen, gibt es eine Übung, die das »Wie« und das »Wo« kombiniert, ohne zuviel Druck auf das Pferd auszuüben. Nehmen Sie sich eine Stelle vor, an der Sie vom Trab zum Schritt durchparieren wollen, und markieren Sie diese Stelle irgendwie. Dieses ist eine Visualisationsübung. Nehmen Sie sich vor, sich zu entspannen, wenn Sie in Ihrer Vorstellung zu dem Markierungspunkt kommen und sanft und fließend die Gangart wechseln. Denken Sie an so viele Einzelheiten wie möglich, wie etwa den Kopf des Pferdes, seinen Hals, seine Ohren, seine Tiefe, sein Erscheinungsbild insgesamt. Denken Sie über das Tempo nach und wie es sich anfühlen soll, wenn Sie durchparieren. Setzen Sie das dann ohne jede körperliche Anstrengung in die Praxis um, und achten Sie darauf, was passiert. Das ist alles, was Sie tun müssen, außer es sich vor Ihrem geistigen Auge vorzustellen. Was ist geschehen? Wahrscheinlich hat Ihr Pferd gezögert, wenn es nicht sogar durchpariert ist. Üben Sie das ein paarmal, und lassen Sie das Pferd auf seine Art reagieren. Setzen Sie es dann praktisch um für die ganze Parade zum Halten. Denken Sie daran, daß das Pferd drei oder vier Schritte braucht, um ausbalanciert anhalten zu können. Lassen Sie das also zu.

Eine weitere Bewußtseinsübung ist, die Schritte zu zählen, die das Pferd bis zum Anhalten braucht, während Sie in Ruhe den Zügel annehmen und nachgeben. Ihre auf die Anzahl gerichtete Aufmerksamkeit reduziert die Tendenz, das Pferd ins Halten zu zwingen. Sie bleiben dabei entspannt, so daß Sie das Pferd nicht stören. Wiederholen Sie das, so oft Sie wollen, und seien Sie großzügig mit Lob, wenn das Pferd anhält. Sie können noch einen Schritt weitergehen und den Abstand bis zu Ihrem Haltepunkt abschätzen und dabei jeden Ansatz zum Gehorsam des Pferdes dankbar annehmen.

Es gibt zwei Gründe, Diskrepanzen in der genauen Einschätzung zu bewerten. Erstens schafft man Tatsachen wie: »Ich bin eineinhalb Meter vor dem Ziel« und keine Phantasien wie: »Das war ein schlechter Versuch«. Zweitens kann Ihr Körper sich vorbereiten, ohne daß Sie sich dessen richtig bewußt sind; Ihr Pferd wird es aber sofort spüren.

Das Rückwärtsrichten

Wenn das Pferd mit entspannter Aufmerksamkeit anhalten kann, wird man weniger Probleme haben, ihm das Rückwärtsrichten beizubringen. Das ist eine sinnvolle Erweiterung des Repertoires des Pferdes und wird zum Beispiel beim Öffnen und Schließen eines Tores gebraucht.

Wenn das Pferd erst einmal verstanden hat, beim Kommando zum Anhalten an den Zügel heranzutreten, ist die Aufforderung zum Rückwärtsrichten die logische Fortsetzung. Der einzige Unterschied in der Hilfengebung ist der verstärkte Zügelkontakt, der, unterstützt von dem Schenkel des Reiters, das Pferd veranlaßt, zurückzutreten. Wenn das geschieht, sollte das Pferd sofort gelobt werden. Die Sequenz Anfrage – Lob sollte wiederholt werden, wenn das Pferd angefangen hat zu begreifen.

Beim Rückwärtsrichten fußt das Pferd diagonal gleichzeitig auf, wenn in der zugrunde liegenden Ausbildung Ruhe und Entspannung sowie ein rundes Herantreten an den Zügel gefördert worden sind. Wenn Kraft eingesetzt wird oder zu viele Tritte abverlangt werden, kann der Widerstand des Pferdes nicht nur den Weg zum Erfolg blockieren, sondern unangenehme Assoziationen können auch weitere Versuche vereiteln. Wenn das Pferd erst einmal den Kopf gehoben und den Rücken durchgedrückt hat, ist es ihm wirklich unmöglich zu gehorchen. Dieses Manöver verstärkt die Belastung auf dem Pferderücken. Es ist daher wichtig, daran zu denken, sich im Sattel leicht zu machen, so daß das Pferd ohne Störungen zurücktreten kann. Mit Mühelosigkeit ausgeführt, wird das Rückwärtsrichten eine weitere Übung, die die Schubkraft und Tragkraft der Hinterhand verbessert.

Es gibt keinen Grund, warum das Rückwärtsrichten nicht zuerst vom Boden aus geübt werden sollte. Klopfen Sie sanft mit der Gerte abwechselnd gegen die Vorderbeine, und sagen Sie dabei »zurück«. Denken Sie daran, zuerst mit ein oder zwei Tritten zufrieden zu sein, und fordern Sie nicht mehr als drei oder vier, wenn das Pferd die Übung beherrscht. Schließlich wollen wir vor allem immer die freie Bewegung nach vorne verwirklichen. Wenn seine Gänge gleichmäßig und fließend sind und es beim Handwechsel

Abb. 95: Falsches Rückwärtsrichten durch Zurren am Zügel.

Abb. 96: Richtiges Rückwärtsrichten

und auf gebogenen Linien durchlässig ist, werden die sie verbindenden Übergänge sanft und spontan. Sie werden dann ohne Widerstände anhalten können, da die seelische und körperliche Verfassung des Pferdes ihm erlauben, die Wünsche des Reiters aufmerksam und kooperativ zu befolgen. Die Hilfen des Reiters, aus den Gedanken entwickelt, werden nach und nach einfühlsamer, da Pferd und Reiter sich seelisch näherkommen.

Colonel Llewelyn sagte es in seinem Vorwort zu Lucy Rees' Buch *»The Horse's Mind«: »Ich habe schon oft beschrieben, wie mein Jagdpferd Foxhunter, das das Springen eindeutig liebte, meine Gedanken lesen konnte und ich die seinen. Wenn ich wollte, daß es anhielt, brauchte ich kaum etwas zu tun. Es wußte einfach, was ich dachte.«* Wenn Sie an diesem Punkt angekommen sind, hat sich die Sprache der Hilfen vom Einfachen hin zur Komplexität entwickelt, und der Kreis hat sich geschlossen in einer verfeinerten Einfachheit, die nur entstehen kann, wenn gegenseitiges Verständnis und Vertrauen zwischen Pferd und Reiter existieren.

9. Die innere Verbindung

In diesem Kapitel setzen wir alle Teile des Puzzles zusammen, um ein vollständiges Bild vom Fortschritt zu bekommen, den Pferd und Reiter machen.

In bezug auf das Pferd beschreiben die offiziellen anerkannten Dressurlehren in England folgende Eigenschaften, die durch eine gute Ausbildung hervorgerufen werden:

- Bewegungsfreiheit und Takt;
- Harmonie und Leichtigkeit in der Bewegung;
- die Leichtigkeit der Vorhand und das Engagement der Hinterhand mit Antritt und Schwung;
- das Annehmen des Gebisses in Losgelassenheit ohne Widerstände und Verspannungen.

Wenn wir die Auflistung der Qualitäten eines Dressurpferdes lesen und uns erinnern, daß das Wort Dressur Ausbildung bedeutet, fällt uns vielleicht noch einiges dazu ein. Worte sind sinnträchtig. Sie rufen Gefühle und Erinnerungen hervor. Sie sind auch emotional, anregend und wecken Gefühle. Wenn sie positiv eingesetzt werden, können sie sehr effektive Trainingshilfen sein. Je mehr Sie sich dessen bewußt werden, desto mehr hilfreiche und anregende Bilder werden Ihnen einfallen.

Ihre Vorstellungen über eine gute Ausbildung in Ihren eigenen Worten niederzuschreiben ist sowohl eine kreative Übung als auch sehr erhellend. Ihre beiden Gehirnhälften werden dabei aktiviert, und die intuitive rechte Gehirnhälfte bekommt die Gelegenheit, sich deutlicher zu äußern.

Die Vorteile einer soliden Ausbildung, für Pferd und Reiter, sind deutlich, und das Pferd, wie ein Kind, ist immer glücklicher, wenn es die Sicherheit einer logisch entwikkelten Ordnung erfährt. Sie gibt ihm einen sicheren Rahmen, in dem es sich gut fühlt mit seinen Freunden unter den Pferden und unter den Menschen.

Wenn Sie für Ihre Zusammenarbeit mehr Informationen und mehr Erfahrungen zur Verfügung haben, können Sie die Entwicklung Ihres Pferdes mit einem alten Auto vergleichen, das am Anfang viel zu wünschen übrigläßt in bezug auf Starten, Steuern und Bremsen. Es kann sich durch geduldige Pflege und Training in eine Limousine verwandeln oder in einen Sportwagen mit höherer Geschwindigkeit, automatischer Steuerung und synchronisierter Gangschaltung.

Es besteht jedoch die Gefahr, daß Sie vor lauter Freude über die Ergebnisse vergessen, womit Sie angefangen haben. Es ist hilfreich, sich das von Zeit zu Zeit in Erinnerung zu rufen, um Ihre Entwicklung aus der richtigen Perspektive sehen zu können und um falsche Schlußfolgerungen, wie schnell Sie vorankommen können, zu vermeiden.

Sie können diese Umwandlung belegen, wenn es Ihnen möglich ist, spontan eine Übungssequenz in allen Gangarten zu reiten, auf die Anweisung des Reitlehrers oder eines Freundes hin. Das heißt, die nächste Lektion wird dabei erst kurz vorher angekündigt und soll mit größtmöglicher Genauigkeit ausgeführt werden. Dabei zeigt sich auch, ob Sie in Ihren Bewegungsabläufen die Faktoren Zeit, Gewicht, Raum und Fluß effektiv einsetzen.

Bei einer solchen Übung können Sie dann Ihr Selbst II, den automatischen Piloten, vorherrschend wirken lassen, während Ihr Selbst I auf die Anweisung hört. Wenn Sie Ihren Körper auf diese intuitive Art umsetzen lassen, was er hört, erreichen Sie das Gefühl, seelisch im Gleichgewicht und entspannt zu sein.

Eine ähnliche Übung können Sie selber machen; Sie können Bewegungsabläufe ausführen, die das Pferd vorzuschlagen scheint. Stellen Sie sich vor, es wäre ein Muster aus verschiedenen Farben in einem gewirkten Teppich, der von der Umzäunung der Reitbahn eingerahmt wird. Eine weitere Möglichkeit, Ihre Übungen zusammenzustellen, haben Sie, wenn Sie Ihre Aktivitäten als Tanz mit verschiedenen Schrittfolgen und wechselndem Tempo visualisieren, den Sie sanft und fließend in allen Variationen tanzen wollen. Um dieses Stadium zu erreichen, müssen Sie und Ihr Pferd Übungen durchführen, die Sie biegsamer und geschmeidiger machen. Sie müssen auch Ihr Bewußtsein darüber schulen, wie diese Aktivitäten Ihren Körper beeinflussen. Wenn Ihr Pferd erst einmal willig auf Ihre treibenden Schenkel reagiert und den Zügel gelassen annimmt, können Sie es viel leichter lenken.

Die Energie, die das Pferd aus seiner Hinterhand heraus entwickelt, ähnelt einem Außenbordmotor und fühlt sich nach einiger Zeit mehr wie ein innerer Motor an, wenn die Hinterhand mehr untertritt. Dann kann das Pferd leichter sein Gleichgewicht finden beim Handwechsel, beim Durchreiten von Ecken und gebogenen Linien.

Als nächsten Schritt können Sie vom Pferd verlangen, mehr Zügelkontakt bewußter anzunehmen. Es soll sich vertrauensvoll in die Hand hineinbegeben, indem es im Genick und im Unterkiefer locker wird, wenn der Reiter es auffordert, mit der Hinterhand unterzutreten. Das Pferd sollte dabei nicht eiliger werden. Die Kombination von Reiterschenkel und Reiterhand verstärkt sanft den Druck auf das Pferdemaul, bis das Pferd in der oben beschriebenen Weise reagiert. Jetzt, sagt man, steht das Pferd am Zügel. Als Ergebnis verändert sich die gesamte Oberlinie seines Körpers. Es wird etwas kürzer und dabei runder und trägt seinen Kopf in fast vertikaler Haltung. Wenn das Pferd diese Haltung innerlich annimmt, entspannt es seinen Rücken und nimmt eine aufmerksame, dem Reiter zugewandte Haltung ein.

Es liegt in der Verantwortung des Reiters, das Pferd zu diesem Stand der Entwicklung hinzuführen und dann diese neue Anforderung einfühlsam zu bewahren. Das ist nicht immer einfach, besonders wenn die bisherigen Erfahrungen des Pferdes schmerzhaft waren. Deshalb ist es hilfreich, sich die Probleme anzusehen, die im Pferdemaul entstehen können.

Verbesserter Zügelkontakt

Wenn das Pferd die Hand des Reiters auf dem Zügel annimmt, hat das einen großen Einfluß auf seinen Bewegungsablauf insgesamt. Das kann sich auf dramatische Weise verändern, wenn es Angst vor Schmerzen im

Abb. 97: Am Zügel

Abb. 98: Hinter dem Zügel

Abb. 99: Über dem Zügel

Maul hat. Es ist nichts geringes, vom Pferd zu erwarten, daß es die verschiedenen Gebisse in seinem Maul toleriert, die dem Reiter die nötige Kontrolle verschaffen. Gebisse müssen human sein, das versteht sich von selbst. Die Barbarei einiger Erfindungen in der Vergangenheit ist kaum zu glauben. Viele der alten Gebisse aus der viktorianischen Zeit konnten dem Pferd den Kiefer leicht brechen. Es ist wirklich eine Verbesserung, daß heutzutage generell das Trensengebiß verwendet wird. Aber auch das Trensengebiß kann Schmerzen verursachen, wenn es schlecht angepaßt ist oder in die falschen Hände gerät. Kombiniert mit einem zu engen hannoverschen Reithalfter kann es in meist viel weniger auffälliger Weise Schmerzen verursachen.

Ein Pferd muß das Vertrauen entwickeln können, daß der Reiter mit den Zügeln eine gleichmäßige Verbindung halten kann – wir nennen das »den Kontakt aufnehmen«. Wenn das Pferd als Ergebnis unglücklicher Erfahrungen aus der Vergangenheit mit dem Kopf schlägt, kann es schwierig sein, einen beständigen und verläßlichen Zügelkontakt zu halten und damit ein konstantes Reizen am Gebiß zu verhindern, während das Pferd mit dem Kopf schlägt, um dem zu entgehen. Wenn das geschieht, verspannt sich das Pferd sehr, und in der Folge verspannt sich der Reiter ebenfalls, weil er sich bemüht, einen gleichmäßigen Kontakt mit den Händen aufzubauen. Die Lösung ist, dem Pferdekopf mit der Hand zu folgen, wo immer er sich hinbewegt, ihn etwa wie einen Fisch an der Angel zu behalten, während man ihn an Land bringt, wobei eine durchhängende Leine heißen kann, daß sie gerissen ist und der Fisch mit mit Haken im Maul davonschwimmt. Wenn das Pferd den Zügelkontakt unterbricht, entsteht ein plötzlicher Zug, wenn der Kontakt wieder aufgenommen wird. Dadurch entsteht eine sehr unbefriedigende Verbindung zwischen Pferd und Reiter, da beide sich darum streiten, wer zuerst loslassen muß.

Die Antwort liegt nicht unbedingt darin, mit einem sehr leichten Zügelkontakt zu reiten, den man oft sehr schwer behalten kann. Das Pferd spürt das und fühlt sich unsicher durch die Hand des Reiters. Es ist viel besser, einen deutlich festen Zügelkontakt herzustellen, um dem Pferd Vertrauen zu geben wie einem Kind, das Sie an der Hand nehmen, um die Straße zu überqueren. Der Schlüssel zu einem beständigen guten Kontakt ist es, herauszufinden, welchen Grad an Zügelkontakt Pferd und Reiter brauchen.

Wenn Sie einen beständigen und verläßlichen Kontakt hergestellt haben, können Sie eine Veränderung bemerken, sowohl im Erscheinungsbild des Pferdes als auch in seiner Art, sich zu bewegen. Das erreichte gegenseitige bequeme Gefühl läßt den Reiter größer werden, während er gleichzeitig tiefer im Sattel sitzt. Das Pferd wird runder in der Oberlinie, wenn es das Gebiß erst einmal annimmt. Es kann seinen Kopf und Hals fallen lassen und den Kontakt suchen. Sein Rücken wird dabei freier und wölbt sich in eine belastbare und flexible Haltung hinein, während die Hinterhand vermehrt unter den Körper tritt. Wenn das geschieht, kann das Pferd sich besser tragen, da es seinen Schwerpunkt von seinen Schultern zurück hinter den Widerrist verlagern kann. Je mehr die Hinterbeine untertreten, desto besser können sie ihren Teil des Gewichtes aufnehmen, anstatt es auf der Vorhand zu lassen, die am Anfang der Ausbildung häufig überbelastet wird.

Eine verbesserte Selbsthaltung

Ein verbessertes Gleichgewicht im Pferd führt zu einer besseren Haltung. Das Pferd ist in seiner Entwicklung einen Schritt weiter gekommen, je mehr es die Tragkraft der Hinterhand entwickeln kann. Wenn der Reiter eine elegante Haltung einnimmt, verbinden sich Balance und Selbsthaltung zu einer sehr schönen Aufrichtung. In den Kursen »Reiten mit Gefühl« hat eine solche Entwicklung manchmal ganz spontan stattgefunden, zur Überraschung aller Beteiligten.

In einer verbesserten Selbsthaltung läßt das Pferd nicht nur entspannt Kopf und Hals fallen, sondern zeigt außerdem sein Vertrauen in den Zügelkontakt, indem es seinen Unterkiefer losläßt. Das verändert den Winkel, in dem der Kopf gehalten wird, bis er etwas vor der Senkrechten steht. Wenn das Pferd das tut, kann der Reiter spüren, daß sich der Zügel leichter und weicher anfühlt und das Pferd vollkommen durchlässig im Gehorsam steht und dabei seinen Vorwärtsdrang nicht aufgibt.

Diese Haltung ist sehr erwünscht, und es überrascht daher nicht, daß der Reiter sie dem Pferd manchmal aufzwingen möchte, wenn er es eilig hat und möchte, daß das Pferd korrekt aussieht. Wenn das Ergebnis auf diese Art herbeigeführt werden soll, entsteht jedoch leicht eine Anspannung bei Pferd und Reiter.

Die Betonung zu sehr auf eine gute Haltung zu legen, bevor Pferd und Reiter angemessen darauf vorbereitet sind, kann dazu führen, daß der Reiter eine fixe Idee daraus entwickelt. Es ist nicht nötig, davon besessen zu sein, »das Pferd an den Zügel zu stellen«. Mit dem neuen bewußten Konzept können Sie das ohne allzuviel Mühe hinbekommen – als ein natürliches Ergebnis Ihrer Übungen im »Reiten mit Gefühl«. Wenn Sie eine gute Haltung erreichen, ist das ein sehr positiver Schritt nach vorne und sagt etwas über das gegenseitige Vertrauen zwischen Pferd und Reiter aus.

Ein ungewöhnliches Beispiel für die Entwicklung von Balance zur Selbsthaltung passierte in einer Anfängerstunde. Bob war ein Trainer im »Mentalen Spiel«, hatte aber wenig Erfahrung im Reiten. Er hatte in Australien geritten, jedoch keinen Unterricht gehabt. Er lieh sich ein Pferd für seine Reitstunde aus, ein sehr gut trainiertes Jagdpferd, dessen Größe er schwindelerregend fand. Da das Pferd ziemlich frisch war, ließ der Reitlehrer es von der Besitzerin abreiten, bevor Bob aufsaß. In der Zeit konnte Bob beobachten, wie es geritten wurde, und auch der Reitlehrer konnte sich auf das Pferd einstellen. Das in Frage kommende Pferd trug seinen Kopf sehr hoch und war dadurch mit einem durchgedrückten Rücken sehr verspannt. Als Bob aufsaß, benötigte er einige Zeit, um sein Gleichgewicht zu finden, in der er verschiedene Steigbügellängen ausprobierte. Schließlich war er fertig und wurde im Schritt geführt. Er nahm sich nun die Zeit, den Schritt zu fühlen und einige grundlegende Übungen durchzuführen, also das Pferd abzuwenden oder anzuhalten. Bald ritt er alleine um die Bahn und begann, über das Traben zu reden, als er sich sicherer fühlte.

Der Ausbilder sprach kontinuierlich sein Gleichgewicht an und das, was ihm auffiel. Er entschied sich dafür, ihn beim nächsten Fragen traben zu lassen. Das Pferd war nun zur Zusammenarbeit wirklich bereit. Als das Pferd antrabte, wurde deutlich, daß Bob beim Leichttraben sehr mühsam aufstand, und so wurde daran gearbeitet. Der Reitlehrer fragte Bob, was er deutlicher spüren konnte, das Aufstehen oder das Einsitzen.

Bob antwortete sofort: »Das Einsitzen!« Aber er bemerkte gleichzeitig, daß er zu hoch aufstand und zu lange dafür brauchte und er dadurch sein Gleichgewicht verlor und in den Sattel zurückplumpste. Nun kam das Thema Rhythmus auf. Der Reitlehrer benutzte jetzt die allgemein im Tennis angewandte Technik aus dem »Mentalen Spiel«, also »federn, treffen« anstatt »hoch und runter«. Bobs Aufmerksamkeit wurde auf den »federn, treffen – Rhythmus« gelenkt, und das mühsame Aufstehen in Bobs Leichttraben verschwand. Das Ergebnis war gut. Bob sah, daß er im Gleichklang mit dem Pferd war, und ritt damit viel müheloser um die Bahn.

Plötzlich ließ das Pferd seinen Kopf fallen, wurde rund und entspannte im Körper. Es ging tatsächlich am Zügel. Niemand war über diese Verhaltensänderung überraschter als der Reitlehrer. Dann war Bob müde, und wir entschieden uns dafür, der Besitzerin eine kurze Stunde zu geben, da sie Bob das Pferd geliehen hatte.

Als sie aufsaß, wurde sie gefragt, was sie gerne tun würde. Sie sagte sofort: »Ich versuche nun schon so lange mein Pferd an den Zügel zu reiten, hatte aber nie Erfolg. Wenn es bei Bob ging, kann ich es vielleicht jetzt auch!«

Es gab wirklich nur einen wesentlichen Unterschied zwischen den Reitern, den das Pferd aber sofort erkannt hatte. Der eine war entspannt und nicht verbissen. Während der andere verzweifelt versuchte, sein Pferd auf eine bestimmte Art zu reiten. Wie wir schon vorher gesehen haben, können wir einen Prozeß sehr vereinfachen, wenn wir ihn vorher visualisieren. Wenn Sie schon einmal einem Pferd zugesehen haben, das »am Zügel« steht, haben Sie eine gute Vorstellung davon, wie das aussehen kann. Diese mentale Übung kann Ihnen wirklich helfen und die Entwicklung beschleunigen, ohne daß Sie dabei reiten. Dr. Harry Emerson Fosdick sagt dazu:

»Halten Sie ein Bild von sich selbst lange genug vor Ihr geistiges Auge, und Sie werden sich dahingehend entwickeln. Stellen Sie sich lebhaft vor, Sie seien schwach, machen Sie sich nur dadurch den Sieg unerreichbar. Stellen Sie sich lebhaft vor, wie Sie gewinnen, wird das alleine unsäglich zu Ihrem Erfolg beitragen.«

Nach einiger Übung können Sie diese positiven Bilder willkürlich auf Ihre geistige Leinwand projizieren und damit Ihrem Körper helfen, sie zu bestätigen. Wenn Sie sich und Ihr Pferd so visualisieren, wie Sie gerne aussehen wollen, helfen Sie, das zu verwirklichen. Die Form Ihres eigenen Körpers und die Ihres Pferdes werden sich verändern. Eine Reiterin, die gleichzeitig Künstlerin war, sagte dazu:

»Ein gutes Design, eine gute Form arbeiten immer mit Erfolg, ob es sich um einen einfachen alltäglichen Gebrauchsgegenstand handelt oder um Pferd und Reiter.«

Es mag schwierig sein zu glauben, daß so ein einfaches Mittel wie die Vorstellungskraft wirkt, aber das geschieht, wenn Sie regelmäßig üben. Wenn die Menschen eine Visualisierungsübung machen sollen und dabei beschreiben, wie sie sich selber gerne sähen, geht es für gewöhnlich um ihr körperliches Aussehen. Positive Bilder haben die Kraft eines Magneten. Behalten Sie lieber diese im Sinn als die weniger hilfreichen negativen Bilder. Sie werden Ihnen und Ihrem Pferd helfen, sich zu entspannen, wenn Sie zu den komplexeren Aspekten der Reitkunst kommen.

Eine weitere gute mentale Übung ist es, besondere Worte zu finden, um damit Gefühle und Auffälligkeiten zu beschreiben. Auch diese sollten wieder positiv sein und Teil Ihres mentalen Vokabulars werden. Sie können über Ihr Unterbewußtsein wirken, so daß Sie sie fast magisch einfließen lassen können. Wenn Sie zum Beispiel das Wort »federleicht« auf Ihren Galopp anwenden, kann das sehr inspirierend wirken. Einige Schüler ziehen es vor, ihre Gefühle oder die verschiedenen Gangarten des Pferdes mit Farben zu beschreiben, manchmal auch anstelle des Nummernspieles. Ein Schüler kann zum Beispiel Leichttraben und Aussitzen mit unterschiedlichen Farben oder sogar mit Schattierungen ein- und derselben Farbe belegen. Ein schönes Gefühl für Aussitzen kann man dunkelblau nennen, und zu einem späteren Zeitpunkt diese Farbe in Erinnerung zu rufen und sich darauf zu konzentrieren kann uns das gute Gefühl in Erinnerung bringen, ohne daß wir uns zu verbissen Mühe geben. Dasselbe geschieht mit den besonderen Worten, die Ihr Unterbewußtsein programmieren. Sie können sie genauso in Krisenzeiten einsetzen wie auch in Augenblikken der Freude und dadurch in einer entspannten und aufnahmefähigen Verfassung bleiben.

Verbesserte Übergänge

Wenn Pferd und Reiter mit ihren wachsenden athletischen Fähigkeiten vertrauter geworden sind, kann der allgemeine Standard in der Ausführung angehoben werden. Dazu gehört auch eine genaue Betrachtung der Übergänge, die die einzelnen Gangarten untereinander verbinden.

Wenn die Übergänge weich sind und das Pferd dabei am Zügel bleibt, ohne in der darauffolgenden Gangart an Schwung zu verlieren, kann der Reiter erfahren, wie wichtig Losgelassenheit ist. Der Gebrauch besonderer Worte kann helfen, diese Gefühle von Entspannung zu behalten. Ihr Pferd fängt dann ebenfalls an, sich zu entspannen, und seine verbesserte Kooperation und Akzeptanz können Sie daran sehen, wie es die Übergänge ausführt und wie weich und ausbalanciert es auf gebogenen Linien und Kreisen geht.

Übergänge sind Momente der Wahrheit in bezug auf das Gleichgewicht und die Durchlässigkeit des Pferdes. Und während des Reitens von Übungen werden Widerstände manchmal deutlich. Es ist daher wichtig zu wissen, woher die Widerstände kommen, und sie zu vermeiden, indem wir das Pferd nicht überfordern.

Es gibt zwei Stadien der Entwicklung des Pferdes, fließende Übergänge gehen zu können:

Das junge, noch nicht so gut ausbalancierte Pferd kann nur in die nächsthöhere oder nächsttiefere Gangart wechseln, wie bei einer Tonleiter in der Musik.

Später kann das Pferd eine Gangart überspringen und zum Beispiel aus dem Trab anhalten oder aus dem Schritt angaloppieren, ohne sich zu verspannen. Einige dieser Übergänge sind schwieriger als andere, aus dem Trab anhalten zum Beispiel ist ein schwierigerer Übergang als das Angaloppieren aus dem Schritt. Ein aufmerksamer Reiter findet das schnell heraus, obwohl generelle Aussagen in die Irre führen, da der Schwierigkeitsgrad von Pferd zu Pferd variiert.

Viele Reiter sind überrascht, mit welcher Leichtigkeit die Pferde das an einer bestimmten Stelle der Ausbildung umsetzen können. Wenn die Reiter zum erstenmal Übergänge reiten sollen, sehen sie oft sehr überrascht

Abb. 100: Mitteltrab

Abb. 101: Starker Trab

Abb. 102: Versammelter Trab

aus und sagen: »Oje, ist das wirklich möglich?« Die Pferde geben ihnen meistens eine überraschend positive Antwort.

Übergänge haben noch einen weiteren Vorteil: Sie erhalten das Pferd aufmerksam. Dieses und ihr physischer Nutzen machen sie zu einer bedeutenden Hilfe für das Reiten allgemein. Die Teile des Puzzles finden sich ein.

Übergänge reiten heißt nicht nur die Gangart zu wechseln. Wir können auch innerhalb einer Gangart Übergänge reiten. Wir können zum Beispiel den Trab versammeln oder verstärken. Aus dem auf dem Anfängerniveau zumeist gerittenen Arbeitstrab kann man einen Mitteltrab und einen starken Trab entwickeln, die beide immer mehr verlängerte Tritte erfordern. Der versammelte Trab steht am anderen Ende der Skala, eine verkürzte, jedoch erhabene Version dieses Ganges. Dieselben Variationen gibt es selbstverständlich auch im Schritt und Galopp.

Bevor wir das Thema Übergänge verlassen, wollen wir seine Nützlichkeit in der früheren Ausbildung des Pferdes zum Angaloppieren unterstreichen. Der Galopp kann sich ungeheuer verbessern, wenn wir viele Übergänge einbauen, anstatt das Pferd zu lange im Galopp halten zu wollen. Ein Pferd, das schon auf der Vorhand geht, wird immer schwerer, wenn es ermüdet, und es zu zwingen, weiterzulaufen, kann nur den gegenteiligen Effekt haben. Der Reiter, der genau hinhört, wird merken, wenn die Fußfolge des Pferdes unregelmäßig wird, und erkennen, daß das Pferd das Gleichgewicht verloren hat.

Jede Veränderung in einer Gangart, jeder Übergang, beinhaltet die Veränderung des Schwerpunktes des Pferdes. Die wachsende Kraft und Geschmeidigkeit seiner Hinterhand helfen ihm, den Schwerpunkt nach hinten zu verlagern, damit seine Schultern frei werden. Dadurch entsteht die fließende Mühelosigkeit, in der das Pferd von einem Gang in den anderen überwechseln oder die Richtung ändern kann.

All das zu erreichen kann sehr technisch und fordernd werden, besonders für das Pferd. Es ist wichtig, im Heute zu bleiben und sich immer nur auf eine Sache zu konzentrieren. Die Betonung einer Sache zur Zeit ist besonders wichtig, wenn es zu einer Turniervorstellung kommt. Dort ist soviel Druck, über zu viele Dinge gleichzeitig nachdenken zu müssen. Erinnern Sie sich selber, daß Sie alle Zeit, die Sie brauchen, zur Verfügung haben, wenn Sie im Augenblick bleiben. Vertrauen Sie auf Ihr Selbst II. Es hat einen wunderbaren eingebauten Mechanismus, der den Faktor Zeit zu seinem Vorteil auszunutzen versteht. Wenn die Entwicklung zur Zeit langsam ist, können Sie das in einem späteren Stadium wieder ausgleichen. Schüler, die sich keine Sorgen über die Zeit machen, überholen meistens jene, die sie bezwingen wollen.

Die Bedeutung der Pausen

Eine Pause ist ein weiterer Faktor, den wir uns nicht voll nutzbar machen. Denken Sie daran, daß latentes Lernen zwischen den Reitstunden stattfinden kann und daß das Unterbewußtsein weiterarbeitet, während der Körper sich ausruht. Muskeln können sich viel effektiver bilden, wenn sich ihr Einsatz mit Ruhepausen abwechselt. Wenn Sie zum Beispiel Ihren Arm heben und dabei vor und nach jeder Bewegung eine Pause machen, bleibt die Blutzirkulation in Gang und baut Schlackenstoffe ab. Wenn Muskeln durch Übermüdung einen Muskelkater haben, hören sie auf, effektiv zu funktionieren.

In bezug auf das Pferd bedeutet eine angemessene Pause auch, nicht zu lange bei einer Übung zu verweilen. Sie können natürlich fragen, wie lange *zu lang* ist. Die Antwort ist, daß Ihr erhöhtes Bewußtsein Ihnen die Hinweise gibt. Am Anfang fühlt sich das Pferd zum Beispiel weniger lebhaft an, oder es fängt an, sich zu widersetzen. Wenn das so ist, sollten Sie anhalten und die Atmung des Pferdes beobachten. Diese ist vielleicht zu hastig, die Nüstern und die Flanken beben. Eine beschleunigte Atmung kann auch andere Ursachen haben, aber meistens entsteht sie, wenn das Pferd den Atem anhält, genauso wie Sie, der Reiter, es tun, wenn Sie angespannt sind. Ein untrainiertes Pferd kommt natürlich noch eher in Atemnot, da es weniger Durchhaltevermögen für die ihm abverlangte Aufgabe hat.

Reiten am langen Zügel

Hierbei handelt es sich um einen wertvollen Teil Ihrer Grundausbildung, denn die Übung ermöglicht es dem Reiter, das Pferd dadurch zu belohnen, daß es sich nicht mehr so anstrengen muß. Dabei gibt es zwei verschiedene Stadien: Reiten am hingegebenen Zügel ohne jeglichen Kontakt und Reiten am langen Zügel, während ein Kontakt erhalten bleibt. In beiden Fällen sollte das Pferd Kopf und Hals ganz in die Tiefe strecken, wenn man ihm die Gelegenheit dazu gibt. Es ist offensichtlich, daß sich die Vorhand des Pferdes ausruht, aber in dieser Position strecken sich auch die Rückenmuskeln, so daß der Rücken sich unter dem Reiter aufwölben kann, während die Hinterbeine weiter untertreten. Versuchen Sie Ihre Gerte in

Abb. 103: Am langen Zügel

eine »U«-Form zu bringen. Drehen Sie sie dann um, so daß das »U« auf dem Kopf steht. Das macht Ihnen deutlich, was mit dem Rücken des Pferdes geschieht, wenn es seine Wirbelsäule strecken darf. Es ist daher möglich, das Pferd ausruhen zu lassen und zur selben Zeit eine nützliche Therapie für seine Rückenmuskulatur zur Anwendung zu bringen.

Mit einiger Übung kann das Reiten am langen oder hingegebenen Zügel in allen Gangarten durchgeführt werden. Der Reiter muß sicherstellen, daß seine Körpersprache deutlich ist. Wenn Sie die Hände in den Bauch ziehen, bevor Sie den Zügel länger werden lassen, widersprechen Sie der Absicht, die Sie haben, und das Pferd weiß das. Schieben Sie statt dessen Ihre Hände langsam nach vorne, und öffnen Sie Ihre Finger. Damit sagen Sie dem Pferd: »Hier sind die Zügel! Nimm sie an und strecke dich hinein!« Wenn Sie weiter frei vorwärts geritten sind, wird Ihr Pferd mitgehen. Wenn nicht, müssen Sie noch einmal überprüfen, was Sie mit Ihren Händen getan haben. Ein Pferd, das der Gelegenheit, sich zu erholen, mit Unwillen begegnet, ist irgendwie behindert worden, und Sie müssen sein Verständnis und Vertrauen erst wiedergewinnen. Bild 103 zeigt, wie frei das Pferd in seinem neuen Rahmen ist. Der Wert des Reitens mit langem Zügel geht verloren, wenn der Reiter das Pferd einfach sich selber überläßt. Dies ist nicht der richtige Zeitpunkt für den Reiter, eine Pause zu machen. Er muß dem Pferd helfen, das Beste aus dem Gehen am langen Zügel zu machen, indem er die Hände lockert, sich im Sattel leichter macht und die Geschwindigkeit hält, die das Pferd als angenehm empfindet. Das Pferd muß sich in der neuen Situation neu ausbalancieren, und der Reiter muß alle Veränderungen genau registrieren.

Das Pferd an den langen oder hingegebenen Zügel heranzuführen ist ein Lernprozeß für Reiter und Pferd. Dafür braucht man die Unterstützung des inneren Schenkels und manchmal am Anfang die Gerte an der Schulter des Pferdes, um es auf dem Hufschlag zu halten, wenn Sie um die Bahn herumreiten. Pferde lernen es bald, am verlängerten Zügel zu gehen und dabei ein gleichmäßiges Tempo zu halten, wobei das Gefühl von Eile oder Angst, die Kontrolle zu verlieren, vergeht.

Ein Pferd, dessen Maul in der Vergangenheit mißhandelt worden ist, wird sehr viel Widerstand entwickeln, um sich nicht strekken zu müssen, und es ist Sache des Reiters, es zu führen und ihm zu zeigen, was zu tun ist, bis es verstanden hat, daß es den verlängerten Zügel annehmen kann, ohne dafür mit einem Ruck im Maul bestraft zu werden. Wenn das Pferd zögert, sollten Sie daran denken, jeden kleinen Versuch zu loben, den es macht. Wenn das Pferd durch die Hand des Reiters zurückgehalten oder zu scharf gezäumt wurde, ist es keine Überraschung, daß es ihm an Vertrauen mangelt. Diese Symptome zeigen, daß das Pferd nicht erfahren durfte, was freie Vorwärtsbewegung heißt, die doch eine große Priorität in der gesamten Ausbildung haben sollte.

Jede Reitstunde sollte damit beginnen, das Pferd fünf Minuten am langen oder hingegebenen Zügel gehen zu lassen, und Sie sollten mindestens einmal während der Arbeitsphase so reiten. Zum Schluß der Stunde sollten wir dem Pferd noch einmal fünf Minuten zugestehen, damit es seinen Körper strecken kann. Als Lob und letzte Entspannung. Dadurch entsteht ein fruchtbarer Boden für ein latentes Lernen, das Lernen, welches stattfindet, ob Sie nun auf dem Pferd sitzen oder nicht.

Das Loben des Pferdes

Eine Ruhephase ist ein Lob, das die Pferde bald zu schätzen lernen. Und wo wir gerade über das Loben sprechen – haben Sie schon einmal über die vielfältigen Möglichkeiten nachgedacht, wie Sie zu Ihrem Pferd danke sagen oder es ermutigen können, wenn es einen Anflug von Verstehen zeigt? Die verschiedenen Arten von Lob wirken in unterschiedlich starkem Maße und können jeweils angemessen eingesetzt werden. Dazu gehören:

- abklopfen;
- eine Hilfe nicht weiter geben;
- die Stunde beenden;
- mit dem Pferd sprechen;
- zu einer anderen Übung übergehen;
- das Pferd aus der Bahn heraus auf einen Ausritt nehmen;
- das Pferd auf die Weide bringen;
- das Pferd in den Stall bringen;
- dem Pferd einen Leckerwürfel geben;
- es während der Reitzeit eine Weile ruhig stehen lassen;
- dabei absitzen, besonders bei einem jungen Pferd;
- die Zügel verlängern oder hingeben;
- am Ende der Reitstunde absitzen und das Pferd in den Stall zurückführen.

Sie können diese Punkte in eine Reihenfolge

der Dankbarkeit bringen, um zu sehen, wie Sie ihre jeweilige Bedeutung einschätzen. Denken Sie darüber nach, was das Pferd an diesem Tag in seiner Reitstunde geleistet haben muß, um sein Lob zu verdienen. Inwieweit beeinflußt die zur Verfügung stehende Zeit Ihre Entscheidung?

Eine Reiterin hatte ihre eigene Antwort. Sie hatte hart daran gearbeitet, daß das Pferd sich auf dem Zirkel ausbalancieren konnte. Im Bemühen um das Ergebnis war sie mit dem inneren Schenkel sehr aktiv geworden und beachtete dadurch nicht mehr den Prozeß selber. Plötzlich beschwerte sie sich, daß ihr Bein weh täte. Dann wurde ihr klar, daß, wenn ihr Bein weh tat, die Beine des Pferdes sich vielleicht ebenfalls müde anfühlten und daß ihr verbissenes Versuchen dieses Ergebnis hervorgebracht hatte. Sie hatte die Sorge gehabt, die Zeit würde nicht ausreichen, und in ihrem verzweifelten Ringen um ein Ergebnis, bevor der Wecker schellte, hatte sie die Prioritäten verschoben. Als sie erkannte, was geschehen war, konnte sie jedoch ein angemessenes Lob für das Pferd finden, als es das am meisten brauchte.

In Wendungen und auf Kreislinien das Gleichgewicht halten

Die oben beschriebenen Schwierigkeiten haben Pferde oft auf Kreislinien und in Wendungen. Das liegt meistens an der verkürzten Ausbildungszeit bzw. daran, daß gar keine Ausbildung vorliegt. Sie können schon im Stall anfangen, Ihrem Pferd zu helfen, seitlich durchlässiger zu werden. Sie werden dann die Grenzen Ihres Pferdes besser kennen, bevor Sie es beim Reiten belasten.

Versuchen Sie sanft den Hals Ihres Pferdes nach der einen Seite zu biegen und dann nach der anderen. Während Sie das tun, sollten Sie darauf achten, ob es irgendwelche Widerstände zeigt, und auch darauf, ob die Muskulatur an einer Seite des Halses mehr entwickelt ist als an der anderen. Achten Sie darauf, wie weit das Pferd sich biegen kann, ohne ein Bein bewegen zu müssen, und vergleichen Sie den Grad der Biegung nach beiden Seiten, um Unterschiede festzustellen. Finden Sie heraus, ob der Hals Ihres Pferdes empfindlich ist, wenn Sie darauf drücken. Wie zeigt es an, daß es Schmerzen hat? Es ist sehr überraschend, wie Pferde sich mitteilen können, wenn Sie sensibel für ihre Reaktionen sind.

Eine chronische Verspannung im Hals des Pferdes, die Sie in einer Ruhepause fühlen, geht auch durch das Reiten nicht weg. Manchmal ist diese Verfassung eine ›eingravierte‹ Erinnerung an schmerzhafte Injektionen oder ein Reiten mit Schlaufzügeln. Die sich unter Ihren Händen hart anfühlende Muskulatur zu massieren kann den therapeutischen Prozeß in Gang bringen und diesen Körperteil neu erfahrbar/erfühlbar werden lassen.

Auch der Rücken des Pferdes kann Schwierigkeiten machen, wenn es einen Kreis reiten soll. Die Wirbelsäule ist von Natur aus ziemlich starr, und die dem Brustkorb Bewegungsfreiheit gebende Muskulatur vermittelt die Illusion, daß das Pferd sich gleichmäßig in seiner ganzen Länge biegt. Das Pferd sieht auf der Innenseite hohler aus und auf der Außenseite runder, wenn es diese Bewegung korrekt ausführt.

Wenn die beteiligten Rückenmuskeln unterentwickelt oder überarbeitet sind, muß es eine Reaktion geben. Deshalb ist es wichtig, den Rücken des Pferdes regelmäßig nach Einführung einer neuen Übung auf Anzeichen von Empfindlichkeiten hin zu untersuchen, die viel schneller und häufiger entstehen, als wir glauben. In dieser Situation ist das Pferd nicht nur physisch beeinträchtigt, sondern auch seelisch.

Wenn die Schulter hereinfällt, wann immer Sie Ihr Pferd wenden, ist es unmöglich, den Kopf des Pferdes in die Bewegungsrichtung zu stellen. Also muß der Reiter seinen inneren Schenkel einsetzen, um damit das Pferd zu veranlassen, dem auszuweichen, um sein Gleichgewicht wiederzufinden. Wenn das Pferd diese Hilfe verstanden hat, wird seine Reaktion eine leichte Verlagerung des Gewichtes weg von seinem inneren Bein sein, welches es dann stützend unter seinen Körper setzt.

Dieses sanfte Herüberfließen nennt man Schenkelweichen. Es wird für gewöhnlich vom ersten Hufschlag aus in den zweiten hinein ausgeführt. Das Pferd kann die Botschaft jedoch viel leichter verstehen, wenn man es vom zweiten zum ersten Hufschlag hinüberweichen läßt, da das Pferd die Neigung hat, nach außen zu gehen. Reiter, die keine Reitbahn haben, können diese Übung auf einem ruhigen Feldweg durchführen. Wenn Sie Ihr Pferd in die gewünschte Richtung weichen lassen können, wird es viel leichter sein, mit Balanceproblemen in der Wendung umzugehen.

Wenn Sie mit einem Zirkel von zwanzig Metern Durchmesser anfangen und ihn allmählich kleiner werden lassen, wird die Biegsamkeit des Pferdes dadurch größer. Sie können den Zirkel dann wieder größer werden lassen, indem Sie Ihr Pferd mit dem inneren Schenkel nach außen drücken.

Das nennt man nicht mehr »Schenkelweichen«, da das Pferd auf einer Biegung ist. »Schenkelweichen« nennt man die seitliche Verschiebung von einer geraden Linie auf eine parallel dazu verlaufende zweite gerade Linie, während der Kopf des Pferdes leicht entgegen der Bewegungsrichtung gestellt ist.

Das sind Grundübungen, die dem Pferd ermöglichen, in allen Wendungen aufrecht zu bleiben und nicht zu kentern wie ein Schiff in rauher See. Mit wachsender lateraler und longitudinaler Durchlässigkeit, die beim Üben von Übergängen entsteht, wird das Pferd allmählich geschmeidiger bei Gangart- und Richtungswechseln. Diese Qualitäten führen natürlich zu größerer Genauigkeit in seiner gesamten Arbeit und verbessern gleichzeitig Schwung und Ausstrahlung der Gänge.

Entspannung bei Pferd und Reiter

Entspannung ist bei jeder neuen Arbeit überaus wichtig. Wenn das Pferd entspannt ist, geht es weicher und ist eher bereit, von sich aus ein gewisses Maß an Biegung anzubieten. Wenn Sie das Pferd mit zuviel Kraft zusammenstellen, wird es nur immer kürzer. Und wenn es kürzer wird, wird es natürlich dabei immer steifer. Um dem entgegenzuwirken, benötigt das Pferd den Raum, den ihm ein langer Zügel gewährt. Wenn es sich in den langen Zügel hineinstreckt, kann es sich besser biegen. Wenn Sie langsam arbeiten bzw. im Schritt, können Sie selber herausfinden, was Ihr Pferd tun kann und worauf Sie achten müssen. Das Spiel mit dem Ball in den Händen kann Ihnen dabei nützlich sein. Sie können entweder einen Ball abwechselnd in die eine oder andere Hand nehmen oder in jede Hand einen Ball. Da keine zwei Menschen gleich sind, ist es wichtig, daß Sie diese experimentellen Übungen in Ihrer eigenen Art und Weise umsetzen. Wenn Sie das tun, können Sie herausfinden, wodurch das Gleichgewicht am meisten gestört wird. Wenn Sie dabei nicht gerade im Sattel sitzen, hat das Pferd ein weiteres Problem.

Des weiteren ist von Bedeutung, wie sich Ihr inneres Bein anfühlt. Was geschieht, wenn Sie es einsetzen? Ziehen Sie Ihren Körper zusammen und belasten damit die andere Seite, oder ist Ihre innere Schulter tiefer als die äußere?

Wenn Sie eine Entdeckung machen, sollten Sie eigene Worte finden, um sie zu beschreiben. Sie können Zahlen benutzen oder Farben, wenn Ihnen das hilft. Sie können zum Beispiel ein schwarzes Gefühl haben, wenn Ihre Hand sich schwer fühlt. Eine weitere hilfreiche Technik ist es, jedes negative Wort, das Ihnen in den Sinn kommt, durch ein positives Wort zu ersetzen.

Zirkellinien und Kreis können Ihre Vorstellungskraft symbolisch stimulieren. Denken Sie daran, was sie sonst noch repräsentieren. – Vielleicht einen Garten, einen Teich, einen Krater, einen Wald oder eine Oase. Füllen Sie sie mit Einzelheiten, während Sie reiten. Scheint die Kante des Kraters abzubrechen? Bläst der Wind sie in den Garten, wenn das Pferd aus dem Gleichgewicht kommt? Ist da ein Ungeheuer, das Sie an einem bestimmten Punkt immer wieder aus der Zirkellinie schubst? Lassen Sie diese Bilder Oberhand gewinnen über Ihr sich zu sehr abmühendes Selbst I. Lassen Sie Selbst II an die Arbeit gehen, welches Ihren Körper beeinflußt, ohne daß Sie merken, was passiert.

Ich hatte in meiner ersten Golfstunde eine Erfahrung dieser Art. Da ich noch nie vorher Golf gespielt hatte, waren meine Schläge völlig unvorhersehbar, und wenn ich den Ball getroffen hatte, hatte er nicht genügend Schwung. Noch öfter kam es vor, daß ich den Ball erst gar nicht traf. Der Ausbilder schlug vor, ich solle dem nächsten Ball eine Botschaft mit auf den Weg geben, wenn ich dabei wäre, ihn abzuschlagen. Das tat ich, und zu meiner großen Überraschung verschwand der Ball in weite Ferne. »Was hast du dem Ball mit auf den Weg gegeben?« fragte der Ausbilder überrascht. Ich hatte einfach an das Wort »leicht« gedacht. Es war ein sehr ungewöhnliches Gefühl, da mein Körper überhaupt keine Anzeichen von Anstrengung zeigte. Das magische Wort hatte meiner angeborenen physikalischen Koordination erlaubt, die Verbindung herzustellen. Als ich versuchte, den Schlag zu analysieren, und mich damit abmühte, ihn zu wiederholen, war ich absolut erfolglos.

Dr. James Greene schreibt in Dr. Maxwell Maltz' Buch *»Psycho Cybernetics«*: »In vielen Fällen ist das Aufgeben der Bemühungen oder kopflastigen Anstrengungen schon genug, um ein negatives Muster aufzulösen.« Matthias Alexander sagt es anders: »Wenn Sie aufhören, das Falsche zu tun, kann das Richtige geschehen.«

Alles scheint darauf hinzuweisen, daß aufmerksame Entspannung das »Sesam, öffne dich« ist. Aufmerksame Entspannung ist jedoch leichter beschrieben als getan. Uns selbst zu reprogrammieren, nach Jahren, in denen wir dazu angehalten wurden, uns immer mehr anzustrengen, bedeutet, viele alte Konzepte fallenzulassen.

Wenn Sie den Durchbruch erst einmal in Angriff genommen haben, werden Sie sehr schnell merken, wie oft wir selber unserer eigenen Entwicklung im Wege stehen. Wir halten oft an einem armseligen Selbstbild fest, das uns belügt, wer wir wirklich sind und was wir tun können. Wenn Sie zum Beispiel keine Reaktionen von Ihrem Pferd bekommen und sich selber einen schlechten Reiter schimpfen, ist das einfach nicht die Wahrheit. Die Wahrheit ist, daß Sie aus bestimmten Gründen Schwierigkeiten haben, und Sie haben die Wahl herauszufinden, wo die Schwierigkeiten liegen, anstatt sich zu bedauern. Wenn Sie meinen, Sie sollten besser sein, kommt das häufig davon, daß Sie sich selbst in Relation zu anderen beurteilen. Oder es handelt sich um Ausflüchte wie die »Wenns und Abers« im Wunschdenken. Diese Erwartungen beziehen sich auf eine Zukunft, die für das Heute nicht relevant ist, und bewirken eine Abwendung von der Gegenwart. Sie können auch versteckte Ziele aufzeigen.

Die Antwort ist, diese Ziele zu benennen und auf die Gegenwart einzugehen. An dieser Stelle sollten Sie sich fragen: »Was möchte ich in diesem Moment tun?« Über Ihr Wollen sind Sie schon halb am Ziel, während Ihr Wünschen Sie nie starten läßt. Indem Sie Teilziele definieren, machen Sie jeden Schritt auf dem langen Weg erreichbarer, und Sie lernen, zweckorientiert zu denken. Da ein Schritt zum nächsten führt, wird die Summe Ihrer Erfahrungen immer größer. Diese Erkenntnisse sind bei jedem Reiter unterschiedlich. Es wird klar, daß Menschen nicht alle auf die gleiche Weise sehen, handeln oder Erfahrungen sammeln, genauso wenig wie Pferde sich gleich verhalten.

Eine gerade Linie reiten

Das Ausbildungsprogramm für Ihr Pferd ist nun an dem Punkt angekommen, wo wir das Reiten von geraden Linien besprechen müssen. In einer Dressuraufgabe verliert man dabei oft viele Punkte, denn es ist die einleitende und die abschließende Aufgabe. Lampenfieber zeigt sich beim Einreiten von Pferd und Reiter, und am Ende der Aufgabe bemühen sie sich oft zu verbissen, die letzte Übung gut auszuführen. Die letzte gerade Linie fällt aber meist besser aus.

Das Geradeausreiten prüft das Können von Pferd und Reiter. Es sieht oft aus wie

Abb. 104: Die Quadrate in den Ecken und die Wechsellinien.

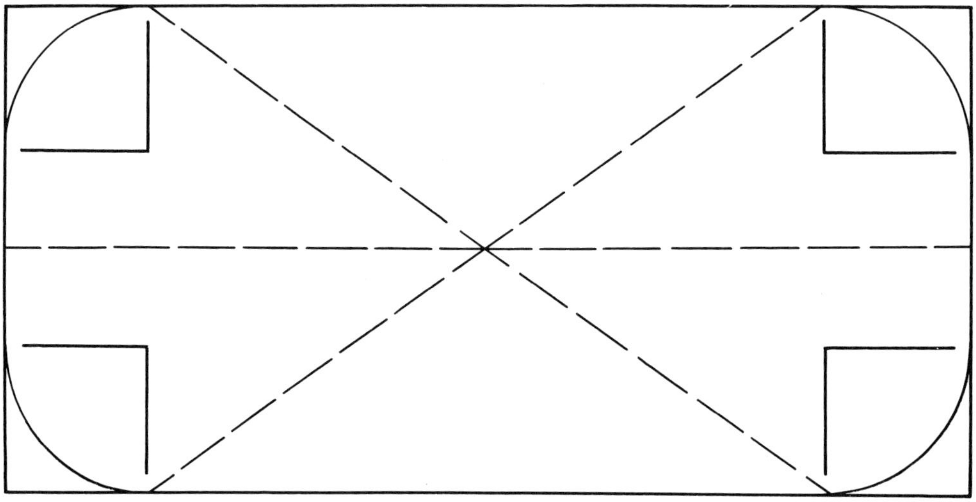

Abb. 105: Stangen entlang der Mittellinie erleichtern dem Pferd das Halten der geraden Richtung.

Abb. 106: Hier sieht man, wie ungleich lange Steigbügel das Gleichgewicht von Reiter und Pferd verändern können.

eine mit höchster Vorsicht ausgeführte Hochseilübung, und so sehen das auch die Richter.

Es ist leichter, geradeauszureiten, ohne hin- und herzuschwanken, wenn Sie einen runden Zirkel reiten können. Was der Präzision am meisten dienlich ist, ist die daraus entwickelte freie Vorwärtsbewegung.

Wenn Sie eine gerade Linie mit Mut und Bravour anstreben, ist die Wahrscheinlichkeit, sie zu verwirklichen, größer. Die Fähigkeit, eine gerade Linie zu reiten, vermittelt ein Gefühl von Kraft. Und wieder können Spiele hilfreich sein. Denken Sie sich die Linie symbolisch. Sie könnten eine wichtige Meldung an einen Empfänger Ihrer Einbildung überbringen. Oder Sie könnten Einzelheiten hinter der Linie aufzählen: »Wie viele Autos stehen hinter dem Auto des Richters?« wäre zum Beispiel eine Frage, die für Turnierteilnehmer hilfreich sein kann.

Eines ist klar: Jede ungewollte Anspannung bewirkt mit Sicherheit Schwankungstendenzen, und wenn Sie zu verbissen versuchen, das zu korrigieren, machen Sie alles nur noch schlimmer. Wenn Ihnen das passiert, ist es am besten, mit Bravour vorwärts zu reiten, auf welcher Linie Sie sich auch immer befinden. Sogar auf dem Dressurviereck verlieren Sie mit dieser Taktik weniger Punkte, als wenn Sie versuchen, wieder auf die Mittellinie zurückzukommen. In dieser Situation sollte das Geraderichten des Pferdes nicht von den Schenkeln ausgehen, sondern über die Hände erfolgen. Sie sollten die Vorhand des Pferdes vor die Hinterhand führen, um sie wieder in eine Spur zu bringen.

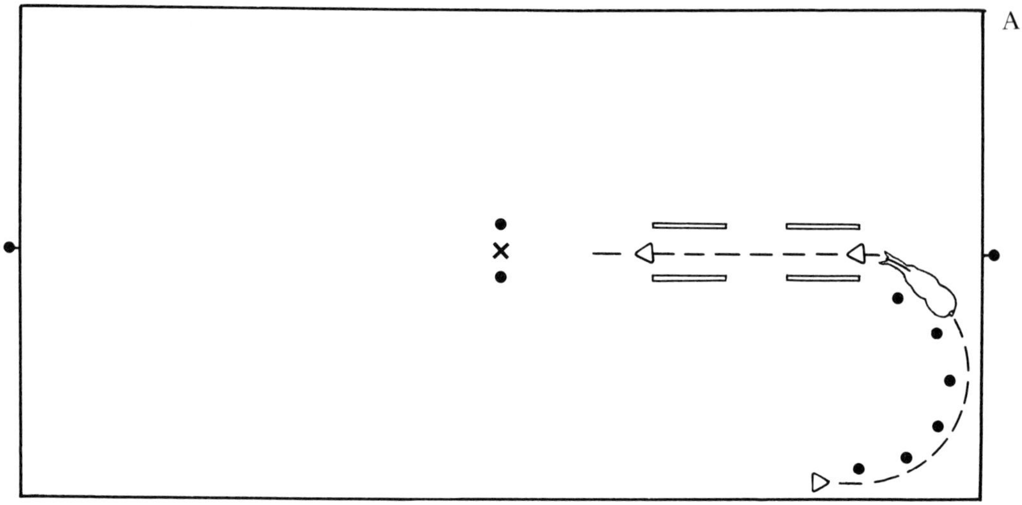

Abb. 107: Geraderichten des Pferdes durch Stangen entlang der Mittellinie.

Dieselbe Technik sollten Sie auch beim Anhalten anwenden, wenn das Pferd mit der Hinterhand seitlich ausfällt und es daher schief steht. Wenn der Reiter die Hinterhand mit seinen Schenkeln in Position bringen will, kann das Pferd bei der kleinsten Provokation die Bewegung leicht übertreiben und sich damit den Wünschen des Reiters entziehen.

Das Reiten einer geraden Linie beinhaltet auch zwei Wendungen. Die erste bringt das Pferd auf die Linie, und die zweite führt es wieder herunter; manchmal in die entgegengesetzte Richtung, wenn ein Handwechsel beabsichtigt ist. Wendungen sind in Wahrheit nur Ecken, und es hilft, sie als solche zu sehen. Den Weg des Pferdes können wir als Viereck um einen Kreis von 10 bis 15 Metern Durchmesser ansehen. Die Ausführung einer Wendung fällt dem Pferd leichter, wenn der Reiter die ganze Länge seines Körpers einplant (wenn es steif ist, noch mehr). Das bedeutet, rechtzeitig mit dem Abwenden anzufangen und eine Pferdelänge nach dem Beginn der geraden Linie auf sie zu stoßen. Den Versuch zu machen, mit dem Pferd tatsächlich einen rechten Winkel zu reiten, ist buchstäblich unmöglich. Das Pferd muß seine ganze Körperlänge auf die Linie bringen können, die es gehen soll. Wenn Sie das zulassen, verhindern Sie den Vorwärtsimpuls nicht, indem Sie das Pferd in einen engeren Bogen zwingen. So kommt es sanfter um die Kurve und hält sein Gleichgewicht. Erinnern Sie sich daran, daß die Wirbelsäule Ihres Pferdes ziemlich starr ist, mit sehr wenig Beweglichkeit hinter dem Brustkorb, wenn überhaupt. Der Hals bleibt der geschmeidige Teil seiner Anatomie; aber der Hals sollte sich nicht mehr biegen, als es das

Pferd in seinem restlichen Körper tun kann. Hier sehen wir wieder, wie schwer es für ein Pferd ist, durchlässig zu werden.

In Übungsstunden können Sie das Gefühl für eine gerade Linie mit Hilfe einer Reihe von doppelten Stangen gewinnen, die Sie wie Straßenbahnschienen entlang der Mittellinie auslegen, gleich nach der Wendung, die das Pferd in sie hineinführt. Dadurch hat das Pferd einen geraden Start, den es sich wahrscheinlich ganz bis zur nächsten Ecke erhalten kann. Bild 105 zeigt das von Pferd und Reiter durch die Stangen gewonnene Gefühl für Richtung.

Diese erste Wendung fällt dem Pferd für gewöhnlich leichter, während die zweite, in die entgegengesetzte Richtung hinein, schwieriger sein kann. Wenn Sie aus der Perspektive des Pferdes darüber nachdenken, muß es sich biegen, um herumzukommen, und sich dann geraderichten. Gleich danach muß es sich wieder biegen, um die nächste Wendung auszuführen. Es muß drei verschiedene Haltungen einnehmen, und das in der Mitte der Bahn, anstatt an der Bande, und die zwanzig verfügbaren Meter lassen ihm nur wenig Zeit. In Wirklichkeit hat es meistens noch weniger Platz, da der Hufschlag des Pferdes häufig einen halben Meter von der Bande entfernt ist.

Daher ist es wenig verwunderlich, daß das Pferd die zweite Wendung als schwieriger empfindet, besonders wenn es sich in die entgegengesetzte Richtung biegen soll. Wenn das die steife Seite des Pferdes sein sollte, fällt es ihm noch schwerer. In dieser Ausbildungsphase braucht es eine geduldige Vorbereitung für diese Manöver, während Sie gleichzeitig die lösenden Übungen festigen sollten. Allmählich kann das Pferd dann diese Handwechsel integrieren, ohne am einen oder anderen Ende des Weges auszufallen.

Zum Halten kommen

Die Fähigkeit des Reiters, sein Pferd zu einem korrekten Halten zu bringen, wollen wir jetzt näher betrachten: Wir sollten diesen Gehorsam nicht verlangen, ohne die daran beteiligte Dynamik zu verstehen. Das Pferd muß seine Hinterhand sehr stark engagieren, um zu einem gut ausbalancierten Halten zu kommen. Die daraus entstehende Energie kann durch die Zügel in die Reiterhand geführt werden. Diese unterbinden sanft den Vorwärtsimpuls des Pferdes und stellen es zusammen, so daß das Pferd seinen Schwerpunkt wieder leicht nach hinten verlagern kann. Als Ergebnis senkt sich die Hinterhand etwas ab. Dieser Energieschub macht das Pferd leicht in der Vorderpartie, in den Schultern und den Zügeln, während es sich die Kraft in der Hinterhand erhält. Ein mit diesen Mitteln herbeigeführtes Anhalten hat eine Aura von Vorwärts um sich, ähnlich einem Auto an der Ampel, das bereit ist, schnell loszufahren. Nach einiger Zeit wird es für das Pferd natürlich sein, am Zügel zu bleiben, gerade und bewegungslos zu stehen, bereit, auf die kleinste Anfrage des Reiters zu reagieren.

Beim gut ausgebildeten Pferd kann das Halten aus dem Galopp durchgeführt werden. Im frühen Ausbildungsstadium ist es jedoch angebracht, einfachere Übergänge auszuführen, die das Pferd leichter bewältigen kann.

Hals und Kiefer entspannen

Wir haben viel über die Entwicklung des Pferdes gesprochen, und die Entwicklung des Reiters ist dabei ein wenig in Vergessenheit geraten. Es ist vielleicht nicht jedem klar, daß auch der Reiter dazulernen muß, wenn er dem Pferd beibringt, am Zügel zu gehen. Es mag Sie überraschen, daß Sie, wenn Sie Ihren eigenen Hals und Kiefer anspannen, eine ähnliche Kontraktion der Wirbelsäule produzieren, wie Sie sie beim Pferd sehen können: Der Kopf wird nach oben und nach hinten gedrückt. Diese Parallele zwischen Pferd und Reiter ist vielleicht schwierig zu akzeptieren, aber jeder, der die Alexander- oder Feldenkraismethode kennengelernt hat, versteht diese Zusammenhänge.

Den Hals können Sie anfangen zu entspannen, indem Sie Ihre Fingerspitzen entlang der Wirbelsäule auf die Muskulatur legen, rechts und links. Wenn Sie den Kopf sanft nickend nach vorne und hinten bewegen, können Sie das Anspannen und Entspannen dieser Muskulatur spüren. Die Muskeln bewußt zu spüren, wenn sie entspannt sind, kann Ihnen das Gefühl einprägen. Sie können es sich von Zeit zu Zeit in Erinnerung rufen, um eine neue Gewohnheit entstehen zu lassen. Wenn Sie das oft genug tun, produzieren Sie wahrscheinlich eine unterbewußte Reaktion, wenn Sie an die besonderen Worte denken, die bei Ihnen eine Entspannung hervorrufen, in diesem Fall zum Beispiel selber »ein Pferd am Zügel« zu sein.

Ihren Kiefer können Sie entspannen, wenn Sie Ihren Unterkiefer fallen lassen, dann langsam durch den Mund ausatmen, bis Ihre Lungen leer sind, bis Sie das Bedürfnis haben, einzuatmen, dann strömt die Luft mühelos, wie suchend, in die Lungen. Wiederholen Sie diese Übung zweimal. Sie bewirkt noch mehr als nur Entspannung. Sie verbessert die Atmung und den Gebrauch der Stimme. Sie können sie immer dann anwenden, wenn Sie Beruhigung brauchen.

Bewußtseinsübungen

Weil wir gerade vom Üben reden: Hier sind noch einige Übungen mehr, die Ihr Bewußtsein und die Feinabstimmung des Körpers erhöhen. Sie werden von »Touch for Health«-Anhängern benutzt und sollen wirksam sein, selbst wenn sie erst ein paarmal geübt wurden. Man kann sie im Stehen durchführen oder im Liegen, was immer bei Ihnen besser wirkt. Sie haben ein interessantes diagonal verlaufendes Bewegungsmuster und viele Variationsmöglichkeiten, die nur durch Ihren Erfindungsgeist eingeschränkt sind. Sie verbessern das Gleichgewicht, die Koordination, die Blutzirkulation, sie stimulieren klares Denken und reduzieren Streß, sie balancieren die rechte und linke Gehirnhälfte aus, lösen Steifheit und mobilisieren den Körper.

Die Übungen sind eine Art übertriebene Gehbewegung. Sie demonstrieren, daß wir uns häufig nicht wirklich im diagonalen Zweitakt bewegen. Das mag erklären, warum es sich am Anfang so schwer anfühlt, ihn auseinanderzunehmen, und auch erhellen, warum manche Schüler solche Schwierigkeiten haben, die Diagonalen des Pferdes beim Leichttraben zu identifizieren. Das grundlegende Thema ist, die gegenüberliegenden Arme und Beine gleichzeitig in die gleiche oder entgegengesetzte Richtung zu bewegen. Versuchen Sie, den rechten Arm zur selben Zeit nach vorne zu nehmen wie den linken, und wechseln Sie den linken Arm und das rechte Bein im Rhythmus ab, bis Sie den Takt spüren und Ihr Gleichgewicht halten können. Sie können endlose Variationen erfinden, indem Sie die Beine zurück- und vorbewegen, über Kreuz oder in Drehbewegungen. Mit Musik können Sie eher einen guten Rhythmus finden. Es ist auch eine gute

Idee, alle Gefühle wahrzunehmen, die diese Übungen hervorrufen.
Wir unterstreichen die Bedeutung der geistigen Haltung des Reiters, die einen solch starken Einfluß auf die körperliche Entwicklung hat, mit den Worten des General Decarpentry:

Die perfekteste Ruhe ist wesentlich in einer Dressuraufgabe. Trotz der größten Hingabe wird der Reiter nicht immer in der Lage sein, eine Erschütterung seiner geistigen Ruhe zu vermeiden, und er wird seine physische Ruhe nie mehr völlig herstellen können, wenn sie einmal angeschlagen ist, wie leicht und flüchtig der Verlust der geistigen Ruhe auch immer ist.

Ein Anflug von Zorn kann innerlich unterdrückt werden, sobald er entstanden ist; aber die Auswirkung, die nervöse Verspannung des Reiters, wird einige Zeit bleiben und, was noch wichtiger ist, für viel länger, als es dem Reiter bewußt ist. Das Pferd fühlt jedoch seine Nervosität und teilt sie sofort. Es braucht eine viel längere Zeit, sie zu vergessen, als der Reiter. In dieser Hinsicht ist das Pferd mit einer erstaunlich hohen Sensibilität ausgestattet. Sogar die Bewegungen seiner Ohren zeigen seinen seelischen Zustand an – wenn Sie diesen Begriff erlauben. Sie geben dem Reiter die Möglichkeit, seine eigene Nervosität zu spüren, so leicht, daß er es vielleicht nicht einmal bemerkt, sogar wenn der Verlust seiner Ruhe mit dem Verhalten des Pferdes nicht zusammenhängt.

Sobald der Reiter also eine Störung seiner Ruhe spürt, ist es absolut notwendig, ihm Zeit zu lassen, seine eigene physische Ruhe wiederherzustellen, die die Ruhe des Pferdes bestimmt. Eine Pause, ein Anhalten ist nötig, bevor der Unterricht weitergehen kann, wenn der Gehorsam des Pferdes dadurch nicht gefährdet ist.

10. Springen mit Gefühl

Springen

Springen ist sehr wertvoll für ein Dressurpferd, und es ist ein bedeutender Fortschritt in der Entwicklung von Pferd und Reiter. Auch für jene Reiter, die sich nicht auf das Springen spezialisieren wollen, kann es eine interessante Erfahrung sein, in einer neuen Umgebung eine neue Aktivität zu entfalten, die die Behendigkeit beider Partner verbessert.

Beim Springtraining lernt das Pferd, sich zu strecken, und kann seinen Horizont erweitern, indem es ins Gelände geht und auf hügeligem Boden geritten wird. Sie können dabei herausfinden, welche neuen Aufgaben Sie interessieren und welches Ihre Möglichkeiten sind, sie umzusetzen. Ein schöner Sprung besteht aus spezifischen vorbereitenden gymnastischen Übungen, die dafür entwickelt sind, das Pferd aktiver zu machen.

Auf gewisse Weise ist das Wort »Springen« ohne Bedeutung für dieses Kapitel, da jedes Hindernis unter einem halben Meter Höhe nicht wirklich als Sprung bezeichnet werden kann. Die Übungen in diesem Kapitel sollten wir eher als eine andere Art von Gleichgewichtsübungen bezeichnen.

Die Bedeutung von Ruhe

Das Wort »Springen« allein ruft Aufregung und Vorsicht hervor, und es ist ein klassisches Beispiel dafür, wie stark Worte uns beeinflussen können. Aufregung ist nicht das Gefühl, das wir anstreben, sie kann so leicht alle guten Qualitäten eliminieren, die wir im Training bisher entwickelt haben. Deshalb kann das Springenlernen so leicht danebengehen. Statt daß unsere geduldigen Vorbereitungen in dieser Aktivität ihre Früchte tragen, schlägt die Aufregung über uns zusammen und verstreut alle bisher erreichten guten Ergebnisse in alle Winde.

Das wird besonders deutlich, wenn wir ein nervöses und lebhaftes Pferd beobachten, das die Hindernisse heftig attackiert und dabei deutlich einen Mangel zeigt, sowohl an seelischem als auch an körperlichem Gleichgewicht. Dabei trägt das Pferd seinen Kopf für gewöhnlich zu hoch, sein Maul ist offen, um das Gebiß nicht annehmen zu müssen; es drückt seinen Rücken durch und verhindert so den natürlicherweise benötigten Schwung, um leicht über das Hindernis zu kommen.

Diese Situation entsteht nur zu oft und ist meistens auf Ignoranz oder Ungeduld zurückzuführen. Sie zeigt einen ernsthaften Zusammenbruch in der Beziehung zwischen Pferden und Menschen auf. Wenn das Pferd über die Hindernisse rast, ohne auf das Einverständnis des Reiters zu warten, ist der Kommentar des Reiters meist: »Mein Pferd springt so gerne. Ich kann es nicht zurückhalten.« Aber das ist nicht notwendigerweise der Fall; viele Pferde rasen los, um eine unangenehme Aufgabe so schnell wie möglich hinter sich zu bringen, als würden sie ihre Augen schließen und nur noch das Beste hoffen. Eine solche Vorstellung hat eine hysterische Wildheit an sich, die weit entfernt ist von dem Bild der Ruhe und des Vertrauens, das wir versucht haben aufzubauen.

Es ist schwierig einzuschätzen, wie viele Reiter in der Lage sind, sich die nötige Zeit zu nehmen, damit eine ruhige, kontrollierte Partnerschaft im Springen entstehen kann. Irgendwie ist die Versuchung, den Weg abzukürzen und endzielorientiert zu sein – in diesem Fall die Hindernisse zu überwinden –, zu groß. Im Ergebnis wird das Pferd um die wertvolle Vorbereitung auf dem Boden betrogen, bevor es ihn verlassen soll. Wenn der Reiter sich so schnell ablenken läßt, ist es leicht einzusehen, wie das Pferd durch diese Haltung beeinträchtigt wird. Aufregung beinhaltet Elemente von Angst, und dadurch kann ein unerfahrenes Pferd sein Vertrauen verlieren. Es ist wichtig, daran zu denken, daß 75 Prozent des Springens tatsächlich auf dem Boden zwischen den Hindernissen stattfinden und daß die Sprünge selber sehr wenig Zeit in Anspruch nehmen.

Wenn dabei ein Wort in die Herzen der Reiter eingraviert werden könnte, wäre es das Wort »Ruhe«. Ruhe ist der Schlüssel zu einer Folge gleichmäßiger, logisch aufgebauter Übungen, die das Pferd, wie den Tänzer oder Bodenturner, an den Punkt bringen, wo ein Fliegen möglich wird, wie kurz es auch sei. Jeder, der bereit ist, die Bodenübungen ruhig, geduldig und gründlich zu üben, wird seine Freude daran haben, in einer vertrauensvollen, gelassenen Atmosphäre mit seinem Pferd abzuheben, in der beide ihr volles Potential ausschöpfen können.

Wenn ein Parcours von einem erfahrenen Reiter auf einem vertrauensvollen Pferd überwunden wird, ist diese Vorstellung wie Musik. Da ist eine Taktreihe zwischen den Sprüngen und ein machtvolles Crescendo, mit dem jedes Hindernis angezogen wird, ohne daß ein Pferd den Rhythmus in seiner Bewegung verliert, gefolgt von dem Höhepunkt, bei dem das Pferd in die Luft abhebt. Der Flug über das Hindernis ist eine akrobatische Parabel, und wenn das Pferd landet und sich wieder aufnimmt, ändert sich die Musik, und die Melodie beginnt von vorne. Dieser Standard einer Vorstellung hat atemberaubende Momente, die den wohligen Schauer verursachen, der Springen zu einer so beliebten Sportart macht. Es ist sehr beeindruckend zu beobachten, wenn Pferd und Reiter den Parcours fließend und einig hinter sich bringen.

Das Pferd muß dabei frei vorwärts gehen, nicht eilen und nicht zögern. Es muß genug Vertrauen haben, um ohne zu zögern alles anzuziehen und zu überwinden, womit der Reiter es konfrontiert. Es ist selbstverständlich, daß das Pferd dem Urteil des Reiters vertrauen muß, was es leisten kann und was nicht. Während sich das Pferd vorwärts bewegt, stellt sich ihm eine neue und bedeutende Aufgabe, wenn etwas in seinem Weg liegt. Dennoch soll es weiter in dem Rhythmus seiner Gegenwart bleiben, während es das Hindernis anzieht. Die runde Oberlinie des

Abb. 108: Schlechtes Anreiten auf den Sprung, das Pferd galoppiert im Kreuzgalopp.

Pferdes hat einen großen Einfluß auf seine Beweglichkeit. Diese Form hat sich aus seinem Grundlagentraining heraus gefestigt, wie wir schon erklärt haben. Wenn sie beim Springen erhalten werden kann, ist das Ergebnis eine noch kräftigere Hinterhand durch den Absprung. Außerdem erreicht sein Körper den größtmöglichen Bogen, wenn es in der Luft ist. Wenn auf der anderen Seite die gewünschte Haltung verlorengeht und das Pferd seinen Kopf hochwirft, drückt es den Rücken durch, und die Hinterhand ist nicht mehr in der Lage, sich zu beteiligen, wenn sie am meisten benötigt wird.

Springmethoden

Ich habe im Alter von zehn Jahren mit dem Springen angefangen. Das war in einem Internat, wo ich einige hitzige Ponies ritt und diese Erfahrungen als ziemlich beängstigend empfand. Während der Ferien übte ich mit meinem eigenen Pony, das vorher nicht springen konnte. Obwohl ein Blinder einen Blinden unterrichtete, hatten wir bald einige Erfolge auf örtlichen Turnieren.

Wie das möglich wurde, läßt sich nur über die Kraft der Imagination erklären, insbesondere da ich mich erinnere, daß wir beim Springen noch nach hinten saßen und uns an einem Riemen festhielten, der am Vorderzwiesel des Sattels befestigt war. Die Toleranzschwelle meines Ponies war fast ein Wunder, und sein Mut war enorm. Einigen anderen jugendlichen Turnierteilnehmern ging es noch schlechter. Sie waren von ihren enthusiastischen Eltern am Sattel festgebunden worden.

Wie abscheulich Kinder und Ponies in diesen Situationen ausgenutzt wurden, wurde mir erst viel später klar, als mein Reiterleben als Profi mir die Augen öffnete für die sehr ernst zu nehmende Begleiterscheinung dieser Methode. Zu dieser Zeit wurde der italienische Springsitz nach vorne bekannter und in den Reitschulen gelehrt. Jeder, der alt genug ist, um die frühen Tage des Springsports gesehen zu haben, kann die dadurch entstandene Veränderung feststellen. Sie beeinflußt nicht nur die Balance des Reiters, sondern auch die Bewegungsfreiheit über dem Rücken des Pferdes, sein Maul und seine Hinterhand.

Nach meiner Qualifizierung ritt ich weiter auf Springturnieren auf einer Reihe unerfahrener Pferde, von denen einige mich in ihrer Aufregung an den Rand des Abgrunds brachten. Zu jener Zeit war es üblich, oben auf das Hindernis eine ganz leichte Stange oder Latte zu legen. Diese Latten fielen meistens schon durch den Windstoß herunter, der entstand, wenn das Pferd sprang, ohne daß es sie mit seinen Hufen auch nur berührt hätte. Das führte dazu, daß die Pferde gebarrt wurden, um sie dazu zu bringen, ihre Beine so hoch wie möglich anzuziehen, um den Fehlerpunkt zu vermeiden, der bei jeder heruntergefallenen Latte gegeben wurde. Dieses Vorgehen bringt natürlich keine glücklich springenden Pferde hervor, sondern ängstliche und schwierige.

Eine weitere Modeerscheinung dieser Zeit war der Gebrauch eines stehenden Martingales, ein weiterer Hinweis auf eine ungenügende Ausbildungsgrundlage. Dieses hielt über einen englischen Nasenriemen den Kopf des Pferdes herunter; das eine Ende des Martingals war an dem Nasenriemen befestigt und das andere am Sattelgurt. Wenn das Pferd seinen Kopf heruntergebunden haben muß, damit wir es unter Kontrolle haben, stimmt ganz bestimmt irgend etwas nicht. Wenn wir den Kopf des Pferdes unwiderruflich feststellen, behindert das Martin-

Abb. 109: Beim Sprung über den Wassergraben muß sich das Pferd stark strecken.

gal das Pferd dabei, seinen Körper über dem Hindernis und ebenso bei der Landung zu gebrauchen. Der Kopf und Hals sind seine Balancierstange, und sie müssen frei sein, damit es seine Sprungfertigkeit entwickeln kann.

Tatsächlich baute das Pferd Widerstände gegen das Martingal auf. Indem es gegen diese Begrenzung drückte, entwickelte es eine unnatürliche Muskelbildung am Unterhals, einen durchgedrückten festen Rücken und Verspannung in seinem ganzen Körper.

Diese Tatsache wurde nicht erkannt, bis die Reiter Schwierigkeiten am Wassergraben bekamen, der üblicherweise der letzte Sprung im Parcours war. Er lag meistens in der Mitte und mußte zügig vorwärts angeritten werden, damit die Pferde genug Schwung hatten, um die breite Wasserfläche zu überwinden.

Es wurde deutlich, daß man das unmöglich erfolgreich tun konnte, wenn der Kopf des Pferdes gleichzeitig heruntergebunden war, und so tauchte auf dem Markt eine geniale Erfindung auf, die, wie ein Karabiner an der Hundeleine, am feststehenden Martingal befestigt war. Wenn dieser Mechanismus aufgemacht wurde, ließ er dem Pferd mehr Kopf- und Halsfreiheit für den langen Sprung. Vom Sattel aus durchgeführt, auf einem vorwärts drängenden Pferd, war diese Operation keine große Tat; man konnte sie häufig als Vorbereitung des Höhepunktes am Ende des Parcours sehen. Die Zuschauer beobachteten mit angehaltenem Atem, wie das Pferd sich im Kreis drehte, während der Reiter, halb aus dem Sattel gelehnt, die Haken aufmachte. Erstklassiges Springreiten hat seitdem viele Veränderungen durchlaufen. Wie andere Sportarten auch, ist es extrem spezialisiert worden. Die wissenschaftlich und logisch aufgebauten Techniken, die die Athletik des Pferdes entwickeln, gelten nun anerkanntermaßen als erfolgreichster Weg, um eine gute Vorstellung zu erreichen.

Bevor wir diese Reflektionen über Springmethoden beenden, ist es von Nutzen, sich noch einmal die in der Kavallerie benutzten Sprungreihen in Erinnerung zu rufen. Sie halfen dabei, die Balance zu entwickeln, indem sie sicherstellten, daß die Hände unabhängig von den Zügeln waren und die Rekruten sich nicht festhalten konnten. In Reitschulen wurden sie manchmal als Übungen benutzt, um ohne Sattel und Zügel zu springen. Manche sagen, daß diese Techniken nicht mehr eingesetzt werden sollen, da sie zu risikoreich sind.

Das Anreiten

Seamus Hayes, ein früherer irischer Springreiter von internationalem Ruf, sagt:
Das Pferd haßt Angespanntheit. Es will sich frei und vertrauensvoll bewegen können. Die Verspannungen gering zu halten ist der wichtigste Faktor in jeder Sportart.

Und um Entspannung geht es in den folgenden Übungen, die das Springen vorbereiten. Sie sind der Baustein für eine sichere und stabile Plattform, von der aus weitere Möglichkeiten entstehen können. Alles, was Sie bis hierher gelernt haben, ist in dieser Phase der Umsetzung wertvoll. Alle erfahrenen Ausbilder erkennen an, daß dressurmäßige Arbeit eine gute Vorbereitung für das Springen ist und andersherum eine solche Änderung der ausbalancierenden Übungen die Vorstellung des Pferdes auf dem Dressurviereck verbessern kann. Die Übungen basieren auf Stangen, die auf dem Boden liegen und die das Pferd erst im Schritt und dann im Trab überqueren lernt. Am Anfang werden diese Stangen ziemlich wahllos in der Bahn verteilt, so daß das Pferd sich daran gewöhnt, vertrauensvoll darüberzutreten.

Wenn das Pferd anfängt, die Stangen zu überqueren, muß es dahin schauen, wohin es geht. In der Folge hebt es seine Hufe höher, wenn es über die Stangen tritt. Es senkt seinen Kopf, um zu sehen, was es tut, und macht dadurch seinen Rücken rund, wodurch die Hinterhand besser untertreten kann. Diese einfache Übung bringt das Pferd schon in das Gleichgewicht, das es für das Springen braucht. Über diese Arbeit werden sein Körper und Geist allmählich darauf vorbereitet, nachher tatsächlich vom Boden abzuheben. Springen ist die logische Folgerung aus einer Reihe kleiner Hindernisse und nicht die plötzliche Reaktion auf einen gefährlichen Gegenstand, der scheinbar grundlos im Weg steht.

Die Balance des Reiters muß sich an die erhabeneren Tritte anpassen, damit das Pferd im Rücken schwingen und seinen Schwerpunkt verlagern kann sowie sich in seinem Kopf und Hals frei fühlen kann. Beim eigentlichen Springen ändert das Pferd seinen Schwerpunkt ziemlich radikal während des Absprungs, fliegt dann durch die Luft, landet auf der anderen Seite und balanciert sich für das nächste Hindernis neu aus. Wenn der Reiter so hingesetzt wird, daß er diese Variationen ausgleichen kann, ist er in der

Abb. 110: Dieses Pferd geht vertrauensvoll und aktiv über die Stangen.

Lage, mit der Bewegung des Pferdes zu gehen, ohne sie zu stören.

Der Reiter ist verantwortlich für das Gleichgewicht und die Richtung des Pferdes beim Anreiten des Sprunges. Das Pferd ist verantwortlich für den eigentlichen Sprung und für die Absprungstelle. Wenn Hindernisse ruhig und vertauensvoll angeritten werden, ist die Chance groß, sie zu überwinden und dadurch mehr Vertrauen und Freude am Springen zu gewinnen. Wenn das Pferd im Gleichgewicht ist, können wir es leichter unter Kontrolle halten. Dadurch kann der Reiter die Strecke zwischen den Sprüngen bestmöglich reiten und das Pferd auf den nächsten Sprung aufmerksam machen. Das Anreiten, die Geschwindigkeit und die Wendungen können so am besten passend gemacht werden für den nächsten Sprung. Die Zeit, die Sie aufgewendet haben, um die Grundlagen des Pferdes auf diese Weise zu verbessern, zahlt sich auf dem Turnier aus.

Das Anreiten an den Sprung besteht aus drei Phasen. Die erste ist die Vorbereitungsphase, in der Sie die für den Sprung erforderliche Gangart festigen, wie Sie es bei einer Dressuraufgabe tun würden. Das kann der Galopp sein oder beim jungen Pferd der Trab.

Die zweite Phase beginnt, bevor das Pferd in die Wendung zum Anreiten geht. Dabei sehen wir viele Reiter im Kreis herumtraben oder -galoppieren, um ihre Pferde zu beruhigen und ihr Gleichgewicht wiederherzustellen. Die Wendung zu einem Sprung hin ist ein kritischer Teil des Anreitens. Wenn sie nicht ausbalanciert ist, beeinträchtigt sie die Beweglichkeit des Pferdes. Wenn die Wendung andererseits gelingt, kommt das Pferd so vorteilhaft wie möglich vor den Sprung. Diese Phase können wir als Stadium aufmerksamen Reitens bezeichnen, in der das Pferd aktiv und wach gehalten wird, ohne seinen Rhythmus zu verlieren.

Die letzte Phase sind die drei Galoppsprünge vor dem Absprung. Während dieser letzten Galoppsprünge muß der Reiter das Pferd manchmal energisch anreiten, ohne sein Tempo zu stören. Es ist die Verantwortung des Pferdes zu entscheiden, wo es abspringt, nicht die des Reiters, und an dieser Stelle muß der Reiter wirklich mit dem Pferd gehen. Das Pferd muß frei entscheiden können, ohne sich durch unerwartete Bewegungen seitens des Reiters gestört zu fühlen. Wir müssen uns daran erinnern, daß die Perspektive des Pferdes auf den Sprung sich sehr von der des Reiters unterscheidet. Und da das Pferd *seinen* Körper über den Sprung bekommen muß und zusätzlich das Gewicht des Reiters, ist es viel besser, wenn es seine eigenen Arrangements treffen kann. So lernt das Pferd, sicher und zuverlässig zu springen.

Manche sehr erfahrene Reiter übernehmen diese Verantwortung. Der Nachteil ist, daß das Pferd dadurch vom Reiter abhängig wird und sich an einer schwierigen Stelle nicht so gut selber helfen kann wie sein auf sich selbst vertrauender Gegenspieler. Es gibt jedoch keinen Zweifel darüber, daß, wenn es ein beiderseitiges Einverständnis über die Absprungstelle gibt, der Reiter dem Pferd intuitiv helfen kann, seine Sprünge davor zu verlängern oder zu verkürzen. Das ist keine Störung, sondern ein Zeichen dafür, daß der Reiter einen Blick entwickelt für Rhythmus und Abstand. Viele Reiter machen sich Sorgen über ihr Tempo beim Springen. Wenn Sie jedoch auf die rhythmische Vorwärtsbewegung des Pferdes achten, kann das Pferd die richtige Entscheidung treffen.

Es gibt also drei Phasen beim Anreiten von Sprüngen und vier Phasen beim Sprung selbst, und zwar den Absprung, die Flugphase, die Landung und die nächsten Galoppsprünge. Wenn wir den Springvorgang in dieser Weise betrachten, können wir die Beziehung zwischen dem Anreiten und dem Sprung selber ansehen, gefolgt durch ein Sich-Aufnehmen des Pferdes und die Wiederholung am nächsten Sprung. Diese Aufteilung hilft uns, die Abfolge der Phasen bei den einzelnen Sprüngen zu erkennen. Wenn wir beim Reiten eines Parcours diese Abfolge im Kopf haben, trägt das zu einem erfolgreichen und flüssigen Ritt bei.

Stangenübungen können wir als Verbindung zwischen Dressurreiten und Springen ansehen. Wenn das Pferd sich an einzeln in der Bahn verteilte Stangen gewöhnt hat, können wir den Schwierigkeitsgrad nach und nach erhöhen, bis das Pferd mehrere parallel liegende Stangen überqueren kann. Fangen Sie mit drei Stangen an, und erhöhen Sie auf sechs oder mehr. Sie liegen etwa 1,20 Meter auseinander; der Abstand hängt von der Fähigkeit des Pferdes ab, taktmäßig darüber treten zu können. Nur zwei Stangen hinzulegen ist nicht ratsam, da das Pferd dann dazu neigt, darüber zu springen. Das ist nicht das, was wir in diesem Stadium erreichen wollen.

Wenn das Pferd mit dieser Arbeit beginnt, sollten wir es ruhig und langsam über die Stangen treten lassen, während es seinen Weg sucht und dabei seinen Kopf senkt, um zu sehen, was es tut. Vielleicht sind seine Schritte nicht gleich lang, vielleicht berührt es auch die Stangen, aber wenn der Reiter es in Ruhe läßt, wird es bald lernen, sie ohne Fehler zu überqueren. Es geht darum, das Pferd ruhig und aufmerksam zu erhalten. Das läßt ihm die Zeit, darüber nachzudenken, was es tut. Der Reiter sollte sich im Sattel leicht machen, damit der Rücken des Pferdes freier ist und es seinen Kopf und Hals strecken kann.

Das Pferd findet es leichter, über die Stangen zu traben, da die Abstände seinem Gang entgegenkommen und es nur darüber zu schwingen braucht. Der Reiter wird den

Abb. 111: Dieses Pferd ist zu eilig, seine Schritte sind zu flach.

Abb. 112: Das Pferd ist ruhiger, der Reiter ist aber hinter der Bewegung.

Abb. 113: Der Reiter ist im Gleichgewicht, das Pferd beginnt, den Hals fallenzulassen, seine Schritte werden erhabener.

deutlichen Unterschied in der Bewegung merken und sollte dabei leichttraben.

Das Bewußtsein des Reiters können wir zum Tragen bringen, während das Pferd in den diagonalen Trabschritten über die Stangen tritt. Um zu sehen, ob zwischen ihnen Unterschiede bestehen, können Sie, mit genügend Mut, Ihre Augen schließen und als Übung über den Stangen immer wieder den Fuß wechseln, auf dem Sie leichttraben. Einige Reiter können die Fußfolge spüren, wenn sie die Schaumstoffbälle in der Hand halten.

Wenn das Pferd aktiv über die Stangen tritt, wird sein Rücken schwingen. Eine meiner Schülerinnen ritt ein junges Pferd mit sehr wenig Schwung über die Trabstangen. Nach einigen Übungsversuchen kam sie zum Ausbilder zurück und sagte: »Ich spüre es im Rücken, einen betonten diagonalen Schwung.« Als wir von hinten aus zusahen, konnten wir sehen, daß es stimmte. Die Bewegungen des Pferdes beeinflußten ihre eigene steife Haltung, die Übung war praktisch eine Therapie für ihren Rücken. Als Ergebnis verbesserten sich auch die Gänge ihres Pferdes. Es zeigte nun einen Schwung, den es vorher nicht hatte.

Genauigkeit ist beim Springen genauso wichtig wie in der Dressur, besonders beim Abwenden auf die Sprünge zu und beim Richtungswechsel. Beim Anreiten von Stangen sollte das Pferd genau auf die Mitte zu geritten werden. Das ist eine gute Übung für das Anreiten von Sprüngen in einem späteren Stadium.

Ein weiterer Grund, Stangenübungen im Trab zu reiten, liegt darin, dem Pferd den beim Absprung benötigten Schwung entwikkeln zu helfen und es dazu zu ermuntern, über den Rücken zu gehen. Ungleich dem Galopp, bei dem Geschwindigkeit ein Faktor ist, kann das Pferd im Trab aus seiner Hinterhand heraus federn, da es in dieser Gangart leichter ist, sie im richtigen Moment zum Traben zu bringen. Es ist für das Pferd auch

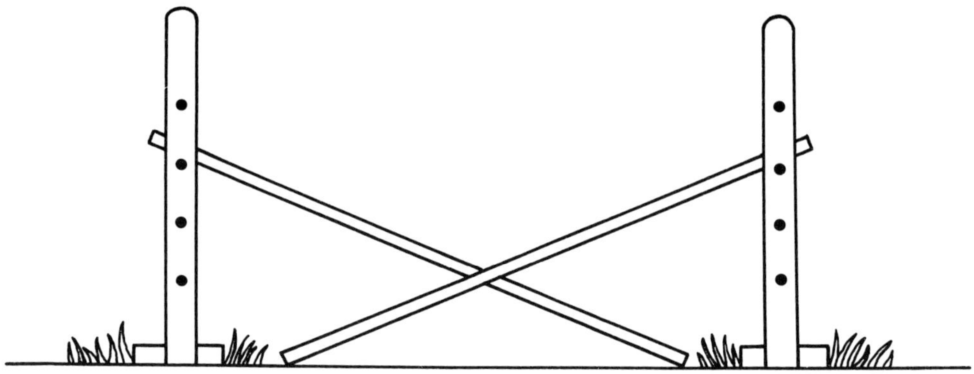

Abb. 114: Gekreuzte Stangen sind ein einladendes Hindernis für das Pferd.

leichter, die Absprungstelle zu beurteilen. Dadurch fühlt sich der Reiter besser, der oft unsicher ist, wenn das Pferd abspringt.

Beim ersten Springunterricht kann man die Schüler leicht mit zuviel Information versehen, wie sie richtig sitzen sollen. Das führt dazu, daß sie überkorrigiert werden und zum Schluß durcheinander sind. Manchmal helfen weniger Worte mehr. Viele Schüler kommen beim Springen mit ihrem Pferd in Einklang, ohne mit zu vielen Ratschlägen bombardiert zu werden.

Bill war ein Anfänger, der sein junges Pferd über einige Stangen arbeitete. Der Ausbilder baute dann in 2,70 Metern Entfernung hinter der letzten Stange einen Kreuzsprung auf. Er war recht niedrig. Beim nächsten Durchgang trabte sein Pferd genauso ruhig über die Stangen und über den Sprung, mühelos und ohne aus dem Gleichgewicht zu kommen. Er wiederholte diese Übung ein paarmal und kehrte dann zum Reitlehrer zurück, um ihm mitzuteilen, daß er noch nie vorher gesprungen sei. Der Ausbilder hatte das vermutet und sagte: »Um so besser, dann haben Sie noch keine vorgefaßte Meinung und können ganz natürlich mit dem Pferd mitgehen.« Ein Pferd mit einer guten Ausbildungsgrundlage wird fast immer ein solch kleines Hindernis überwinden können, wenn Sie es dazu auffordern.

Als Bill dann etwas höhere Hindernisse springen wollte, mußte er seinen Sitz etwas darauf einstellen, damit er weiterhin in der Bewegung seines Pferdes bleiben konnte, wenn die Übersetzung größer wurde.

Es gibt manchmal Kontroversen über den richtigen Springsitz, zum Beispiel über die Länge der Steigbügel und wo der Oberkörper im Gleichgewicht ist. Die Pferde scheinen mehr Vertrauen in einen Reiter zu haben, der intuitiv mit der Bewegung geht, als in einen, der sich bewußt in den richtigen Sitz setzt. Ein Pferd fühlt sich durch einen Reiter gestört, der über dem Hindernis hinter der Bewegung bleibt, aber es sieht es noch weniger gern, wenn er vor der Bewegung ist. Es ist also wichtig, daß der Reiter seinen Schwerpunkt über dem Pferd behält.

Wenn die Steigbügel drei bis fünf Löcher

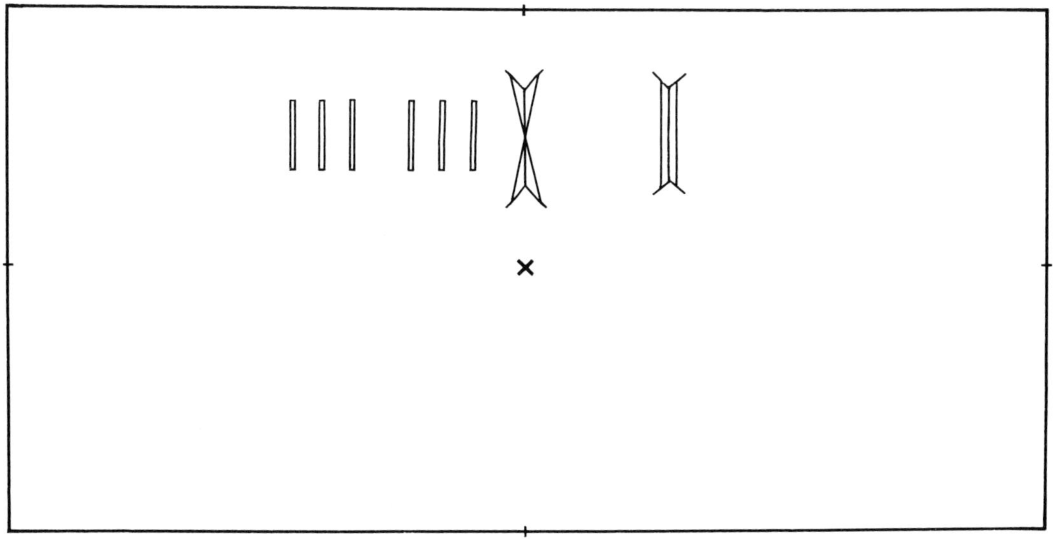

Abb. 115: Durch Reiten über sechs Stangen kann man beim Pferd mehr Aktivität entwickeln. Sie führen zu einem kleinen Sprung mit einem Galoppsprung Abstand.

Abb. 116: Diese Anordnung der Hindernisse lädt das Pferd zu einem Galoppsprung zwischen den Hindernissen ein.

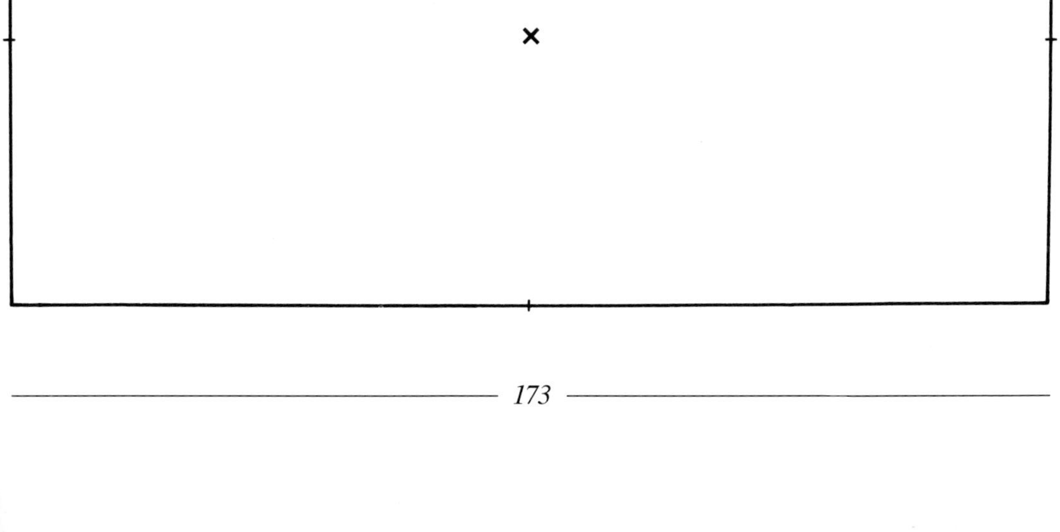

kürzer geschnallt werden, das hängt von der Höhe des Sprunges ab und von der Figur von Pferd und Reiter, haben Sie eine stabilere Basis, so daß der Oberkörper nach vorne kommen kann und trotzdem stabil bleibt. Der Reiter kann mit dem Gesäß im Sattel leichter werden, während die Steigbügel und die Schenkel mehr belastet werden. Aus dieser Position heraus können die Hände dem sich streckenden Kopf und Hals des Pferdes folgen und dabei einen beständigen, aber flexiblen Zügelkontakt behalten.

Am Anfang der Ausbildung sollten Sie die Sprünge nicht zu schnell höher machen, da das Pferd selber sehr viel Höhe im Sprung braucht. Wir können die Abfolge logisch weiter ausbauen, indem wir einen zweiten Sprung 5,40 Meter hinter dem Kreuzsprung aufbauen. Das läßt einen Galoppsprung Platz zwischen den beiden Sprüngen, den das Pferd nach der Landung über den ersten Sprung ganz natürlich ausführt. In einem noch späteren Stadium können wir noch einen dritten Sprung zwei Galoppsprünge hinter dem zweiten Sprung aufstellen und lehren das Pferd so, nicht nur aus dem Trab zu springen, sondern auch aus dem Galopp, ohne dabei seine Ruhe oder die Kontrolle zu verlieren. Nach einigem Training sollten Sie einen kleinen Parcours im Galopp in ruhiger und kompetenter Manier reiten können.

Die Balance beider Partner herzustellen ist das Geheimnis erfreulichen und erfolgreichen Springens. Wenn der Reiter aus dem Gleichgewicht kommt, gerät er entweder hinter die Bewegung und stört das Pferd im

Abb. 117: Der Reiter ist hinter der Bewegung des Pferdes. Dadurch drückt es seinen Rücken weg.

Abb. 118: Reiter und Pferd sind im Gleichgewicht, das Pferd wird beim Sprung nicht gestört.

Abb. 119: Der Reiter ist vor der Bewegung.

Rücken, im Maul oder an der Hinterhand. Oder er ist vor der Bewegung, fällt auf die Schultern des Pferdes und stört das Pferd beim Absprung. Das Pferd empfindet diese plötzlichen Gewichtsverlagerungen des Reiters in der Absprungphase als sehr störend und kann dadurch den Sprung insgesamt verweigern. Die Ursache kann die Sorge des Reiters sein, ob er in diesem Moment richtig sitzt. Wenn das Pferd vor einem Sprung verhält, verstärkt sich die Tendenz, und der Reiter sitzt noch weiter vorne, wenn sein Gleichgewicht nicht sehr stabil ist. Ein extremes Beispiel ist es, wenn das Pferd plötzlich anhält und der Reiter über seinen Kopf fliegt.

Verweigerungen

Irgendwann einmal gehören auch Verweigerungen zu den Erfahrungen, die Sie beim Springen machen, und es ist wichtig, ihre Ursachen zu verstehen. Das Pferd versucht uns etwas zu sagen, wenn es verweigert. Vielleicht ist es an zu hohe Sprünge herangeführt worden und daher verstimmt, oder es hat Angst, vom Reiter im falschen Augenblick gestört zu werden. Vielleicht hat es in der Vergangenheit einen Unfall gehabt, der unangenehme Assoziationen hinterlassen hat. Andererseits hält ein weises und erfahrenes Pferd manchmal an, wenn es so schlecht vor den Sprung gekommen ist, daß es sich dafür entscheidet, nicht zu springen. Es ist wichtig zu wissen, ob das Pferd so sensibel ist, damit wir es nicht tadeln, anstatt es zu loben.

Das Sehvermögen des Pferdes ist ein weiterer Faktor beim Springen. Die Forschung behauptet, Pferde seien farbenblind. Trotzdem finden sie manche Farben schwieriger zu überspringen als andere. Ganz sicher können Pferde damit Probleme haben, aus dem Licht in die Dunkelheit zu springen, zum Beispiel über ein Hindernis, das von einem sonnigen Feld aus in einen dunklen Wald hineinführt.

Wenn wir darüber nachdenken, auf welche Art viele Reiter auf Verweigerungen reagieren, überrascht es uns nicht, daß das Pferd noch defensiver wird. Nur zu oft straft der Reiter sein Pferd mit der Gerte, wenn es stehenbleibt, um dann zurückzurasen zu einem neuen langen und schnellen Anritt an den Sprung. Dieses Vorgehen ist aus zwei Gründen unlogisch. Erstens möchte das Pferd von dem Sprung weggehen und ihn nicht noch einmal versuchen. Zweitens gibt ein langer Anritt dem Pferd viele Gelegenheiten, eine andere Ausweichmöglichkeit zu suchen. Wenn der Anritt kurz ist und kontrolliert geritten wird, ist die Chance größer, daß das Pferd gerade vor das Hindernis kommt und es überwinden kann.

Lassen Sie uns Alternativen ansehen, mit diesem Problem umzugehen. Erwarten Sie nicht, daß das Pferd aus dem Stand abspringt, wenn es verweigert hat, da es den Sprung nicht richtig sehen kann. Reiten Sie das Pferd jedoch nicht vom Sprung weg. Lassen Sie es ein paar Minuten stehen, bis Sie in der Lage sind, ihm einige Gehorsams – und Bewußtseinsübungen abzufordern. Das Ziel ist, den willigen Vorwärtsdrang des Pferdes wiederherzustellen.

Diese Taktik können Sie nicht während eines Wettkampfes einsetzen; sie ist jedoch sehr wirksam, wann immer Sie die Gelegenheit bekommen, sie anzuwenden. Ihr erstes Ziel ist es, Ihr Pferd genau in die Mitte vor den Sprung stellen zu können, also im rechten Winkel zum Hindernis. Ein Pferd, das verweigert hat, will das oft nicht tun. Es zeigt seinen Widerstand, indem es zurückkriecht oder hin- und herschwankt. Es ist wichtig,

Abb. 120: Das Pferd steht ruhig und gehorsam vor dem Sprung.

ruhig und bestimmt jeder Reaktion des Pferdes zu begegnen. Wenn das Pferd zurücktritt, lassen Sie es einen Schritt vortreten und loben es dann. Wenn es mit der Hinterhand zu einer Seite schwingt, müssen Sie es mit dem entgegengesetzten Bein zurückdrücken und wieder loben. Fordern Sie und loben Sie genauso, wie Sie es schon immer gemacht haben. Wenn dem Pferd klar wird, daß es nicht aufgefordert wird, zu springen, kann es sich beruhigen und zuhören. Dann können Sie von ihm fordern, ruhig und gerade vor dem Sprung zu stehen. Sie haben Ihr erstes Ziel erreicht.

Die nächste Anforderung ist die Intention des Pferdes nach vorne. Legen Sie die Beine sanft an, und achten Sie auf die Reaktion des Pferdes. Es geht nicht um Springen aus dieser Position. Was Sie vielleicht entdecken, ist eines von drei Dingen, die das Pferd tun kann. Es streckt seinen Hals vorwärts/abwärts, es spannt seine Muskulatur in Bereitschaft an oder hebt das eine oder andere Vorderbein. Was immer es tut, es braucht sofortige Anerkennung, denn Sie benötigen nur eine dieser drei Reaktionen. Jetzt können Sie in Ruhe abwenden, um den Sprung neu anzureiten. Die Chancen stehen gut, daß

Abb. 121: Das Pferd macht einen angedeuteten Schritt nach vorne.

das Pferd nun willig springt. Es hat keine Assoziation von Verweigern und Bestrafung bekommen, sondern nur eine ruhige und präzise Erklärung, die es verstehen kann.

Vor einigen Jahren gab ich eine Springstunde, in der ein bestimmtes Pferd und sein Reiter Probleme damit hatten, eine Kombination zu springen. Das Pferd war bis dahin gut gesprungen und verweigerte jetzt den Einsprung in eine Kombination. Wir wandten die Routine an, die ich eben erklärt habe. Es dauerte einige Zeit, da das Pferd verstimmt war. Dann stand es ruhig mitten vor dem Sprung und zeigte an, daß es willens war, vorwärts zu gehen. Der Reiter ritt neu an, und das Pferd überwand die beiden Sprünge, ohne zu zögern. Vor der Stunde hatte der Vater des Jungen gewettet, daß das Pferd nicht springen würde. Es war vor kurzem auf einem Turnier in einem Doppelsprung hingefallen und hatte bis zu diesem Tag keine Kombination mehr gesprungen.

Andere Probleme

Niemand kann die ganze Zeit fehlerlos reiten oder springen, und niemand ist geduldiger als das Pferd. Einen gelegentlichen Fehler kann es verkraften, aber nach einer Reihe von Fehlern wird es reagieren und nicht mehr springen. Sie können dieses Dilemma nur lösen, wenn Sie die Spur bis an die Stelle zurückverfolgen, wo das Vertrauen zu bröckeln begann.

Jede Verspannung, die beim Springen entsteht, wird sich in Ihrer Zügelverbindung ausdrücken. Diese sollte idealerweise in einer sanften Kurve verlaufen, von Ihrer Schulter über Ihren Ellenbogen und Ihre

Abb. 122: Der Reiter geht mit der Bewegung des Pferdes mit.

Hand hin zum Pferdemaul. Wenn diese Linie beim Springen unterbrochen wird, trägt das Pferd das Gewicht des Reiters auf dem Hals, und der Reiter sitzt dadurch leicht etwas zu weit vorne. Um dem zu begegnen, können Sie üben, Ihre Zügel ein paar Galoppsprünge vor dem Absprung in eine Hand zu nehmen und die freie Hand nach vorne zu halten, als wollten Sie ein Geschenk überreichen. Diese Bewegung verhilft dazu, zügelunabhängig zu sein, und läßt den Fluß der Bewegung durch den Reiter laufen. Wieder ist es nützlich, Bälle in den Händen zu halten. Sie registrieren in den kritischen Momenten Verspannungen in den Händen und helfen Ihnen, das zu bemerken und Ihren Körper darauf einzustellen.

Ihrem eigenen Körper zu vertrauen, kann noch schwieriger erscheinen, als dem des Pferdes zu vertrauen. Wenn Sie das tun, verringern Sie jedoch die Widerstände, und das Niveau Ihrer Vorstellung wird Ihre Erwartung weit übertreffen. Vertrauen entsteht gewöhnlich über die Grundlagenübungen. Anders ist es, wenn die Schüler zugeben, speziell Angst vor der Stangenarbeit zu haben. Einige mögen die Stangen vor dem Sprung nicht. Sie empfinden sie als störend. So geht es auch einigen Pferden. Andere wiederum mögen es nicht, wenn die Stangen irgendwo liegen, was beweist, wie gefährlich dogmatisches Denken über irgend etwas ist. Wenn die Schüler ihre Stangen und Sprünge selber aufbauen dürfen, entstehen interessante Ergebnisse in bezug auf Design und Abstände. Wenn sich dabei Ruhe und Vertrauen entwickeln und die Sicherheit nicht gefährdet ist, kann alles gut und eine konstruktive Erfahrung sein.

Die Aufmerksamkeit des Reiters sollte

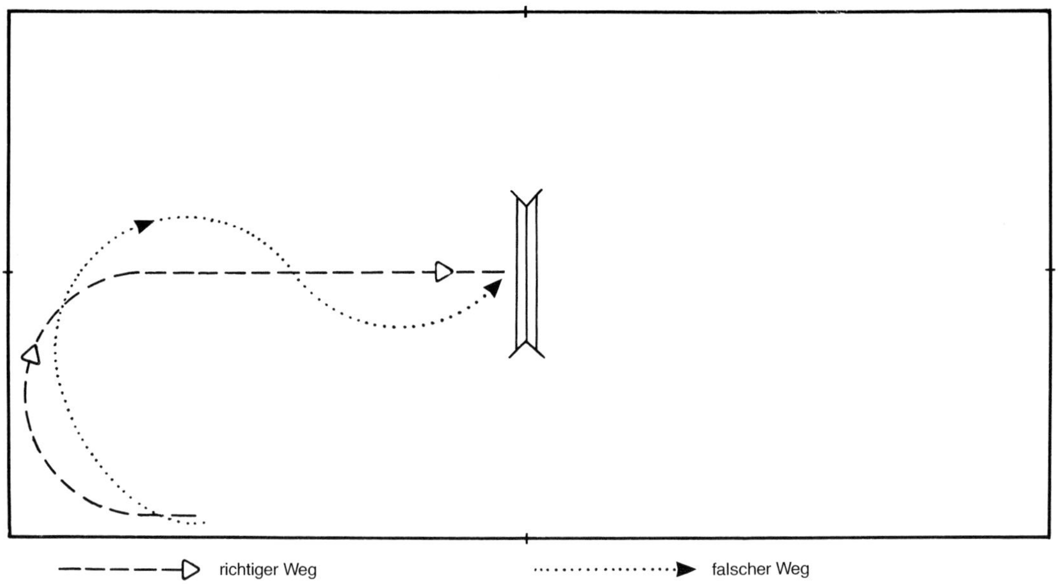

Abb. 123: Korrektes und falsches Anreiten eines Hindernisses.

auch der Vorbereitung und der Präsentation des nächsten Sprunges gelten. Dazu gehören auch die Wendungen, von denen ein erfolgreiches Springen so oft abhängt. Viele Reiter sehen erst zu spät in die neue Richtung und wenden deshalb zu spät und unausbalanciert ab in dem Versuch, ihr Anreiten zu korrigieren. Das Pferd kommt unvorbereitet an und muß sich aus dieser Situation retten, so gut es kann.

Es ist wichtig, daß Sie darauf achten, die richtige Absprungstelle mit einem ausbalancierten Pferd zu erreichen, so daß es alle Gelegenheiten hat, die beste Position auszuwählen. Der Reiter hat genug damit zu tun, die Energie des Pferdes zu dirigieren und den besten Weg zum Sprung hin auszuwählen, ohne über etwas anderes nachzudenken. Das Ergebnis sorgt dann für sich selber, da der Reiter dem Pferd geholfen und es nicht behindert hat.

Ängste können einen sonst vielversprechenden Fortschritt beim Springenlernen verschlechtern. Ein Zeichen für Verspannungen ist die zusammengeballte Faust, die oft auch auf eine innere Verspannung hinweist, zum Beispiel in der Brust oder im Bauch. Das Pferd als Empfänger dieser Verspannung kennt alle diese Symptome. Die geballte Faust ist das Ergebnis einer vorangegangenen Bedrohung oder Verunsicherung. Sie bedeutet, mit grimmigem Entschluß etwas für sich zu behalten, nicht hergeben zu wollen. Wenn wir den Hintergrund dieser Verspannung erhellen, die indirekt das Pferdemaul belastet, können wir den Zügel entlasten.

Diese Analogie gibt Ihnen die Möglichkeit, über andere Bereiche nachzudenken. Und Sie sollten körperlich und seelisch nachempfinden, was es heißt, die Fäuste zu ballen. Was sind die Worte und Gedanken, die Ihnen dabei in den Sinn kommen? Spielen Sie dann auch die gegenteilige Situation durch, wobei Sie Ihre Hand besonders weit öffnen. Gehen Sie dabei wieder alle Gedanken durch. Sie empfinden das eventuell als befreiende und erhellende Übung. Es sind schließlich nicht nur die Zügel, die wir auf diese Weise halten, wenn wir unter Druck sind, sondern auch beispielsweise das Steuer eines Autos.

In ihrem Buch *»Riding with your Mind«* schlägt Mary Wanless vor, sich mit seiner Angst anzufreunden und ihr eine Identität zu geben, so daß wir sie als Zuschauer auf eine Seite setzen können. Dieses Konzept kann manchen ansprechen und ihm helfen zu spüren, daß er Angst in etwas Positives umwandeln kann.

Einige Schüler finden manchmal, daß sie sich wie auf einer sehr hohen Tonleiter fühlen. Dieser Vergleich mit der Musik ist sehr passend, da eine hohe Stimme oft Verspannung in Mund und Kehle anzeigt.

Das führt uns zu einem weiteren Bewußtseinsspiel, welches manche Menschen dem Nummernspiel vorziehen. Stellen Sie sich die Frage, welcher Ton auf der Skala in Beziehung zu Ihren Gefühlen steht. Sie können den Ton in eine bestimmte Farbe übersetzen. Wenn Sie zum Beispiel Rot mit dem hohen D assoziieren, können Sie die restlichen Farben des Spektrums entsprechend zuordnen. Sich Farben vorzustellen, kann Ihre Atmung verändern, von einer flachen und eiligen Atmung, die rot sein könnte, hin zu der Ruhe eines Indigoblau oder Violett.

Angst schlummert immer unter der Oberfläche, und am meisten Angst haben wir für gewöhnlich vor unbekannten und beängstigenden Erfahrungen aus der Vergangenheit. In meinem ersten Skiunterricht im Alter von fünfundsechzig Jahren fiel ich hin und brach mein Bein. Es schien sehr unwahrscheinlich, daß ich noch einmal mit dem Skilaufen anfangen würde. Aber dann ging ich zu einem Skikursus mit den Methoden des »Mentalen Spieles«.

Ich erklärte dem Trainer meine Vorbehalte. Er schlug vor, ich sollte mitmachen und die Dinge annehmen, wie sie kämen. Ich wurde in keiner Weise unter Druck gesetzt, aber nach meinen Angstgefühlen befragt. Als ich zu der Stunde kam, war ich krank vor der Aussicht skizulaufen. Ich hatte Gedanken wie »Ich muß mich zwingen« und »Sei nicht so ein Feigling, du verpaßt die Gelegenheit«. Zum Schluß beschloß ich, die Ski anzulegen und auf- und abzulaufen, aber meine Vorbehalte wurden dadurch nicht kleiner. Am Fuße der Piste überkam mich ein erschreckendes Gefühl von Instabilität und Kontrollverlust. Ich glaube nicht, daß ich mich jemals so gelähmt gefühlt habe. Meine hauptsächlichen Gedanken bezogen sich auf eine Wiederholung des Unfalls, mit all seinen Unbequemlichkeiten und dem Verlust von Unabhängigkeit. Dann stellte ich mir vor, wie die Leute über die alberne alte Dame sprechen würden, die aus Schaden nicht klug wurde.

Keiner der Skilehrer konnte mir helfen. Schließlich kam eine Freundin, die an dem Tag das erste Mal mit Erfolg skigelaufen war, um an mir ihr Unterrichten zu üben. Wir gingen alle Ideen des »Mentalen Spieles« noch einmal durch, und sie sagte: »Wie würdest du wenden, wenn du ein Pferd wärest?« Sofort richteten sich meine Gedanken auf das Problem. »Wie würde ich es tun?« fragte ich mich. Die Antwort war, daß ich meine Ski genauso in die Wendung bringen mußte wie die Hinterhand des Pferdes, um den Drehpunkt herum. Das tat ich erfolgreich, und der Bann war gebrochen. Bald konnte ich glücklich und zufrieden in kürzester Zeit eine kleine Piste hinunterlaufen. Diese Erfahrung beweist auch, daß Sie nicht immer einen Experten zur Hilfe brauchen.

Hier ist eine persönliche Visualisation, die manche Menschen sehr wirksam finden.

Abb. 124: Die Fußfolge im Renngalopp – die äußere Hinterhand fußt auf.

Abb. 125: Die innere Hinterhand fußt auf.

Abb. 126: Die äußere Vorhand fußt auf.

Abb. 127: Die innere Vorhand fußt auf.

Abb. 128: Schwebephase

Identifizieren Sie Ihre Angst mit jedem ihrer Teilaspekte in bezug auf Farbe, Form oder sogar Personifizierung, und füllen Sie die ganze Identität in Ihrer Vorstellung in einen halbaufgeblasenen Ballon. Blasen Sie den Ballon auf, wenn Sie ausatmen, bis Sie fühlen, daß er voller Luft ist. Binden Sie ihn dann zu und lassen Sie ihn in den Himmel aufsteigen, bis er verschwunden ist.

Der Renngalopp

Um die Möglichkeiten abzurunden, die Sie beim »Reiten mit Gefühl« zur Verfügung haben, müssen wir den Renngalopp erwähnen. Viel zu oft wird das Pferd unkontrolliert und in Hasardeurmanier galoppiert, ohne die Gesichtspunkte für die Sicherheit und Gesundheit des Pferdes zu berücksichtigen. Wenn das Pferd seine Geschwindigkeit verstärkt, muß es immer noch im Gleichgewicht bleiben. Der Renngalopp ist eine Gangart im Viertakt. Die diagonale Fußfolge im Renngalopp ist aufgeteilt. Im Ergebnis fußt das Pferd folgendermaßen auf, wenn es mit dem äußeren Vorderbein führt: inneres Hinterbein, äußeres Hinterbein, inneres Vorderbein, äußeres Vorderbein. Danach entsteht eine Schwebephase wie beim Galopp.

Wenn das Pferd im Renngalopp geht, verlagert sich sein Schwerpunkt weiter nach vorne, während es seine Sprünge verlängert. Der Reiter muß weiter vorne sitzen, um in die Schwerlinie zu kommen und, beim Pferderennen, um den Gegenwind zu reduzieren. Wenn wir sagen, daß das Pferd in Gang ist, beziehen wir uns auf seinen Rhythmus.

Rennpferde sind nicht alle beidseitig im Galopp. Die Trainer müssen das Geläuf oft passend zu ihrem Pferd aussuchen und können nicht einfach unterstellen, daß ihr Pferd genauso gerne rechts- wie linksherum läuft.

Ich habe eine Schülerin, die ihre eigenen Rennpferde trainiert. Sie brachte mir gelegentlich ein bestimmtes Pferd für die in diesem Buch beschriebene grundlegende Ausbildung. Das Pferd war sehr steif, gebunden im Gang und hatte Schwierigkeiten, in eine bestimmte Richtung hinein abzuwenden. Es konnte den Galopp nur mit seinem inneren Vorderbein führen. Nach ein paar Stunden erreichten wir einen bemerkenswerten Fortschritt, und nach einer geduldigen Fortsetzung der Übungen zu Hause wurde aus dem Pferd ein rittiges und durchweg erfolgreiches Rennpferd.

Wenn Sie Ihr Pferd im Renngalopp reiten wollen, müssen Sie sichergehen, daß es dafür fit genug ist. Dann können Sie sich daran erfreuen, Kraft und Geschwindigkeit dieser begeisternden Gangart zu genießen.

Bis zu dieser Stelle ist aus der Entwicklung der Partnerschaft mit Ihrem Pferd schon eine faszinierende Entdeckungsreise geworden. Ein sich ständig wiederholendes Thema mit unzähligen Variationen wie bei einer Komposition in der Musik. Reiten ist eine wirkliche Kunst, obwohl viel zu wenig Reiter willens sind, das volle Potential Ihres Pferdes zu entfalten.

Wenn Sie zufrieden sind mit einem Pferd, das auf Knopfdruck steif, aber gehorsam Schritt, Trab und Galopp ausführt, bringen Sie sich um die Freuden der Reitkunst. Der Unterschied zwischen einem Pferd, das wie ein Uhrwerk läuft, und einem, das tanzt, ist wie der zwischen einer Holzpritsche und einer Sprungfedermatratze.

Der Unterschied hängt zum größten Teil von dem Bewußtsein des Reiters ab, von dem dieses Buch handelt. Dabei handelt es sich nicht nur um körperliche Entwicklung, es hat genausoviel mit unserer geistigen Haltung zu tun, die einen so großen Einfluß auf das Pferd hat. Wenn unsere Sinne durch die Stimulanzen der modernen Welt abgestumpft sind, brauchen wir noch kräftigere, die uns helfen, aufzupassen. Wir können so leicht das dem Kind angeborene Bewußtsein verlieren, das jedes faszinierende und bemerkenswerte Detail wahrnimmt. Die Summe dieser Einzelheiten ist immer größer als das Ganze.

»Reiten mit Gefühl« heißt auch »Springen mit Gefühl«, das, obwohl es keine ursprüngliche Begabung des Pferdes ist, durch Ausbildung wie angeboren erscheinen kann. Wenn das geschieht, läßt das Pferd keinen Zweifel an seiner Freude und Erfüllung. Wie der Grieche Xenophon im Jahre 400 vor Christi sagte:

Wenn dem Reiter gelungen ist, sein Pferd aussehen zu lassen, als wäre es frei und würde angeben, dann reitet er ein Pferd, das glücklich, stolz und schön aussieht.

Das Pferd hat viele besondere Qualitäten, die wir durch seine Großzügigkeit und Freundschaft erfahren dürfen. Das Pferd akzeptiert uns, wir wir sind, so daß wir immer wissen, wo wir stehen. Das Pferd toleriert unsere Schwächen und lehrt uns die Wahrheit. So gesehen, wird das Pferd zu einem wunderbaren Medium, durch das wir die Realität mit all ihren bereichernden Möglichkeiten erkennen können.

Anhang

Folgende Aufzählung können Schüler und Reitlehrer für ihr Feedback benutzen. Sie kann ihnen helfen, ihre Gedanken so zu klären, daß daraus leichter Informationen gewonnen werden können. Jeder, der Schwierigkeiten hat, sich auszudrücken, wird sehen, daß er es auf diese simple Art kann, und wird überrascht sein, wie Ideen erschlossen werden, die dann die Liste vervollständigen können.

Reitlehrer

Bitte kreuzen Sie an, was paßt, und fügen Sie weitere Ideen auf einem anderen Papier hinzu.

Was macht Ihnen beim Unterricht Freude?
- dem anderen helfen – dem Schüler ....
- das Pferd ....
- vom Pferd/vom Schüler lernen ....
- etwas anderes ....

Was finden sie am schwierigsten?
- große Gruppen ....
- kleine Kinder ....
- Springstunden ....
- gehört zu werden ....
- die Kontrolle über die Gruppe zu behalten ....
- Fehler zu sehen ....
- sie zu korrigieren ....
- Autorität, Kontrolle ....
- etwas anderes ....

Was haben Sie dieses Wochenende erreicht?
- Verständnis für den Schüler ....
- Verständnis für das Pferd ....
- Verständnis für sich selbst ....
- Lernschwierigkeiten ....
- einen Ritt zu organisieren ....
- verstanden zu werden ....
- eine Verbesserung beim Schüler ....
- eine Verbesserung beim Pferd ....

Welches sind die drei wichtigsten?
- ein Ding zur Zeit ....
- zu sehr versuchen ....
- ruhig bleiben ....
- den Schüler beteiligen ....
- Zeit haben ....
- Vertrauen ....
- Autorität ....

Schreiben Sie weitere Ideen und Reaktionen auf.

Schüler

Was finden Sie schwierig im Unterricht? Kreuzen Sie drei Möglichkeiten an.
- nicht hören ....
- nicht verstehen ....
- nicht genug Zeit haben für die Übung ....
- Ihren Geist ....
- zu vieles gleichzeitig tun ....
- zuhören ....

zuviel behalten müssen ....
sich dumm fühlen ....
angeschrien werden ....
müde werden ....
Angst vor dem
Pferd haben ....
nicht gut sein ....

Welche drei genießen Sie am meisten?
Dressur ....
Springen ....
Vielseitigkeit ....
allgemeines Training ....
unterrichtet zu werden ....
auszureiten ....
Ihr Pferd zu versorgen ....

Was mögen Sie an Ihrem Pferd am liebsten?
Welche Beziehung haben Sie zum Reitlehrer?

Fügen Sie alles hinzu, was Sie noch gerne sagen würden.

Fragen zum Bewußtsein

Effektive Fragen seitens des Ausbilders provozieren eine Beschreibung anstelle einer Bewertung, einer Analyse oder einer Spekulation. Sie vertiefen das Bewußtsein und vermeiden Verwirrung.

- Was geschieht jetzt?
- Wie soll es idealerweise sein?
- Was muß ich verändern, um dahin zu kommen?
- Was verhindert das?
- Woran merken Sie, ob Sie Erfolg haben?
- Wann passiert das?
- Was haben Sie versucht?
- Passiert das immer?
- Was geschieht?
- Was haben Sie früher gemacht?
- Wie abhängig sind Sie davon?
- Was wollen Sie tun?
- Wann werden Sie es tun?
- Was haben Sie bis jetzt bemerkt?
- Wie würden Sie es einschätzen in einer Skala von 1 bis 10?
- Was müßte geschehen, damit es eine 10 bekommt?
- Ist das möglich?
- Ist es realistisch?
- Wer ist beteiligt?
- Werden Sie es tun?
- Was ist der erste Schritt?
- Wenn Sie irgend etwas tun könnten, was würde das sein?
- Was kann es davon abhalten, Wirklichkeit zu werden?
- Was kann sich in den Weg stellen?
- Welche Hindernisse sehen Sie voraus?
- Wie kann ich Ihnen helfen / Sie unterstützen?

Sachregister

Artgerechte Pferdehaltung

Petra und Wolfgang Hölzel

■ **Das eigene Pferd**

Wichtige Informationen und Ratschläge für (angehende) Pferdebesitzer von Experten. Die Autoren erläutern, worauf bei Kauf, Haltung und Pflege eines Pferdes geachtet werden muß und welche Probleme ein eigenes Pferd verursachen kann.

139 Seiten, 123 Abbildungen, geb.

ISBN 3-440-06168-X

Jens Marten/Armin Salewski

■ **Handbuch der modernen Pferdehaltung**

Dieses Buch behandelt ausführlich alles, was mit Pferdehaltung zusammenhängt. Z. B.: Haltung im Boxen-, Lauf- oder Offenstall, Fütterung, Rationsgestaltung, Pferdepflege usw.

176 Seiten, 64 Abbildungen, 59 Tabellen, geb.

ISBN 3-440-05812-3

Franckh-Kosmos · Stuttgart